本书系浙江外国语学院博达科研提升专项计划"寓身学习研究"（2021HQZZ2）课题研究成果

浙江外国语学院博达丛书

寓身学习研究

Study on Embodied Learning

张静静　著

ZHEJIANG UNIVERSITY PRESS
浙江大学出版社

前　言

寓身学习强调人的身体在学习过程中发挥着关键作用,学习是通过身体的体验以及身体的行为活动方式而形成的。自人类产生之日起,学习便是人类生活中的一个重要话题。实际上,最初所有的学习都是寓身的。然而,经历了漫长的历史演变后,学习却出现了异化:人们越来越排斥和压制身体,学习成为一种只发生在"脖颈"以上的事件。

在当前的学校教育中,学生身体遭遇排斥和压制仍是一个严峻的现实问题。学生在接受教育的过程中,身体主要受到学习环境、学校课程、教师教学的排斥和压制。而学生身体之所以遭遇排斥和压制,有两个根源:一是认识论根源——身心二元论;二是社会根源——脑力劳动与体力劳动的分工。

要对寓身学习有更加清晰的理解,需"以史为鉴",梳理寓身学习的历史发展脉络。纵观寓身学习的发展史,寓身学习的思想发展史与实践发展史并不一致。具体来说,寓身学习思想在中西方文化境脉中呈现出不同的发展轨迹:在中国传统儒家文化境脉中,寓身学习思想是一直存在的,即儒家文化一直强调的"体知";而在西方文化境脉中,由于身心二元论一直占据支配地位,寓身学习思想从卢梭才开始发展。而寓身学习实践却呈现出中西方大体一致的发展脉络:在非制度化教育阶段,寓身学习占据着主导地位;而到了制度化教育阶段,寓身学习逐渐走向衰落。

来自哲学、心理学、社会学的当代理论研究成果为寓身学习核心理念的建构提供了重要的理论资源。在梅洛·庞蒂身体现象学、波兰尼默会认识论、福柯规训权力理论、女性主义思想、皮亚杰发生认识论、维果茨基社会文化活动理论,以及寓身认知等思想成果的基础上,本书尝试用教育学的话语建构起了寓身学习对学习本质、学习目的、学习内容、学习方式、学习评价的认识和理解。具体来说,寓身学习认为,学习的本质是身心一体参与;学习的目的是成长为完整的人;学习的内容是身体与外界互动形成的经验;学习的方式是身体建构;而学习评价应该尊重学生身体体验的差异性。

要真正解决学习过程中学生身体受排斥和压制的现实问题,需要从寓身学习环境的创设、寓身课程的建构、教师寓身于教的能力与素养等方面出发,推动寓身学习在学校中的实现。寓身学习是对学习过程中忽视和压制身体的一种批判和反抗,是从身体视角出发探讨学习理念和学习方式转变的一种尝试。当身体重新在学习过程发挥关键作用时,教育中的人才能凸显出来。

张静静

2021 年 10 月

目　录

绪　论

一、寓身学习研究之缘由

教育研究问题的选定,首先与研究者的个人体验有着极其密切的关系。一般说来,个人的经历或者体验会让教育研究者倾向于对某一个或者对某一些现象保持独特的敏感性,进而结合自身的专业形成对一个问题的系统研究。除此之外,对实践的真切关怀、对理论的深入思考,都是确定研究选题的重要因素。

(一)自我的追寻:对个人学习体验的审视

对于寓身学习的研究兴趣与本人的受教育体验、学习经历有着极大的关系。成长于农村的孩子,大多有着类似的愿望——告别父辈面朝黄土背朝天的农村生活,过上体面的城市生活。为此考上好大学成为学习的唯一目的。心中抱着这样一种期望,心无杂念地读书,从小学到初中我的成绩都还不错,中考时考入了市里的一所重点高中。在家乡,人们都认为考上了这所重点高中,就意味着一只脚已经踏入了大学。记忆最深刻的是在进入高中后的第一次班会上,班主任嘴角微微上扬,用略带自豪的语气告诉我们,学校采取的是一种"监狱式管理",并且正是由于这种"监狱式管理",每年考上重点大学的学生不计其数,考上北大、清华的学生也不在少数。正式地进入学习生活,才确切地体会到班主任所说的"监狱式管理"。

音乐、美术、体育之类的课程首先消失了,计算机课也没有开设。唯一保留的是每天早上的跑操,班主任告诉我们只有锻炼好身体才能保证学习效率。他告诉我们,学校还有一个非常优秀的传统,就是在跑步的时候学生都人手一个小笔记本。班主任当然也命令我们继承这一优秀传统。因此,我们在跑操集合的时间里低头背英文单词、数学公式、名言警句等,在队伍拥挤而跑步停下时(200m的跑道),我们又低头记忆小本子上的知识点。我们同时也会利用一切其他间隙(如如厕、排队打水、在食堂买饭、在教室吃饭)来复习小本子上的知识点。

学校有严格的管理制度。学校规定四周放假一次(周六下午和周日上午),其余的周末只允许家长在周日午饭时间探望一次,大概也就一个小时。我清楚地记得我们宿舍每到周日中午时分,很多父母在宿舍里陪自己的孩子吃饭时流露出来的怜爱与心疼。我也清楚地记得父母因为打工赚钱没有周末假期而不能来学校看望我时的心酸与眼泪。学校规定的作息制度是每天晚上10点30分下晚自习,很多人回到宿舍又会拿手电筒学习到深夜,然后早上5点钟起床集合跑操。我感觉到自己的睡眠严重不足,我经常觉得脑袋昏昏沉沉,甚至在教师讲课时困得睁不开眼,而大部分同学也有类似的情况。那些趴在桌子上睡觉的同学,有时会被老师突然提高的声音吓醒,有时会被老师的粉笔头砸醒。自觉性差的同学会抬起头硬撑几分钟,接着又睡着了;自觉性好的同学会以掐自己身体、站着听课等方式让自己努力保持清醒,但很多时候这种方式也无济于事。其中的痛苦滋味或许只有身在其中的人才能体会。在整个的高中学习中,老师通过严格的时间管理和课堂上对学生的约束、惩罚试图获得更高效的教学效果;我也在这种压抑而又竞争残酷的学校氛围中,与同学比谁睡得更晚、起得更早,在课堂中努力克制自己身体的疲惫来学习。似乎只有这样,我才能保证心里没有"因为没有珍惜时间而对不起父母的血汗钱"的愧疚感和负罪感。因此,我的整个高中生活充斥着压抑、克制、内疚等复杂交织的氛围和情绪,丝毫体会不到学习的快乐。

上大学时机缘巧合地被调剂到教育学专业后,我才有机会以教育学的视角去审视自身学习过程中琐碎但又具体的经历,反思当时的学校教育:①学校通过各种制度和时间管理对学生身体的压制以及学生自己对身体的压制,真的能够对学习产生积极有效的作用吗?②学习的本真面目是什么?是否一定要排斥和压制身体?身体在学习活动中到底能够起到什么作用?③教师迫于"优秀传统"或"考试成绩"等外在压力强行把这种心智的训练与这种身体的锻炼放在了一起(跑步时拿着笔记本背知识点),但两者并没有真正有效地融合在一起。

那么通过什么方式才能将身体活动与心智发展更好地融合呢？

对于自身学习过程中这些琐碎、模糊、压抑、恐惧的体验和记忆，以及在学习教育学专业后，对这些体验的零散和不成体系的思考，促成了笔者对寓身学习的研究。

（二）现实的警醒：不能承受的生命之重

如果说，十几年前笔者的教育经历还可以由时代和历史的认识以及价值观局限来解释的话，那么十几年后，身心割裂、压抑身体的现象在学校教育中是否得到了批判与反思呢？现实是，"学生因为压力过大跳楼的事件频频发生"[①]，"河北衡水二中楼道里装满了密实的铁笼，为了防学生跳楼"[②]。学生觉得压抑，不喜欢上学，离家出走的新闻比比皆是……透过各种媒体的信息传递，我们还是能感受到，学校教育仍旧是强调学生的身体管理，通过对学生身体的管理训练学生的心智；学校依旧是儿童身与心割裂体现得最淋漓尽致的地方。极具讽刺意义的是，在如此严酷的学校教育中成长起来并考上名牌大学的孩子，"真的就能与金刻羽们一起喝咖啡了吗"？[③] 事实上，这种教育不仅对儿童的生命产生了威胁，对于他们的现实生活、未来生活的影响也是隐性、巨大而又长远的，他们身上深深地留下了学校教育压抑的烙印，即便考上名牌大学甚至离开学校后也始终难以摆脱这种压抑，而成为那类"阴沉、猜疑、敏感的年轻人"。[④] 或许新闻的撰写者使用了一些情绪化的语言，或许这些案例都是比较极端的，又或许是他们的家庭环境的深刻影响，但是我们不能否认的是学生有大半数的时间是在学校中度过的。对于我们教育研究者来说，这些沉重的现实和案例，不能不让我们深入地思考学校教育这一重要的影响因素。

自从新课程改革以来，由于其对学习观与学习方式转变的强调，即培养"学生主动参与、乐于探究、勤于动手，培养学生搜集和处理信息的能力、获取新知

---

① 济南高中生因学习压力大跳楼轻生[EB/OL].（2015-05-25）[2016-12-01]. http://edu. dzwww. com/dzjyxw/redian/201505/t20150525_12437037. html.

② 河北衡水二中教学楼装铁栏，知情者：防学生跳楼[EB/OL].（2015-04-24）[2016-12-01]. http:// news. sohu. com/20150424/n411794082. shtml.

③ 衡水二中的孩子奋斗多少年能与金刻羽们喝咖啡[EB/OL].（2015-04-22）[2016-12-01]. http:// edu. qq. com/a/20150427/049062. htm.

④ 那些阴沉、猜疑、敏感的年轻人[EB/OL].（2015-04-22）[2016-12-01]. http://dajia. qq. com/blog/451597025007696? from＝timeline＆isappinstalled＝0.

识的能力、分析和解决问题的能力以及交流与合作的能力",[①]我们感受到了学校教育在一定程度上对学生身体以及体验的重视。但是存在已久的问题并不能在一时得到解决,就笔者在教育实践中的观察而言,日常教学实践中还是存在一些急需解决的具体问题。例如,学生不喜欢上学的问题,学生对学校、教师、学习有厌倦和逃避的态度;课堂纪律的问题,教师在课堂上花费大量的时间与精力去维持课堂纪律,甚至会产生一些体罚行为;学生创造性缺乏的问题,学生为了应付考试成为考试机器等。诸如此类的问题都与身体有关。而另一方面,我们所说的学校教育对学生身体的重视,是诸如避免那些会对学生造成创伤的体罚手段,课程表上会出现"音体美"课程。但是对于问题的解决绝不仅限于此,那么如何重视学生身体? 如何让学生获得身心的整体发展? 教育实践呼唤对这些问题更为系统的解答。

(三)理论的审思:教育的人学立场

"培养什么样的人"贯穿于教育的始终。而"培养什么样的人"一直是以"对人的认识"为前提的。那么,人的本质是什么? 人的基本存在方式是什么呢? 西方哲学一直强调心或意识(和时间性),而摒弃了身(和空间性)。[②] 因此,人存在的基本方式即是作为有意识的主体,或者说具有精神作用的主体,而肉身只是一种占有空间体积的延伸物。[③] 不论是古希腊哲学家将人看成是智慧的存在,还是基督教将人看成是信仰的存在,又或者是启蒙哲学家将人看成是理性的存在,其中都蕴含着对人的一个共同的定义:人是理性的动物。这个定义支撑着全部的西方历史。在这种漫长的哲学传统中,教育是一个需要褪去盲目混乱的身体性而获得一种绝对精神和科学知识的过程,儿童是一个身心可以分离开、可以单独进行心智训练或者身体训练的个体。教育因此而遭受许多诟病:学校教育失去了发展儿童健全个性的内在价值而成为生产机器的流水线;教育目标还原为数不清的机械技能或行为时肢解了"整体的儿童";片段化的教育内容割裂了儿童的整体生活;教学成为那些所谓"永恒知识"或"真理"的不断记忆

---

① 钟启泉,崔允漷,张华.为了中华民族的复兴,为了每位学生的发展——基础教育课程改革纲要(试行)解读[M].上海:华东师范大学出版社,2001:6.

② 汤浅泰雄.灵肉探微——神秘的东方身心观[M].马超,译.北京:中国友谊出版有限公司,1990:30.

③ 汤浅泰雄.灵肉探微——神秘的东方身心观[M].马超,译.北京:中国友谊出版有限公司,1990:30.

和训练;对于标准化评价的强调忽视了儿童的创造性以及其他不可测量但又是完整人所不可或缺的要素。总而言之,现代学校教育中的"传统课程中的知识愈发居庙堂之高,非知识愈发处江湖之远","学校课堂越来越成为有书无人、有知识无生命的文本复制场所"。①

而教育研究和儿童研究也无法摆脱这样的诟病,因此,我们经常可以看到,教育研究通常研究的是"理性""知性",教育研究也通常是"非身体的";教育研究者为了实践的可操作性,通常将一种教育理论或教育模式简化为一套固定的、简便的、线性的操作程序。本质上,这都是将人假设为绝对理性的人,追求理性和科学知识的高效传递,漠视人的丰富性和独特性。他们仍未摆脱对"策略""模式""原则"等技术兴趣的迷恋,而疏于对"具体的人"的研究,漠视教育中"具体的人的生存境遇和生命体验"。②

而实际上,正如恩斯特·卡西尔所言,"人之为人的特性就在于他的本性的丰富性、微妙性、多样性和多面性"。③ 而罗兰·巴特认为,人的这种差异性根本上是身体上的差异。日本著名哲学家和辻哲郎也指出肉体对于人存在的意义,"我存在于我的肉身之中,此时此地占据着空间的境界:这就是我存在于世界的意义"④;他不认同西方将人的本质限定于精神之中,而是认为"肉身在空间境界中的存在是人的存在的基本方式"⑤。同时,他也不认同西方出于对肉体进行补偿而出现的另一种极端——"从身体的生理功能方面阐述人的基本存在方式"。和辻哲郎的观点代表了东方哲学的主流观点,即不对主观性与客观性、身与心进行二元性的区分,"通过感觉获得的认识立即就成为思想";"自我与身体感觉的外部存在方式并不存在差别"。⑥ 因此,学者们摒弃了西方哲学对人的二元划分,将人视作一个完整的生命整体。教育理论界也逐渐对人的特性有了一个基本的共识,即"人人都有与生俱来的创造性,身体上、情感上、智力上、精神上有各自独特的需求和能力,并且都有无限的学习能力"。⑦ 教育因而

① 杨小微.课程:学生个体精神生命成长的资源[J].华中师范大学学报(人文社会科学版),2006(3).
② 苏鸿.课程探究的人学之维[J].湖南师范大学教育科学学报,2007(2):42.
③ 卡西尔.人论——人类文化哲学导引[M].甘阳译.上海:上海译文出版社,2013:20.
④ 汤浅泰雄.灵肉探微——神秘的东方身心观[M].马超,译.北京:中国友谊出版有限公司,1990:35.
⑤ 汤浅泰雄.灵肉探微——神秘的东方身心观[M].马超,译.北京:中国友谊出版有限公司,1990:41.
⑥ 汤浅泰雄.灵肉探微——神秘的东方身心观[M].马超,译.北京:中国友谊出版有限公司,1990:42.
⑦ 安桂清.整体课程论[M].上海:华东师范大学出版社,2007:17.

必须摒弃"目中无人"的现状,凸显"教育的人学立场"。德国哲学家雅斯贝尔斯对教育的内涵的理解就深刻揭示了教育的"人学"立场。"所谓教育,不过是人对人的主体间灵肉交流活动,包括知识内容的传授、生命内涵的领悟、意志行为的规范,并通过文化传递功能,将文化遗产教给年轻一代,使他们自由地生成,并启迪其自由天性。"①而教育研究也应当持有"人学立场",对儿童的整体性应当有基本的体认和坚守,实现儿童研究的最终旨趣,即揭示儿童的生存论意义,促进儿童获得生命的解放。

二、寓身学习的概念界定

清晰的概念是研究开展的前提条件,因此,从"寓身""寓身学习"两个关键词出发厘清本研究的核心概念至关重要。

(一)寓身

寓身,英文为 embody,为 em-与 body 的合成词。国内一般将其翻译为"具身",大致的原因是"认知与心智依赖于在环境中的具体的身体结构与身体活动……心智是具(体)身(体)的心智……"②,但是"具身"这种翻译方式似乎存在一些不足之处,主要体现在:"环境中的身体",是指与物理环境、他人身体交互作用的身体,这样的身体似乎就不再是"具体的身体"。笔者更倾向于采用"寓身"这一翻译方式,主要有两个方面的原因:①海德格尔的"在世"、梅洛-庞蒂的"身体性的在世"、波兰尼的"通过寓居而认知"等思想表明,用"寓身"比"具身"更好地表达了"通过身体寓居于环境、通过身体与环境交互作用"这层意思。海德格尔提出"在世(being-in-the-world)",认为此在是在世存在。而梅洛-庞蒂则将此在发展为身体性的在世之在。"在世意味着寓居于世",波兰尼提出了"通过寓居而认识(knowing by indwelling)",寓居即是"我们介入到我们所把握的对象的存在之中,即海德格尔说的在世"。③ 因此,"寓身"比"具身"更能够体现身体与环境之间的紧密关系和相互作用,更能够确切地表达人是一种处于情境构

---

① 雅斯贝尔斯.什么是教育[M].邹进,译.北京:生活·读书·新知三联书店,1991:3.
② 李恒威,肖家燕.认知的具身观[J].自然辩证法通讯,2006(1).
③ 郁振华.人类知识的默会维度[M].北京:北京大学出版社,2012:3-4.

成之中的存在。②从词源学角度来看"embody"这一词,前缀 em-来源于拉丁语的 in-,原意是 in 或 into。而在现代英语构词中,em-常常与名词或者东西组合成一词,构成动词,代表着"将……放入之中""将……嵌入之中""寓居于……之中"的含义。从词源学的角度上来讲,"embody"若翻译成"具身",就无法体现"将身体嵌入世界""通过身体寓居于世界"的内涵。因而,翻译成"寓身",更加符合词源学上对"embody"内涵的分析。为了更好地理解"寓身（embody）",除了从它的前缀 em-处理解,还需要对"身体（body）"这一核心关键词进行深入的理解和分析。

在汉语语境之中,身和体最初是分开来使用的。两个字合成"身体"一词最早出现在《孝经》中,但是这里的"身体"也不是一个复合词,而是分别带有不同含义的独立词。

第一,"身"的词源学解释。按照东汉许慎《说文解字》里的解释,"身,躬（躬）也。像人之形"。① 而躬字的本字则是"吕","吕"则是人的脊椎的象形。段玉裁注:"从吕者,生以吕为柱也","躬谓身之躯,主于脊骨也"。② 因此,身是指人的躯体,尤其是指人头颈以下的躯体。显然,从这个意义上来讲,"身"即是我们通常所理解的生理学意义上的躯体。但是在中国传统文化背景下,尤其是在儒家文化背景下,"身"的内涵不仅局限于生理学上的躯体,它包含了更丰富的内涵。具体来说,①自我、自身的内涵。《尔雅·释诂下》说:"身,我也。"又说:"朕、余、躬,身也。"因此,"身"具有自我、自身的意思。中国儒家的"修身"和"修己"是同义语,"身心之学"亦是"为己之学"。③ 儒家的此种观点,正体现了身所具有的自我、自身之义。②体验、实践的内涵。后汉词典《释名》解释说,"身,伸也,可屈伸也"。"身"和"伸"是相通的,因而具有"屈伸""伸展"之义。因此,"身"在这里并不是名词,而是一个包含了实践、体验、伸展等具有动词含义的词。③精神、生命、德性等内涵。许慎根据上古之义训"身"为"神",由此引申出"身"所具有的"精神""生命""德性"等义。

第二,"体"的词源学解释。体的释义同身一样,是生理学意义上的躯体概

---

① 许慎.说文解字[M].北京:中华书局,1998:170.
② 许慎.说文解字[M].段玉裁,注.上海:上海古籍出版社,1988:388.
③ 朱晓鹏.论王阳明的"身心之学"[J].哲学研究,2013(1).

念。不过，"体"既有部分或具体身体部位之义，也有整个躯体之义。许慎在《说文解字》中曰："体，总十二属之名也"，"十二属者：顶、面、颐，首属三；肩、脊、臀，身属三；肱、臂、手，手属三；股、胫、足，足属三也"。从此意义上来说，"体"是指具体的十二个肢体部位。而许慎在《说文解字》中又说："躯，体也。"[①]段玉裁对"躯，体也"注释说："体者，十二属之总名也，可区而别之，故曰躯。"[②]从此意义来说，"体"是指整个躯体。除了生理学意义上的躯体外，"体"还有"体验、体察、躬行实践、身体力行"的内涵。

通过对中国传统文化中"身""体"二字词源学内涵的解释，我们发现，中国传统文化，尤其是儒家文化中身与体蕴含了丰富的内涵，它们不仅仅指生理学意义上的躯体、肉体，更多的是承载了道德情感，承载了社会伦理内涵的生命整体。例如《孝经》中"身体发肤，孝之始也"中的身、体是"肉身""己身"，也是人伦关系、情感的起始点和连接点。正如美国汉学家安乐哲所说："尽管'身'可能指的是人体的外在形象，也可以指人的物质属性，但它更多是指整体的身心交关的人。"[③]

按照《韦氏英语国际词典》的解释，"body"在英语语境中主要有三种解释：①人或动物的全部物质存在；②死的人或动物；③生物或物体的核心主体。[④]对比汉语和英语语境下对"body"的解释，我们可以看出，英语语境中的"body"缺少了动词意义上的"亲身体验"之意，更多的是强调生物学意义上的身体内涵。因此，中文语境下的"身体"内涵更加丰富和广阔。但是，西方许多思想家，如梅洛-庞蒂等也并不把身体仅仅视为生物学意义上的躯体，他们同中国传统文化一样，将身体视为一种融合了身与心、感性与理性、物质与意识的整体。

因此，本研究采用的"身体"的内涵，也不仅仅指生物学意义上的躯体，更是指中国传统文化以及梅洛-庞蒂等人所说的"生命整体"，即"一个融合了身与心、感性与灵性、自然与价值，及生理、意识和无意识，且在时空中动态生成、展

---

① 许慎. 说文解字[M]. 北京：中华书局，1998：170.
② 许慎. 说文解字[M]. 段玉裁，注. 上海：上海古籍出版社，1988：698.
③ 安乐哲. 古典中国哲学中身体的意义[J]. 陈霞，等译，彭国翔，校. 世界哲学，2006(5).
④ Gove P B. Webster's Third New International Dictionary of the English Language[M]. Springfield Mass. : G&C. Merriam Co,1976:246.

现的生命整体"。①

(二)寓身学习

寓身学习,所对应的英文是"embodied learning"。它是在寓身主义运动中产生的。而寓身主义运动主要是批判心智的离身性,而强调心智的寓身性。拉考夫在 1987 年提出的新经验主义(experientialism),是哲学领域反映寓身思想的集中体现。他在后来的《肉身哲学》一书中,将新经验主义明确地表述为寓身哲学。②

在认知心理学领域,寓身认知所产生的影响越来越大,但是若将寓身认知描述为一个有着严格定义和统一理论的词汇,那就错了。因为寓身认知来自许多领域,在许多基本的问题上,它仍然经受着内部分裂的痛苦。③ 因此,目前学术界对于什么是寓身认知或者寓身学习,还没有一个统一和标准的定义。不过,寓身学习所要表达的最基本思想是学习或认知对于身体的依赖。参阅学者给寓身认知下的定义,我们可以说,寓身学习是指人的身体在学习过程中发挥了关键作用,学习是通过身体的体验以及身体的行为活动方式而形成的。④ 在寓身学习中始终贯穿着一个中心原则,即"心智是身体的心智,认知是身体的认知,身体是认知的主体"。⑤ 如前所述,身体是一个生命整体,因此,寓身学习的内涵——身体对学习有关键作用,就不仅仅指"生理学意义上的身体在学习中发挥感知工具的作用",而是指"身体作为一个生命整体是认识和学习的主体"。

行笔至此,笔者认为还需要做进一步的注解和说明。本文所讲的寓身学习,是指学生这一角色的寓身学习。毋庸置疑,学生这一角色是在学校这一机构中确立和实现的。另外,本书所指的学习主要是指基础教育阶段学生的寓身学习。因此,本文对寓身学习的探讨就限定在基础教育阶段学生在学校领域内的寓身学习,而没有探讨基础教育阶段之外的学段,以及学校之外的领域(如家

---

① 周与沉.身体与修行——以中国经典为中心的跨文化观照[M].北京:中国社会科学出版社,2005:3.

② Lakoff G, Johnson M. Philosophy in the Flesh——the Embodied Mind and Its Challenge to Western Thought[M]. New York:Basic Books,1999.

③ Martiny K M. Book Review of Lawrence Shapiro's Embodied Cognition[J]. Phenomenology and the Cognitive Sciences,2011(10):297-305.

④ 参阅叶浩生教授给具身认知下的定义。具体参见:叶浩生.具身认知:认知心理学的新取向[J]. 心理科学进展,2010(5).

⑤ 叶浩生.身体与学习——具身认知及其对传统教育观的挑战[J].教育研究,2015(4).

庭、社会等)内的寓身学习。

三、寓身学习探索足迹之回顾

(一)文献概览

人类学习在"身心二元论""重心智轻身体"的桎梏下走向不同程度的失真已经成为不争的事实。对于教育有着敬畏、虔诚和热爱的教育研究者以及教育实践者,都一直行进在让身体回归学习的探索之路上。探索寓身学习的过程,即是探索学习本来面目、恢复学习本来面目的过程。关于寓身的研究,许多领域取得了丰硕的成果,如哲学研究层面、心理学层面、身心医学层面、美学层面等。而通过对国内外相关文献的梳理发现,教育学层面所进行的寓身学习研究,比较多地借鉴了哲学、心理学研究等领域的相关研究成果。

1.哲学思想下的寓身学习研究

身体在学习中遭到压抑最早根源于西方传统哲学的身心二元论思想,因此,不少寓身学习研究就是以哲学理论为基础,批判西方传统哲学中的身心二元论,在此基础上建构寓身学习理论。例如,①以现象学理论探究寓身学习。这一类研究多以梅洛-庞蒂的知觉现象学作为寓身学习理论建构的基础。梅洛-庞蒂认为,知觉的主体是身体,而身体是内嵌在世界之中的,因而知觉、身体和世界是一个统一体。[①] 现象学的研究是对生活体验的研究,其最终目的是重新获得与世界直接而原初的联系——直接体验世界。[②] 加拿大教育现象学家范梅南吸收了梅洛-庞蒂的现象学思想,将其应用于教育领域。他致力对儿童生活体验的描述,并将儿童生活体验与学校课程结合,创造了一种关注儿童生活体验的寓身课程。派纳也借鉴了现象学上的思想,他从美学观点上将课程想象为探究之旅,"课程的开展就是建构自我、建构主体性生活体验的过程"[③]。另外,还有学者,如 Stolz 通过对梅洛-庞蒂现象学的阐述,说明了寓身学习在教育中的显著意义:人被当作一个完整的人,而不是身体和精神被当作互不联系

---

① 梅洛-庞蒂.知觉现象学[M].姜志辉,译.北京:商务印书馆,2012.
② 范梅南.生活体验研究[M].宋广文,等译.北京:教育科学出版社,2003:48.
③ Pinar W F. Intellectual Advancement Through Disciplinarily: Verticality and Horizontality in Curriculum Studies[M]. Rotterdam: Sense Publishers,2007:1.

的东西。寓身学习允许人去体验自己作为一个整体的和整合的行动、感受、在世思考。教育的基本作用就是为学生的视角提供和开发多样的学习环境,让学生逐渐理解事情之间的关系以及与自我的关系。① ②以经验自然主义哲学视角探究寓身学习。② 杜威以经验自然主义哲学思想为核心,消融了主体与客体、思维与存在、心与身等传统西方哲学的二元对立。他认为意识或心智不是身体外部的力量,它构成了身体的机制和表达,是身体适应环境的一种功能。杜威基于他的经验自然哲学思想,强调学校教育与儿童生活经验的整合,提倡建构性的方式、体验的方式、做中学的方式,冲击了离身式的、外部强加的学习。③以女性主义哲学探讨寓身学习。尤其是 20 世纪 80 年代以来,学者将寓身学习与女性主义相联系,如珍妮特·米勒和格鲁梅特等利用自传来探讨个体的生活经验。有学者就利用女性主义理论去分析幼儿园中的身心二元论以及与身心二元论相关的性别不均衡等问题。③ 还有学者论述了身体在理疗教育中对性别建构的重要意义。作者选取了挪威理疗教育一年级新生,进行了一项质性研究。这项研究借鉴了 Paechter 的男性与女性群体理论,该理论认为身体在性别建构中有重要作用。研究发现,不论是历史上还是在当代,性别规范与学生在专业训练中的身体性表现紧密相关。这些身体性表现与父权制规范相一致。作者因此认为,关于性别的批判性教育研究,需要的理论框架包括将物质性身体作为性别表现的一个方面。④ 还有学者研究了著名的女性主义学者朱迪斯·巴特勒关于肉体的公共维度,以及权力如何通过身体运作的思想,为教育的公共性和批判性等问题提供了一些启发。⑤ ④以政治哲学视角分析身体在学习中的现状。法国哲学家福柯认为人体是权力的对象与目标,人体往往被操纵、被塑造和被规训。⑥ 在教育中,通常是通过纪律所创造的等级空间体系、时

① Stolz S A. Embodied Learning[J]. Educational Philosophy and Theory, 2015,47(5):474-487.

② 杜威. 杜威全集(第二卷)[M]. 张留华,等译. 上海:华东师范大学出版社,2010:261.

③ Katrien V L, Vandenbroeck M, Roets G, et al. Challenging the Feminisation of the Workforce: Rethinking the Mind-body Dualism in Early Childhood Education and Care[J]. Gender and Education,2014, 26(3):232-245.

④ Dahl-Michelsen T, Solbrække K N. When Bodies Matter: Significance of the Body in Gender Constructions in Physiotherapy Education[J]. Gender and Education. 2014, 26(6):672-687.

⑤ Vlieghe J. Judith Butler and the Public Dimension of the Body: Education, Critique and Corporeal Vulnerability[J]. Journal of Philosophy of Education, 2010,44(1):153-170.

⑥ 福柯. 规训与惩罚——监狱的诞生[M]. 刘北成,杨远婴,译. 北京:生活·读书·新知三联书店,1999:154.

间对于动作活动和身体姿势的规定而对学生身体进行规训的。因此,福柯的社会权力理论成为寓身学习研究的重要社会学基础。桑志坚就根据福柯社会权力理论具体分析了学校时间是如何通过"切分—嵌入""同步—排斥""延展—内化"等机制对学生身体进行规训的。① Wagner 等人也从反压迫教育学出发,认为寓身教学及其理论提供了与社会公正教育目标相符合的独特方式,因此他们将身体视为反教室内学习压迫发生的"据点"。② Pullman 通过一项人种志研究,描述了一所由澳大利亚人在中国创建的会计学校失败的故事。他运用Burawoy的释意性理论框架和方法论,揭示了种族化是教师和学生关注公平的主要形式。身体的种族化、学生被同化的思想,都是与跨国教育这种形式相矛盾的消极影响因素。③ ⑤以东方哲学视角分析寓身学习。日本学者汤浅泰雄的《灵肉探微:神秘的东方身心观》论述了现代日本的哲学、美学以及东方佛教关于身心关系的论述,论域涉及了神经生理学、精神分析学、存在主义、身心医学等。他从方法论角度阐述了东方修行和身体观。这本书是比较早地论述东方身体观的一部著作。④ 许多学者也都与汤浅一样有着深厚的本土文化情结,注重从本土文化中吸收营养,探讨身体在学习和认知中的角色与意义。例如,新儒学代表杜维明认为中国儒家传统文化是一种"体知儒学"。钱旭鸯为了消解后人类话语和电子人现实中存在的"离身"幻想,借鉴了中国丰厚的儒学身体思想,尤其是"体知"与"体验"思想,为电子人教育的"寓身"根基找到了立论依据。⑤

除此以外,还有学者从波兰尼默会认识论的身体维度论述了身体的认识论地位。波兰尼的默会认识论,是从知觉的身体出发,证明了身体在宇宙中具有特殊的地位、身体的辅助意识具有核心地位、人是通过寓居而认识的,因此,在波兰尼看来,知识具有身体根源。⑥ 除此之外,还有学者从 Schon 的反思性实践思想出发,提出了舍恩反思性实践理论中的寓身反思维度,认为寓身反思维度

① 桑志坚.作为一种规训策略的学校时间[J].湖南师范大学教育科学学报,2014(9).

② Wagner A E, Shahjahan R A. Centering Embodied Learning in Anti-oppressive Pedagogy[J], Teaching in Higher Education,2015,20(3):244-254.

③ Pullman A. Racialized Bodies, Pliable Minds: Ethnography on the Fringe of Transnational Education[J]. Asia Pacific Journal of Education,2015,35(1):1-13.

④ 汤浅泰雄.灵肉探微:神秘的东方身心观[M].马超,译.北京:中国友谊出版公司,1990.

⑤ 钱旭鸯.电子人教育的挑战[D].上海:华东师范大学,2012.

⑥ 郁振华.身体的认识论地位——论波兰尼默会认识论的身体性维度[J].复旦学报(社会科学版),2007(6):72-80.

对于理解教育中普遍困惑的理论的实践性应用问题具有重要作用。[1] 还有学者从皮尔斯的符号学角度,探讨了身体—心智结合是怎样在教育实践中创造的。[2] 有学者从概念隐喻的角度出发,借鉴 Irigaray 的著作去探索关系中形成的物质和精神方面,进而关注教育背景中形成教育关系的意义讨论上,为教师和学生之间的交往提供了一些启示。[3]

2. 以心理学理论探讨寓身学习

皮亚杰的发生认识论以及维果茨基的社会历史活动理论,是寓身认知研究的理论基础。他们的思想促进了寓身认知的相关主张的形成。人本主义心理学思想对于寓身认知的发展也有卓越的贡献。在人本主义心理学家看来,心理学应该理解完整的人,而不是将人的各个方面(如认知过程、行为表现、情感体验等)割裂开来加以分析。其中,罗杰斯对于学习的论述比较多,他在《自由学习》这一著作中,批判了学校教育中"只涉及心智的、只在颈部以上(from the neck up)发生的学习"。认为这种学习不涉及感情或个人意义,与完整的人无关。罗杰斯倡导"意义学习",因为"意义学习把逻辑与直觉、理智与情感、概念与经验、观念与意义等结合在一起。当我们以这种方式学习时,我们就成了一个完整的人"。[4]

在众多杰出心理学家思想的奠基下,20 世纪 70 年代以来,当代认知心理学进行了范式的转换,即从以计算隐喻为核心假设的传统认知心理学以及联结主义心理学转向以具身性、情境性为重要特征的第二代认知科学。[5] 寓身认知成为认知心理学研究中的一个新取向和新焦点。智利认知科学家瓦雷拉(F. Varela)的著作《寓身心智:认知科学与人类经验》(*The Embodied Mind:Cognitive Science and Human Experience*)[6],从批判客观主义和主观主义的局限

① Kinsella E A. Embodied Reflection and the Epistemology of Reflective Practice[J]. Journal of Philosophy of Education,2007,41(3):395-409.

② Semetsky I. Taking the Edusemiotic Turn:A Body~mind Approach to Education[J]. Journal of Philosophy of Education,2014,48(3):490-506.

③ Sharom T. Between Body and Spirit:The Liminality of Pedagogical Relationships[J]. Journal of Philosophy of Education,2014,48(2):231-245.

④ 施良方.学习论[M].北京:人民教育出版社,1994:385.

⑤ 李其维."认知革命"与"第二代认知科学"刍议[J].心理学报,2008,40(12):1306-1207.

⑥ 英文版本已被翻译成中文:F.瓦雷拉,E.汤普森,E.罗施.具身心智:认知科学和人类经验[M].李恒威,等译.杭州:浙江大学出版社,2010.

性出发,提出了无根基的世界的意识,将意识的研究推进到兼具自然科学的身体和人文科学的经验的层面。同时,因为作者本身是一名佛教精心修行者,因而将"无我之心"与认知科学的"无我之身"相结合,提出"寓身的心智"。而拉考夫和约翰逊的《肉身哲学——寓身心智以及对西方思想的挑战》(*Philosophy in the Flesh—The Embodied Mind and Its Challenge to Western Thought*)批判了西方哲学中关于思维的错误观点,提出了寓身哲学。①

在认知科学由无身认知向寓身认知的范式转型过程中,有学者探讨了现象学在这一转型中的作用,从现象学的身体理论出发对"什么是身体""身体怎样影响认知活动"等问题进行了解答。② 但是有学者认为,在现象学分析基础上对身心进行概念分析式的讨论,是非常局限的。③ 因此应该借助于神经科学、行为科学、心理学等经验性学科的研究成果来探讨身体意象和身体图式的不同功能,并且探讨寓身性如何通过身体意象和身体图式对行动和认知产生影响。对于以往的研究来说,这是一个突破。从多元视野、多种角度来探讨具身认知也应该成为一个趋势,如叶浩生从神经生物学、佛教等角度对寓身认知进行的研究。④ 他认为,具身认知已经从形而上学思辨走向了心理学的实验研究。⑤ 还有学者从精神分析学角度探讨"思考着的身体",如 Schachter 用精神分析学的视角来看待身心问题。作者对发展和病理学做了简要回顾,认为精神分析思考身心关系问题起源于弗洛伊德关于歇斯底里的研究,病人身体上呈现出未解决的心理冲突。而后继的研究者将研究集中于从身体经验占主导的早期母婴关系中形成的心理自我。因此,作者认为分析身心关系必须要考虑到对象关系以及情感调节的发展。⑥ 心理学领域的寓身认知理论研究比较系统,除却理论

---

① Lakoff G, Johnson M. Philosophy in the Flesh—the Embodied Mind and Its Challenge to Western Thought[M]. New York: Basic Books,1999:3.

② 徐献军. 具身认知论——现象学在认知科学研究范式转型中的作用[D]. 杭州:浙江大学,2007.

③ 何静. 身体意象与身体图式——具身认知研究[D]. 杭州:浙江大学,2009.

④ 叶浩生. 心智具身性:来自不同学科的证据[J]. 社会科学,2013(5):117-128;叶浩生. 具身认知、镜像神经元与身心关系[J]. 广州大学学报,2012(3):32-36;其他学者也意识到镜像神经元是具身认知的生物学基础:丁峻,陈巍. 具身认知之根:从镜像神经元到具身模仿论[J]. 华中师范大学学报(人文社会科学版),2009(1):132-136;石文山,叶浩生. 具身认知——佛学的视角[J]. 心理学探析,2010(5):15-19.

⑤ 叶浩生. 西方心理学中的具身认知研究思潮[J]. 华中师范大学学报(人文社会科学版),2011(4):153-160.

⑥ Schachter J. The Body of Thought: Psychoanalytic Considerations on the Mind-body Relationship[J]. Psychoanalytic Psychotherapy, 1997,11(3):211-219.

研究之外，更有大量的实证研究证明了身体对于认知发展的重要作用。例如，Jostmann 等人进行了人对重量的感受体验影响人心理判断的研究[①]；Williams 等人研究了物理温度对人的亲社会行为的影响[②]；Stepper 等人研究了身体的直立姿态或者瘫坐姿态对人的情绪体验的影响[③]；Koch 等人研究了身体的前倾和后退与人的情绪状态之间的密切关系[④]。不过，也有学者认为，心理学领域内的这些实证研究，都是从微观角度入手，难免过于琐碎和零散，因而倡导将一些微观研究成果整合进寓身认知机制的系统研究中去。[⑤]

3. 以社会学视角探讨寓身学习

除了从哲学和心理学视角出发探讨寓身学习，还有研究者从社会学视角入手，探讨教育中的身体问题。例如，张晓蕾从社会文化的角度描述了学生身体在课堂制度化环境中被放弃、被遗忘的现实，探索了将身体教育学理念融入课堂中的方法。[⑥] 闫旭蕾从身体社会学的视角论述了教育中的"肉"与"灵"。她从国家角度、道德教育角度、时空角度出发分析了教育中的身体形态，并从课堂教学以及学校日常生活角度出发分析了身体主体活动。[⑦] 闫旭蕾的博士论文是目前教育领域比较系统、理论的著作，其包含了大量的教育实践案例，这种理论分析与实践分析相结合的方式，也是现在有关寓身学习研究极度缺乏的。

4. 身体教育学的建立

基于对身体在教育中的重要性的认识，许多学者倡导建构"身体教育学"，教育学的身体转向对于寓身学习有着重要的贡献。例如，李冲锋、蔡春、李政涛、刘良华、李柯柯等人都提出了建立身体教育学，以及教育学向身体转向的必

①　Jostmann N B, Lakens D, Schubert T W. Weight as an Embodiment of Importance[J]. Psychological Science 2009, 20(9):1169-1174.

②　Williams L E, Bargh J. Experiencing Physical Warmth Promotes Interpersonal Warmth[J]. Science, 2008, 322(5901):606-607.

③　Stepper S, Strack F. Proprioceptive Determinants of Emotional and Nonemotional Feelings[J]. Journal of Personality and Social Psychology, 1993, 64(2):211-220.

④　Koch S, Holland R W, Hengstler M, Knippenberg A. Body Locomotion as Regulatory Process: Stepping Backward Enhance Cognitive Control[J]. Psychological Science, 2009, 20(5):549-550.

⑤　刘丽红. 皮亚杰发生认识论中的具身认知思想[J]. 科学技术哲学研究, 2014(2).

⑥　张晓蕾. 课堂教学生活中学生身体问题考察[D]. 上海:华东师范大学, 2010.

⑦　闫旭蕾. 教育中的"肉"与"灵"——身体社会学视角[D]. 南京:南京师范大学, 2006.

要性和重要性。① Dixon 等人用图像来支撑对寓身教育学的概念化和再认知。他们通过对艺术教师教育的数据分析,表明了寓身教育学的存在;并通过图像,展示了教室中的寓身教育学路径。寓身教育学路径与确定性相悖,证实了"知识只有通过多样的、认识的行动才能站住脚"。② 许多学者以案例研究的形式,论述了寓身学习的实践样态,使我们更加容易理解寓身学习。例如,美国密歇根大学教授 Henriksen 就从数学、文学等学科中选取了典型案例,为我们揭示了寓身学习在实践中的具体样态。③ Conklin 通过行动研究,向我们展示了中学阶段的寓身学习实践案例。④

5. 从教育技术的角度来探讨寓身学习

许多学者研究了技术在寓身学习中的作用。一方面,有人认为技术进一步加剧了离身学习。例如,吴文新认为西方传统身心二元论因为技术而呈现出新形态。技术使人的身心统一到了已经被技术化的人体上来。技术不仅支配身体,同时也使人的意识活动成为被支配的东西。⑤ 钱旭鸯在谈到"电子人教育的挑战"时,从技术作为儿童探索世界的工具、技术作为儿童存在的空间、技术成为儿童自身三个方面,对当前技术文化中儿童与技术的关系进行了检视。其中,她认为,技术本身是被人"异化"了,才使离身成为可能。⑥ 另一方面,是有关技术促进寓身学习的相关研究。Light 等人论证了"在技术密集(technique-intensive)运动中进行学习,是整合了身与心的过程"。作者借鉴了日本"无心"(mushin)的概念以及复杂学习理论提出了一个基于认知负荷理论(congnitive

① 李冲锋. 学校里的身体——学生的身体遭遇[J]. 教育理论与实践,2006(12):6-9;蔡春,易凌云. 审视教育中的"身体"——兼论教育中的"身体惩罚"[J]. 湖南师范大学教育科学学报,2006(3):9-14;李政涛. 身体的"教育学意味"——兼论教育学研究的身体转向[J]. 教育理论与实践,2006(11):6-10;刘良华. "身体教育学"的沦陷与复兴[J]. 西北师范大学报(社会科学版),2006(3);刘良华. 人的素质与身体教育学[J]. 教育发展研究,2007(9A):41-45;李柯柯,扈中平. 教育中"身体"的解放与自由[J]. 教育研究与实验,2015(1):12-17.

② Dixon M, Senior K. Appearing pedagogy: From Embodied Learning and Teaching to Embodied Pedagogy[J]. Pedagogy, Culture & Society,2011,19(3):473-484.

③ Henriksen D, Good J, Mishra P. Embodied Thinking as a Trans-disciplinary Habit of Mind[J]. TechTrends,2015,59(1).

④ Conklin H G. Toward More Joyful Learning: Integrating Play Into Frameworks of Middle Grades Teaching[J]. American Educational Research Journal,2014,51(6):1227-1255.

⑤ 吴文新. 基因科技与身心二元论的消解——对人性技术化的沉思[J]. 自然辩证法研究,2001(10):24-28.

⑥ 钱旭鸯. 电子人教育的挑战[D]. 上海:华东师范大学,2012.

load theory，CLT)引导的教育学，以指导技术密集运动中跑步和游泳的轨迹。作者认为，"无心"是一个身和心一体的状态。其所建立的教育学挑战了体育教学和运动训练中长期存在的理论与技术、身与心之间的二元对立，提供了一个重新认识和计算身体在学习中的地位机会。[①] Lindgren 等人就利用典型案例研究，证实了混合现实技术(mixed reality)能够促进学生身体在学习过程中的参与程度，并提出了混合现实技术研究者应该注意的具体问题。[②]

(二)文献述评

以上所呈现的是国内外在寓身学习的理论与实践方面的研究成果，如前所述，探索的过程本身就是一个探索学习本来面目、恢复学习本来面目的过程。在这个过程中，许多的探索与尝试是深刻的、有洞见的。因此，这些研究对于本研究的开展具有重要的启发意义。不过，有关寓身学习的研究成果并非完美无憾。总体来说，这些研究还存在一些共性的问题，具体表现在以下几个方面。

1.有关寓身学习的历史研究缺乏

在已有的研究中，学者对于寓身学习的历史发展轨迹，包括思想发展轨迹以及实践发展轨迹都关注不足。寓身学习并不是突然降落于人世的，它的悠久思想史可以追溯到中国先秦时期的儒学，而它的实践史可以追溯到文字和学校产生之前的原始社会。对于寓身学习历史的回溯或者梳理，有助于我们厘清寓身学习从何处而来，也会为我们解决当前学习的现实问题提供一些借鉴和启示。因此，缺少了对寓身学习历史的研究，或者说研究寓身学习缺少了历史视角，对于寓身学习的研究来说，都是不完整的。

2.有关寓身学习的研究缺少对中国传统文化智慧的关注

身与心的割裂起源于西方，进而殃及了东方包括教育在内的社会生活的方方面面。西方研究为此在批判的基础上尝试解决身心二元划分、重心智轻身体的问题，因而涌现了许多富有创造性、富有建设性的思想成果。国内的研究在解决这一问题时，则较多地借鉴了西方哲学、心理学的研究成果。这对于寓身

---

① Light R L, Kentel J A. Mushin：Learning in Technique Intensive Sports as a Process of Uniting Mind and Body through Complex Learning Theory[J]. Physical Education and Sport Pedagogy，2015，20(4)：381-396.

② Lindgren R, Johnson-Glenberg M. Emboldened by Embodiment：Six Precepts for Research on Embodied Learning and mixed Reality [J]. Educational Researcher，2013，42(8)：445-452.

学习研究来说,是非常必要且重要的。但是,任何的研究都应该有本土文化自觉,更何况中国传统文化中蕴藏着丰富的寓身学习智慧。因此,挖掘中国传统文化中所蕴藏的寓身学习智慧,是当前国内教育研究所缺乏的,也是亟须的。

3.有关寓身学习研究依托的学科背景比较单一

笔者在梳理有关身体、身心这一主题的相关文献时发现,很多领域进行了丰富而又深刻的研究。例如,除了哲学和心理学领域之外,美学、医学、政治学等学科都有广泛而深入的研究,有多篇硕博士论文及专著。而且其中的许多研究打通了多学科领域之间的通道,呈现出明显的学科交叉、跨学科的特点。

但是,教育学领域的寓身学习研究相对薄弱,所依托的学科背景也相对单一。尤其是国内关于寓身学习的研究,同国外的研究相比,略显简略和不成熟。国外研究相对来说依托了比较多的学科背景,借鉴了多学科的最新研究成果,例如,借鉴女性主义哲学来分析教育中的身体,以独特的视角和创造性来分析教育实践中我们习以为常,或者那些我们认为理所当然的教育现象,这给予我们从不同角度看待寓身学习的机会,同时也给我们带来了踏实的接地气之感。而国内关于寓身学习的研究虽然也有一些富有理性和深入思考的文章,但多数研究所依托的学科背景比较单一,如在以哲学作为分析问题视角时,多以梅洛-庞蒂的身体现象学为理论基础。

另外,通过文献梳理我们还发现,相对于教育心理学领域的寓身学习研究来说,教育学领域对寓身学习的研究是比较苍白的。其中的原因比较复杂,一方面是国内教育研究者更关注教师的教,更注重对教学法的研究,持有"教师教得好,学生必然学得好"的观点,对于学习的研究重视不够;另一方面,国内教育领域受到心理主义学习观的支配,人们更习惯于从心理主义学习观出发去看待学习,对心理主义学习价值观的推崇导致了"学习异化"。为此,我们应该超越对学习的客观规律的寻找,走向"学习哲学",追求学习的意义。[①] 由此看来,国内研究的视野需要更加开阔,对国际最新学术研究成果也需要有一种更加灵敏的嗅觉。

4.关于寓身学习研究的研究方法比较单一

通过文献梳理,我们可以明显地看到,国外寓身学习研究注重对各种研究方法的尝试,研究方法相对多元化。例如,很多研究者采取了人种志、行动研

---

① 张华.学习哲学论[J].全球教育展望,2010(6).

究、叙事研究、案例研究等众多质性研究方式,通过这些研究方式所获得的教育实践案例非常鲜活与生动。但是国内的研究方式比较单一,以文献法、理论思辨为主,缺乏一种深度参与课堂的意识。研究者有时会引用一些案例,但因为缺少了课堂参与,这些案例一方面缺少了教育现实的细致、生动与活泼;另一方面缺少了研究者在场观察时的独特感受与体验。

受笔者目力之所及,能力之所限,文献综述有不够全面之处。笔者对于某些研究的解读,远未能表其精彩,也未能反映其全貌。虽然是管中窥豹,但这些文献基本可以反映寓身学习研究的发展状况。

四、寓身学习研究的逻辑理路

(一)研究问题

本书的主要研究问题是,解决学生身体在学习中受到排斥和压制的现实问题,帮助学生实现寓身学习。围绕着这一核心问题,尝试解答如下拓展性研究问题:

(1)学生身体在学习中受到排斥和压制的现实表现是什么? 产生的危害有哪些? 学生身体受到排斥和压制的根源是什么?

(2)寓身学习是什么,包括寓身学习的历史发展脉络和核心理念、如何实现寓身学习等。

(二)研究思路

为了解决学生身体在学习中受排斥和压制的现实问题,最终实现寓身学习,需要描述和分析学校教育中学生身体遭受排斥和压制的具体表现、产生的危害,以及学生身体遭受排斥和压制的根源。

在说明学校教育排斥和压制学生身体的表现、危害以及根源之后,接下来即从以下几个方面来论述学习的寓身性以及如何实现寓身学习:

寓身学习有着深刻的思想发展历史以及实践沿革。因此,对于寓身学习历史的研究有助于我们深化对寓身学习的理解。

寓身学习从哲学、心理学以及社会学等领域吸取了许多研究成果,从而建构起了自身独特的核心理念。

寓身学习作为一种学习理念,要在实践中得到落实,仍需要有适切的支持条件。因此,本书利用教育实践案例对寓身学习的实现路径加以分析,研究的逻辑思路如图 1 所示。

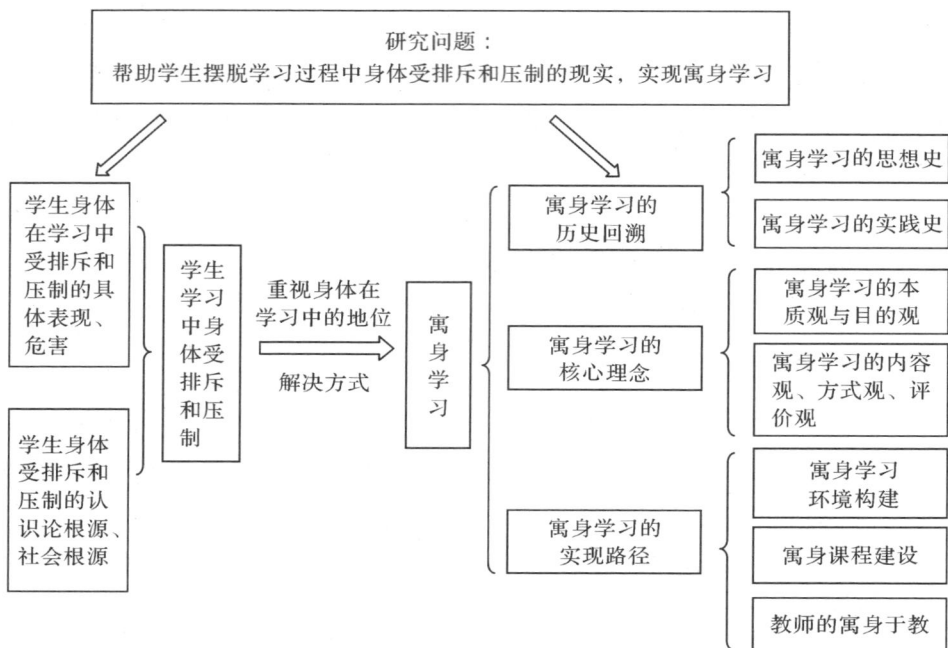

图 1　本书研究的逻辑思路

(三)研究方法

以往有关寓身学习的研究,包括一些纯粹经验性的研究,不免让人感到单调、肤浅。理论分析的缺乏,会使寓身学习失去发展的动力和源泉,成为"无源之水"和"无本之木";而另有一些研究则通常借助理论分析与思辨方法,这种理论研究是必需的,然而对于寓身学习这一个复杂和晦涩的术语来说,纯粹的理论研究会让许多教育研究者以及教育实践工作者不能准确地理解其内涵与思想。针对这种两难困境,本书在运用历史研究法、文献研究法等理论分析方法的同时,采用现象学描述方法"面向教育事实本身",回归真实的教育现象世界;同时采用案例研究法来辅助本研究。

1. 质的研究取向

教育研究中一直存在"量的研究"与"质的研究"两种研究取向。"量的研究",是从特定假设出发将社会现象数量化,计算出相关变量之间的关系,由此得出科学的、客观的研究结果。[①]"量的研究"背后所隐含的假设将人视作自然的物体,人可以被量化的标准去判断和分类,人作为身体性存在、关系性存在所具有的开放性、多样性和生成性被忽视了。而"质的研究",强调的是"研究者深入社会现象之中,通过亲身体验了解研究对象的思维方式,在收集原始资料的基础上建立情境化的、主体间性的意义解释"[②]。本书采用质的研究取向,主要原因在于:

(1)寓身学习的价值基础,决定了采用质性研究取向更为合适。寓身学习的价值基础或者前提假设,就是承认人作为开放而多样的生命体所具有的整体性和复杂性。而质性研究所推崇的价值理念也恰恰是尊重人的复杂性和整体性。可以说,寓身学习的价值基础与质性研究的价值理念不谋而合。

(2)寓身学习所具有的情境性和关系性特征,决定了采用质性研究取向更为合适。寓身学习强调学习和认识是在一定的情境中发生的,并且是通过身体的互动或交往而发展起来的。因此,对于寓身学习的研究就不能脱离学习的情境以及学习过程中的关系。而质的研究取向也恰恰强调建立情境化的、主体间性的理解。因此,质的研究取向更加适合寓身学习这一研究主题。

2. 具体研究方法

在质性研究这一基本取向之下,本书除了运用文献法、历史研究法等理论分析方法外,还采用了现象学的描述法以及案例研究法等具体的研究方法。

(1)现象学的描述法

现象学属于质的研究取向,它是人文社会科学研究中一种极其重要的研究方法。"面向事实本身"是现象学的基本精神,"现象学是对生活世界的研究:一个即时体验而尚未加以反思的世界"[③]。现象学研究,可以让我们对日常生活体验的本性和意义有更加深刻的理解。在以往关于学习的研究中,有许多的"宏大叙事""普遍规律",其实面对的是一个"已经分类、分级,并且抽象化了的

---

① 陈向明. 质的研究方法和社会科学研究[M]. 北京:教育科学出版社,2000:1.
② 陈向明. 质的研究方法和社会科学研究[M]. 北京:教育科学出版社,2000:1.
③ 范梅南. 生活体验研究[M]. 宋广文,等译. 北京:教育科学出版社,2003:11.

世界",它并不能反映真实的学习现象。学习本身来源于学生与生俱来的好奇心与探究心,植根于学生活泼生动的生活世界,因此,对于学习的研究也应该转向对学生学习生活的观察,理解学习之于学生的意义。

为了更好地理解学生的学习,笔者以一种真诚倾听和细致描述的态度进入教育实践场域,以求能够更加真实地反映学生学习的现实境况。为了能够深入了解教育实践中教师、儿童内隐性的、真实性的想法,笔者采用了非正式的、开放性的交谈,耐心地倾听,平等地交流,对于他们的言行不妄加判断和评论。因为,只有研究者与对方建立起一种平等、关心的关系时,对方才会无压力地展现自己真实的一面。例如,教师对学生身体进行排斥和压制的现实状况、儿童在学习中的感受、教师对于寓身学习的认识,等等问题,都是在比较轻松、比较自然的观察和交谈环境中呈现的。

现象学方法不能被简化为技术性的程序,但是它包含着一些基本的活动类型:经验性活动和反思性活动。经验性研究活动旨在探究适合当前研究现象的前反思经验的范围和种类;反思性研究活动旨在解释与这种现象相关的意义。① 因此,本书所运用的现象学方法包含了这两种。另外需要指出的是,现象学研究对象还包括"借"别人的体验,收集别人的体验,因为它们以多种方式使我们成为"拥有更丰富体验的自我"。②

（2）案例研究法

教育中的案例研究,就是对教育过程中真实的、典型的事件进行情境性的、整体性的描述和记录,对案例中的人物、情节等进行深入和细致的分析,从而揭示案例当中事件发生的背景、过程、原因、解决方式等,总结有价值的教育经验和教训。以往的教育研究多以理论思辨为主,往往远离了活泼和生动的教育实践。而寓身学习这一主题,因为其理论思辨性强,往往使教育实践中的人不易理解。为了更好地理解如何摆脱学生身体受排斥和压制的现实,实现寓身学习,本书采用了案例研究的方法,以笔者在教育实践中收集的具体案例以及从文献之中收集的典型案例,来辅助说明学生学习过程中身体受到排斥和压制的现实,以及如何实现寓身学习等问题。

---

① 参阅:http://www.phenomenologyonline.com/inquiry/methods-procedures/.
② 参阅:http://www.phenomenologyonline.com/inquiry/methods-procedures/.

第一章 学习的现实问题:学生身体遭遇排斥和压制

从发生和起源的观点看,最初的心智和认知是基于身体和涉及身体的。[①]也就是说,最初的所有学习都是寓身的。但是在经历了漫长的历史演变后,学生身体却日益遭到学习环境、学校课程、教师教学的排斥与压制。因此,学习的寓身性渐渐式微。学生身体之所以受到排斥和压制,主要有两个根源:一是认识论根源——身心二元化,二是社会根源——脑力劳动和体力劳动的分工。

第一节 学生身体遭遇排斥和压制的现实表征及后果

学生在学校教育中往往被当作一种需要管理和控制的对象,而身体往往被视为影响学生学习的一个重要干扰因素。学校教育、课堂教学实践因而采取了一系列措施去排斥和控制学生的身体活动。本节依据从一线教育实践中收集的案例资料,来说明学生身体在学习过程中所遭遇的排斥与控制,以及由此所带来的后果。

一、学习环境对学生身体的限制及其后果

为了让学生学习更少地受到身体活动的干扰,最大效率地接受知识,学校教育为学生的学习创造了一个相对封闭而又便于监视和管理学生的环境。正

---

① 李恒威,盛晓明.认知的具身化[J].科学学研究,2006,24(2):184-190.

如福柯所说,工厂为了获取最大利益,消除各种不利因素,如怠工、偷盗、骚乱、密谋等,把所有的工人聚集到一起,统一实施监督和管理。其实,学校也采用了工厂管理的模式,将学生群体集中在一个封闭的空间内,实施班级授课制,最大限度地提高单位时间内传授知识的效率。在这个相对封闭的学校空间和环境中,集中对学生进行监视和限制。具体来说,学习环境对于身体的监视、压抑和限制主要是通过以下几个方面来实现的。

(一)通过现代学校建筑来规训学生身体

现代学校建筑对于学生身体活动的规范和限制,首先体现在围墙的阻隔作用上。"建筑的最初目的就是围隔,也就是人借助于各种材料,从大自然空间中围隔出一个人造空间来,所以围墙是建筑的最初的基本组成部分,也是空间形成的基本手段。"①

围墙造成学校建筑布局呈现出一种分区式的结构,如学习区、活动区、休息区、吃饭区等。这种分区式的布局就成了福柯所说的"差异地点"。"差异地点"都有它精确而特定的功能。② 因此,"在什么场合做什么事"就成了各个差异地点的最重要的要求。例如,在学习区的活动只能是学习(心智训练),与学习无关的身体活动会受到教师的监视、排斥和压制。学生也会受到一些教室文化的限制,例如,教室正前方悬挂的诸如"生前何必久睡,死后自会长眠"等触目惊心的标语,无时无刻不在警示学生。这使得学校教室成为规训学生身体活动最严厉的场所。

学校围墙对于学生身体活动的规训,还体现在使学生身体活动与社会隔绝开来。"不仅仅使学生固定在学校空间中,也使得学校空间在进一步嵌入社会空间的基础上,与所处的地方社会逐渐脱离。"③围墙的存在,使围墙内的世界成了非世俗世界,使围墙外的世界成了非教育领域。因此,围墙内的学生学习是很少与世俗世界有关联的理性知识学习,围墙外的世俗生活是脱离了理性精神的琐碎现实。

现代学校建筑的围墙还呈现出逐渐隐形的趋向。为了对建筑物内的学生

---

① 石艳. 我们的"异托邦"——作为社会空间的学校[D]. 南京:南京师范大学,2008:66.
② 夏铸九. 空间的文化形式与社会理论读本[M]. 台北:明文书局,1988:229.
③ 石艳. 现代性与学校空间的生产[J]. 教育研究,2010(2).

的身体活动进行清晰而细致的监视和限制，学校建筑物的设计倾向于采用一种越来越"透明化"的方式。例如，用大块透明的玻璃来取代传统的不透明的墙，形成了类似于写字楼内透明办公室的学校教育空间，使学生的一举一动都暴露在别人（如校长、班主任、教师、大队长等管理者）的注视和监测之下。

（二）通过单元格空间环境限制学生身体

学校空间管理首先依据的"封闭"原则并不能完全满足限制学生身体活动的需要，也就是说完全密闭的空间是理想化的规训机制，但实际上学校空间环境对身体的规训通常是以一种更加灵活和更加细致的方式来进行的，即单元定位。"按照某种禁欲主义，孤独对于肉体和灵魂都是必要的。"①在学校这个相对封闭的空间环境内，每一个学生都有自己相应的位置，每一个位置需要对应相应的学生。这种空间环境上的单元格将学生身体活动分解成一个个独立的实体，从而禁止学生不受纪律限制地四处走动，以及学生的缺场行为，以便给予每个人时时刻刻的监督，并对其学习行为进行评价和判断。

在学校教育中，座位是单元定位的主要依托载体，也就成了规训学生身体最重要的载体。因为座位是人们能够看见触到、实体存在的有形物体，把学生身体固定在座位上，是教师最容易管理秩序的一个方式。这主要是通过秧田式座位结构以及对学生身体姿势的规定来实现的。

在现代学校教育中，秧田式是学生座位排列的主要形式（见图2）。在这种秧田式座位结构中，学生像一棵独立的秧苗一样，按照一定的间距左肩临右肩、前额对后脑，通过一种横成行、纵成列的整齐排列，集体一致面向讲台上的黑板和教师。秧田式座位结构首先保证了学生固定在自己"应该的位置"上，每一个人对应一个相应的位置。如果某个学生缺席，教师对于何人缺席会一目了然。或者如果某个学生坐在别人的位置上，教师会有相应的规范性调控措施。与此同时，秧田式座位结构使站在位置较高的三尺讲台上的教师，能够更轻松地掌握和观察讲台下整齐排列的学生的一举一动。学生的身体活动、学生之间的互动没有任何隐蔽的机会，都被教师"尽收眼底"。因而，秧田式座位结构，形成了一个更容易监视和限制学生身体活动的教室环境。

秧田式座位结构保证了学生的身体活动无时无刻不处在监视和限制之下，

---

① 福柯.规训与惩罚——监狱的诞生[M].刘北成,杨远婴,译.北京:生活·读书·新知三联书店,1999.

而后便是教师对于学生身体姿势的不断提醒和矫正,这种不断的提醒和矫正成了对身体进行规训、使学生固定在自己的位置上的一个最直接表达。下面一个案例描述可以更好地说明这一点。

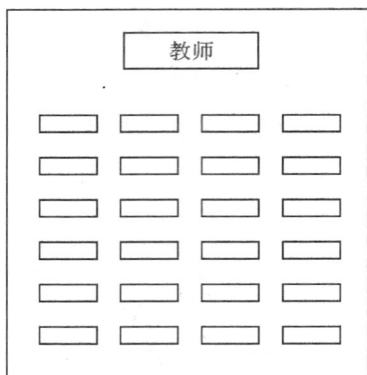

图 2　秧田式座位结构

英语老师站在讲台上,领着学生在反复地诵读英语中的一个句式:What's the date today? Seventh of May。突然,英语老师停止了领读,声色俱厉地喊道:脚并拢,坐端正了,手指指着课本读。当英语老师刚说脚要并拢时,我作为一个课堂观察者,误以为接下来要让学生做什么事情。直到英语老师说完,才发现老师只是在规训学生的身体姿势。但我不太明白读英语句式为什么需要按照老师的标准,脚一定要并拢。过了一会儿,英语老师又停下来,这次是呵斥一个男生:老师刚才说脚要并拢,没听到呀?! 脚伸那么长,伸到前排同学那儿去了。收回来并拢![①]

教师在读英语句式的过程中提出脚要并拢的要求,并且呵斥一个把脚伸向前排同学那儿的男生,笔者后来猜想这种要求和做法的主要原因在于,避免学生的身体动作影响知识的接收,也避免学生的身体活动侵入别人的空间而影响别人的知识接收。用一个隐喻或许能更清晰地说明教师的想法:教师像一个充满饮料(知识)的大容器,而学生则像一个个躺在流水线上等待着被灌入饮料(知识)的饮料瓶。如果饮料瓶在流水线上的姿势不那么准确,那么教师很难将

①　摘自笔者 2015 年 5 月 7 日在上海市一所小学的课堂观察日记。

自身容器里的饮料（知识）灌入学生之中。而若一个饮料瓶侵入别的饮料瓶空间，就会产生一种类似于"多米诺骨牌效应"的后果，从而使饮料（知识）的灌入更加困难。因此，在课堂学习活动中，教师会很敏感地关注学生的身体姿态，甚至是那些一般人都无法注意到的身体部位，都必须符合教师设置的规范。

　　另外，随着现代科技的发展，"摄像头"等技术设备被学校广泛应用到对学生的管理工作中，成了教师监督学生的一个重要辅助工具。摄像头的工作机制与边沁提出的"全景敞视建筑"相似，可以说，摄像头是现代社会的"全景敞视建筑"。① 摄像头所处位置就如同"全景敞视建筑"中的高塔，可以不受时间限制地监视学生的一举一动；因为摄像头能够将学生的活动记录和保存下来，因而，可以在家长会等场合中进行回放，以此来判断学生的学习是否做到了"一心一意"。

（三）通过社会空间环境监视学生身体

　　"纪律是一种等级排列艺术，一种改变安排的技术，它通过定位来区别对待各个肉体。"② 为了维护课堂纪律，教师通常会根据自身对于儿童身体活动优劣表现的判断，将学生分配到相应的空间当中，从而产生了一种等级化的空间。这时的空间已经不是物理意义上的空间环境，因为融入了教师的主观判断、个人偏好、意识形态，因而这种空间环境是一种"社会空间环境"。在社会空间环境的形成过程中，教师通常不会考虑儿童的感受，而是按照自己的标准和要求来给儿童分配空间。下面这个案例描述可以说明这一点。

　　独自坐在最后一排的一年级小学生李乐天因为小动作被数学老师训斥为浪费其他同学的时间后，数学老师严厉地问他："班主任不是给你换位子了吗？你怎么还在这？"其实，在上午时，李乐天就一直坐在教室的最前面，下午的时候他未经老师的同意，自己把课桌搬到了教室的最后面。数学老师在课上发现了这一点，因而质问他。数学课下课后，班主任就来教室给李乐天换座位了，把他的桌椅搬到了教室的最前面，紧贴着讲台的台阶，与教师批改作业时的课桌仅仅隔着一个狭窄的过道，这意味着李乐天要时刻处在老师的眼皮子底下了。虽然李乐天从最后一排搬到了教室的最前面，但是不变的是他仍然没有一个同

　　① 郝东方.教室摄像头的注视现象研究——以萨特的他者理论为视角[J].电化教育研究，2015(12).
　　② 福柯.规训与惩罚——监狱的诞生[M].刘北成，杨远婴，译.北京：生活·读书·新知三联书店，1999.

桌。班主任边给他搬座位,边愤愤地说:"朽木不可雕也!"这句话被李乐天听到,他仰着头好奇地问班主任这句话是什么意思。班主任说:"回家问你爸去!你妈妈也这么说你,这不是我们的问题了,是你自己有问题!"①

在这个案例描述中,李乐天在教师的眼中是一个"爱捣乱""爱做小动作"不符合学习规范和标准的学生,因此,李乐天在从 2014 年 9 月入小学到 2015 年 5 月这短短不足一年的时间中,就被贴上了"朽木不可雕也"的标签。因而教师将其放置于教室的最前面,时时刻刻地监管他。为了不让他影响其他学生的学习,他也不可能有同桌。李乐天所坐的位置,是教师按照他的身体活动表现,通过座位的调整对他实施的一种变相惩罚策略。在我们的教育实践观察中,教师通常都会这样给"特殊学生"设置一种惩罚性的"特殊空间环境"。同时,教师也通常会根据学生的身体活动表现、学习成绩等,给学生设置一种奖励性的空间环境,例如,安排他们坐在教室的前排与中间排之间的黄金区域,这是学生视觉位置较好的区域,也是师生互动交流较佳的位置。

教师还会根据学生的身体活动表现、学习成绩等要素来任命班干部,因此"教师""班干部""普通学生"三个群体,分别将自己固定在自己的等级位置上,扮演着与自己等级位置相符合的角色,创造了一个等级化的空间环境。教师处于等级化空间环境的最高层,属于权力的给予者和颁布者;班干部处于等级化空间环境的中间层,是教师赋予权力的实际执行者;普通学生处于等级化空间环境的最底层,是被权力规范和限制的对象。下面一个案例描述可以恰当地说明这种等级化空间中的不同人物角色。

12 点 50 分到 13 点 10 分是午会课。数学老师来到教室让学生排队等着她批改作业。在排队等待的过程中,小班长一直充当着老师的小助手,时不时地训斥那些排队时讲话、打闹的学生。"怎么排队的?!""罗涛,就你最忙啊,老实站着排队!"小班长看到罗涛在被自己训斥一会儿后又不老实了,大声喊道:"罗涛,警告两次!"罗涛似乎有点不服,嘟囔着:"我排好队了啊。"在教桌旁边坐着的数学老师听到,立即停下批改手中的作业大声呵斥道:"罗涛,我都听到班长说你两次了,我再听到一次,就叫你爸爸来学校!"听到老师的严厉警告,罗涛不

---

① 摘自笔者 2015 年 5 月 5 日在上海市一所小学的观察日记,学生名字为化名。

作声了。[①]

在这个案例描述中，小班长是教师根据学生的学习成绩、是否听话、是否能管理好自己的身体活动等多种要素，综合评判而任命的。他们在教师无暇顾及一些纪律问题的时候，按照教师的标准（排队时不能乱动）实施教师赋予的权力，帮助教师监视普通学生的身体活动。在小班长的权力执行受到阻碍时，位于等级化空间环境最高层的教师会及时帮助班干部执行权力。并且，教师通过"叫家长"形成更强大的震慑力，从而达到管理学生身体活动的目的。而如果这种"叫家长"的行为实现，那么，空间的规范和限制便会从学校环境延伸到家庭环境中，父母会按照教师的说辞继续对不服从管理、做小动作的儿童进行训斥甚至惩罚。

学习环境通过学校建筑环境、单元格空间环境，以及社会化的空间环境来规范和限制学生的身体活动，使学生身体局限在一定的范围或者空间内。这对于学生学习产生以下负面影响。

（1）使学生学习局限于某个特定的地点，窄化了学生的学习资源。学校建筑环境的强大的功能分区使得学生的学习活动局限于特定的教室内，并且局限于自己的座位上。而教室之外、座位之外，则很少能够成为学生学习的资源和场所。学生学习的是一种脱离了具体场所与外界环境的、无情境的文字符号。

（2）限定了学生与他者的互动与交往。将学生身体固定在某个特定的地点，阻断了学生在物理空间意义上的互动与交流。当学习因为空间环境阻隔而变成个体化的时候，学生学习也就仅限于对抽象符号的接受了，合作能力、沟通能力、集体感的培养都无法在学校教育中进行。

（3）社会化的空间刻画了拥有强烈等级意识的学生。当用一种社会化的等级观念去安排学生的空间位置时，学生也就相应地具有了鲜明的等级意识。这种等级意识继而会影响学生对自我的评价或定位，以及学生对他人的态度与评价。

二、学校课程对学生身体的压抑及其后果

对于理性知识的推崇，决定了学校课程的基本构成。尤其是 20 世纪以来，

---

① 摘自笔者 2015 年 5 月 5 日在上海市一所小学的课堂观察日记，学生名字为化名。

以科学理性精神为主要追求的现代教育,得到了最为充分的发展。世界各国竞相把理性知识,如数学、自然科学等知识作为教育的主要内容,因为这些知识是各国综合国力的最集中体现。对这些理性知识的重视和学习,是一个国家提升国际竞争力的最快捷途径。例如,1957年苏联卫星上天,引起美国朝野的巨大震惊。从20世纪50年代末到60年代末,美国为了提升综合国力对抗苏联,在著名的教育学者布鲁纳、施瓦布等人的领导下进行了学科结构化运动,最终建立起了系统的科学课程——学术中心课程。20世纪80年代以来,世界各国的课程改革、教育改革呈现出一个特征,即把科学、数学、外语作为课程和教育的中心,与此同时,为了适应21世纪信息技术的时代要求,重视信息科学教育和对学生信息能力的培养。在现代学校教育中,这种理性的知识是学科专家等从自然、社会中抽象和概括出来的符号,这些符号远离了学生的身体。学生在这种抽象的符号中,不能切身感受到山河的壮丽、玄妙与神秘,不能切身感受春种秋收的喜悦,他们无法产生对自然的敬畏,也无法产生对祖先的崇拜。他们在用心智去识记抽象的符号,却忘了发现和探索时的身体体验与愉悦心情。

人的心智、理性知识是现代教育的重心,身体以及与身体体验、审美、情感相关的知识则逐渐"缺席",偶尔出场的、与身体体验相关的课程已然充当起了理性知识学习之外的"偶尔消遣"。著名教育学者陈桂生教授就曾对中小学的各个学科安排情况做过调查,他认为基础课程中的学科通常分为三类:①语文、数学以及外语,属于工具学科。意思是尽管所有学科都属于基础学科,但语文、数学则又属于理解其他学科(尤其是经验科学学科)的基础。②经验科学学科,如自然科学、社会科学学科。③技能、技艺以及身体操练的学科。而三类学科的重要程度,又有一定的差距:第一类学科重于第二类学科,第二类学科又重于第三类学科。① 在学校教育中,我们所看到的课程表,确实反映出在学校课程设置中,与心智发展相关的工具学科占据了主导,与身体活动相关的技能、技艺学科所占的比例被压缩到了最低。表1列出了一所学校高三年级的课程表,可以如实地反映身体在学校课程中所遭受的排斥与压抑。②

---

① 陈桂生.方寸之间的文章——"课程表"的解读[J].全球教育展望,2007(5).
② 源自笔者在2016年2月26日访谈苏州市一位高中教师时所收集的班级课程表。

表1　一个高三班级的课程

序号	周一	周二	周三	周四	周五	周六	周日
1	历史	数学	语文	英语	历史		
2	数学	数学	语文	数学	数学		
3	数学	地理	数学	数学	英语		
4	语文	英语	英语	语文	语文		
5	体育	英语	英语	语文	语文		
6	英语	历史	地理	心理	数学		
7	英语	语文	历史	英语	地理		
8	语文	语文	数学	地理	体育		
9	自习	班会	语文	辅导	辅导		

据教师反映，课程表中出现的辅导课是专门针对高三下学期的学生的，即在每个班内选出一些有希望考上"一本"和"二本"的学生，让学生选出自己的薄弱学科，然后学校会把选择同一个薄弱学科的高三学生聚集在一起，集中进行辅导，也就是"补差"。另外，根据老师的反映，虽然课程表上的周六、周日并没有内容，但实际上，周六与周日同样是上课的。具体来说，周六全天都需要上课，所上课程为数学和英语。周日上午休息，下午1:40—5:00所上课程是语文。

以心智、成绩为主的课程主导了学生的学习，这其实并不只是在高三这个特殊阶段才如此。据笔者在教育实践中的观察，在没有面临巨大升学压力的小学也是如此。普遍的情况就是，这些与身体活动相关的课程已经被所谓的"主科"占据了，这也恰好验证了学校课程对于心智学习的重视以及对身体活动的轻视。

过了午饭时间，下午第一节课是品德与社会，这节课是一个儿童节的主题。虽然我作为一个大学研究者存在于他们的课堂，但是这节课并没有看到教师一丝的紧张或者激情，甚至讲话也有些有气无力，这让我相信这应该是品德与社会课的常态。老师独自坐在教室前面的桌椅上，她的左胳膊顶在桌子上，课本架在她的左手上，课本挡住了她一半的脸。这样一来，坐在教室后面听课的我看不太清她的脸，也不知道她有什么表情。只听见她念课文似的把教材上的主题内容念了一通，然后问学生：你们想在小学里怎样度过第一个儿童节？跟同桌交流一下。学生立即升起一片不小的声音,但这声音里却很少与教师提问的问题相关。简短的几分钟"讨论"后,老师并没有让学生去呈现或者表达他们的讨论,而是直接布置了一个作业:请爸爸妈妈协助你了解儿童节,做一个简报或者从书上找一些关于儿童节的资料,对课本有所补充。而之后的 20 多分钟,就成了学生保持安静、写作业的时间。按品德与社会老师的说法是:不管写什么作业,只要保持安静就行。这是班主任的要求。①

从这个案例描述中我们可以看到,本应该是调动学生去体验、去交流、去做,促进儿童社会性发展、健全个性发展的品德与社会课,被班主任强制安排成了"做作业的时间",并且连品德与社会老师自己也认可、同意并执行班主任的这种安排。学生在校学习的内容大部分被"做作业、背课文"等异化了的"心智学习(mental study)"所占据了。而实际上,古德莱德调查研究发现,学生对各个学科的感兴趣程度与学校课程表对各个学科内容的重视程度,是恰好相反的。也就是说学生对于第三类学科(技能、技艺、身体操练)的兴趣大于第二类学科(经验性科学学科);对第二类学科的兴趣又大于第一类学科(语数外)。② 这种与学生兴趣相违背的学习内容安排,是否有合理的依据? 或者说:掌握第三类学科与第二类学科所需的时间少,而掌握第一类学科所需的时间多? 答案是否定的。实际上,迄今为止的相关研究还不足以确定一门具体学科学习时间的限度。③ 总而言之,从课程表对各个学科的时间安排,以及现实中教师执行的状况来看,上至课程决策者,下至教师,无一不相信"心智比身体更重要",无一不轻视那些与身体活动紧密相关的学科。即便是设置了与身体体验相关的课程,也没有达成促进学生个体精神自由、人格独立的内在目的,而是让位于和服务于理性知识的学习。

在一个大声呼喊"知识就是力量"的社会和时代,尤其是理性相关的数学、科学技术知识成了社会关注的重点,并且相应地成了学校教育的重点。身体成为理性知识压抑的对象,成为服务于科学技术等理性知识的工具。而这所带来的负面影响是不容忽视的,正如有学者所言:"他们迫使教育者狭隘地关注他们的标准,这些标准与深刻理解世界没有关系,这些标准被武断的内容包裹……

---

① 摘自笔者 2015 年 5 月 26 日在上海市一所小学的课堂观察日记。
② 陈桂生. 方寸之间的文章——"课程表"的解读[J]. 全球教育展望,2007(5).
③ 陈桂生. 方寸之间的文章——"课程表"的解读[J]. 全球教育展望,2007(5).

这只是让学生在劳动力市场上有竞争力，而无助于健全社会的形成、友好关系的建立以及自我中心的超越。"[①]具体来说，对于学生身体的排斥与压制，带来了许多不良的影响。

（1）不利于社会的发展与进步。每一个学科都在社会发展中起着重要作用，例如，有美国学者曾言：这些学科（指艺术等）对于民主教育和社会公正至关重要。[②]学校课程以理性知识为主，忽略了其他学科的价值与贡献，这对于整个社会的健全发展来说是极为不利的。

（2）不利于学生个体的发展。由于学校课程对于以理性知识为主的课程更加重视，学生受到这一评价导向的引导，忽视那些与身体活动相关的课程，最终成了片面发展的人。另一方面，按照现有的评价体系，学生如果无法学好那些以理性知识为主的课程，就会受到教师、家长、同伴的轻视和排斥，并且将来受到就业市场的歧视。

三、教学对学生身体的监管及其后果

学生身体被排斥和压制，主要是从学校、班级细微、琐碎、具体的日常生活中体现出来的。正如我们在探讨"学习环境对学生身体的限制"时所讲的，教师会创造一个能够严密监视学生身体活动的空间环境。教师除了利用比较封闭、单元格式的空间环境来监视学生的身体活动之外，还通常利用时间来限制学生的身体活动，以此保证教学的顺利实施、知识的高效传递。时间无时无刻、无处不在，它以一种不被人察觉的、隐蔽的方式规范和限制学生身体。

由于现代科学的兴起，以及工业和资本主义的发展，钟表时间逐渐成了主导社会生活的一种主流时间观。在钟表时间观中，时间是一种稀缺资源，因此，需要通过时间的分配与组织来最大限度地提高生产的效益以及自身的满意度。Hallowell曾说道：当一个人想到时间的时候，不是一系列的经验，而是秒、分、

---

① Miller R. Make Connections to the World: Some Thoughts on Holistic Curriculum[J]. Encounter: Education for Meaning and Social Justice，2001，14(4):31.

② 奥克斯，利普顿. 教学与社会变革[M]. 程亮，丰继平，等译. 上海：华东师范大学出版社，2011:154.

小时的集合,因此,人们习惯于延长时间或者节约时间,时间被具体化了。[1] 简单地说,时间就是金钱。

学校场域作为一种学生、教师集体生活的场所,迫切需要通过对时间的精确切分来达到一种良好的秩序和高效的教学。时间的精确切分体现在学校制定的"作息时间表"上。作息时间表使得学生的学习活动成为一个连续的、序列化的活动。福柯认为:"时间单位分得越细,人们就越容易通过监视和部署其内在因素来划分时间,越能加快一项运作,至少可以根据一种最佳速度来调节运作。"[2]对时间进行精确切分的"作息时间表",主要目的就是对学生的身体行动进行精确的、严密的监管,将身体置入线性的时间排列之中来对身体进行监管和塑造,减少不必要的身体活动对于学习的"干扰",使学生形成秩序化的活动,从而将时间"高效"利用起来。据笔者在教育实践中的观察,大多数学校会有两套作息时间表:一套是假的时间表,用来应付"上面的"检查;一套是真的时间表,用来在实际的教育活动中规范和要求学生(见表2)。[3]

表 2 一所高中的真实作息时间

午别	内容	时间
早晨	寄宿生起床	6:00
	寄宿生早餐	6:20
上午	第一节	7:10—7:50
	第二节	8:00—8:40
	升旗仪式/大课间	8:40—9:05
	第三节	9:05—9:45
	第四节	9:55—10:35
	眼保健操	10:45—10:50
	第五节	10:50—11:30
	午餐	11:30

① Hallowell A I. Temporal orientation in Western Civilization and in a Preliterate Society [J]. American Anthropologist,1937,39(4):647-670.

② 福柯.规训与惩罚——监狱的诞生[M].刘北成,杨远婴,译.北京:生活·读书·新知三联书店,1999.

③ 摘自笔者在2016年2月26日访谈苏州市一位高中教师时所收集的作息时间表。

续表

午别	内容	时间
中午	午休	12:00—12:50
	午自习	13:00—13:40
	第六节	13:45—14:25
下午	眼保健操	14:35—14:40
	第七节	14:40—15:20
	大课间	15:20—15:45
	第八节	15:45—16:25
	第九节	16:35—17:15
	晚餐	17:15
晚上	夜自习第一节	18:00—18:40
	夜自习第二节	18:40—19:30
	夜自习第三节	19:40—20:30
	夜自习第四节	20:30—21:20(高一、高二) 20:30—21:30(高三)
	熄灯	21:50(高一、高二) 22:00(高三)

注：

(1)早晨无第一节课的一线上课教师 7:25 前到校，其余职工 7:00 前到校。

(2)周一上午大课间时间为升旗仪式。

(3)夜自习值班教师督促学生自修和进行个别答疑，18:00 上班。

(4)用餐时间说明：本学期继续实行高一、高二年级与高三年级错时用餐，具体安排为：

　　①周一、周二高一高二年级上午 11:30 用餐，下午 17:15 用餐；高三年级上午 11:35 用餐，
　　下午 17:20 用餐；

　　②周三、周四、周五高一高二年级上午 11:35 用餐，下午 17:20 用餐；高三年级上午 11:30
　　用餐，下午 17:15 用餐。

请班主任告知学生，请任课教师注意上下课时间。

　　与这位教师的交谈，让人更加相信"时间在学校教育中是一种有限的资源，需要充分利用这些时间资源来进行教学和学习"[1]。

---

　　① 摘自笔者在 2016 年 2 月 26 日与苏州市一位高中教师的交谈记录。

教师：时间表上的 6:20—7:10 是早读时间。

笔者：那早饭怎么办？不吃早饭吗？

教师：6:30 去教室前一般都已经吃好了。

笔者：只有十分钟吃早饭啊？

教师：嗯。他们午餐也很快（吃完）。12 点回教室睡觉，趴在桌子上睡。

笔者：不是好多人都寄宿吗？为什么不回宿舍睡？

教师：为了节省时间啊。

笔者：宿舍跟教室距离很远吗？

教师：不远。但是可能还是想着来回（宿舍）浪费时间吧？

…… ……

因此，在实践中真实的时间表也只是一个"摆设"，学校管理者或者教师往往会再从时间表里压缩学生的身体活动时间，从而节省出时间"专心学习"。因此，即便是时间表上允许身体活动的时间也承载了教师许多的任务、约束。

课间，学生在排队等着数学老师批改作业。眼看十分钟的课间休息时间马上就到了，数学老师终于批改完作业离开了教室。数学老师前脚刚迈出教室，班主任语文老师又来了，她一进教室就怒气冲冲地喊道："还有谁没到小组长那里通关（指语文知识点的记诵要背给小组长听）？"几个学生怯怯地举了下手。"好，你们等会下课后谁都不准出去，都要去小组长那里通关！"班主任刚走，英语老师就走进教室上课了……①

时间在教师的教学、学生的学习中被当作不可逆的有限资源，那么，那些与集体活动不一致、干扰集体活动、影响集体活动进度的个体，面临的命运只有两个：一是被排除在集体活动之外，二是成为被改造的对象，被迫与集体保持一致。下面这个课堂学习活动的案例描述可以体现和反映这一观点。

在一年级的一节数学课上，独自坐在教室最后一排的李乐天又不"安分了"，他碰碰前排同学的背，然后又拿练习本拍拍前排同学。老师注意到了李乐天的动作，走到他面前狠狠地呵斥了他一顿："李乐天，坐好了！我不想管你！管你浪费一分钟，算到其他三十几个同学的身上就是三十几分钟。你耽误大家的时间不羞愧吗？！"被李乐天拍的前排学生小声插话："老师，李乐天还用……"

---

① 摘自笔者 2015 年 6 月 19 日在上海市一所小学的课堂观察日记。

没等说完，老师疾声喝止："我不想再听李乐天的事情，我不想因为他一个人浪费我们大家的时间！"[①]

在这个案例中，李乐天同学显然是那个跟集体活动不一致、耽误集体活动的个体，教师对他的行为采取的是一种"禁绝策略"，通过呵斥他坐好、禁止他拍别人，使他能够不影响集体正在进行的活动。教师的言语中，透露出"已经放弃这个学生"的信息。很显然，在教育教学活动中，节省时间、珍惜时间已经成了禁止身体动作、身体活动的正当理由。由于这种标准化的时间、制度化的时间限制，学生个体与个体之间的互动、学生个体与教师之间的互动都成了一种需要尽量避免的活动，这些互动需要让位于学生群体与教师之间的互动。

教师通过教学时间来控制学生身体，已经超越了学校的空间限制，而延伸到学生在课堂、学校之外的活动安排。这种延伸也是教学时间控制学生的另一种方式。这种控制体现于两个方面：一是，教师布置大量的作业来控制学生在学校之外的活动内容。例如，有学者试图通过 PISA 学生问卷的分析，调查上海市学生的作业时间。[②] 调查显示，上海 15 岁的中学生每周平均有 13.8 个小时的作业时间，位于所有参与 PISA 测验国家和地区的第一位。初中生的每周作业时间平均为 14.6 小时，高中生的每周平均作业时间为 17.8 小时。由此可见，教师布置的作业构成了学生在课堂之外、学校之外的活动的大部分。二是，在学校之外通过辅导机构、培训机构等再造了一个学校空间，从而使学生的课后时间成了一种新的学校时间。同样，对于 PISA 学生问卷的分析，也分析了上海市 15 岁中学生参加校外辅导机构的时间、聘请私人家教时间。[③] 调查显示，大概有 30.5% 的上海市中学生会请私人家教。而中学生聘请私人家教的时间为每周 1.2 个小时，参加校外私人辅导班的时间为每周 2.1 个小时。教学时间跨越学校空间界限，延伸到对学生的课外、校外身体活动的控制。

教师利用时间来对学生进行身体的控制，最后逐渐内化成为学生对时间规定的自觉遵守和执行。这意味着，学校时间对学生活动的控制已经从外在强制转化成了个体对自我的控制。这种个体的自我控制，比外在的强制更加具有渗透性、弥漫性、隐蔽性，是一种更加严厉的控制和规训。因此，学生会经常审视、

---

① 摘自笔者 2015 年 5 月 5 日在上海市一所小学的课堂观察日记，学生名字为化名。
② 沈学珺.上海学生的课外学习时间[J].上海教育，2013(35).
③ 沈学珺.上海学生的课外学习时间[J].上海教育，2013(35).

计量、评价自己的身体活动,反省自己是否将大量时间投入到排除了身体活动的学习当中,从而衍生出一种不断审视和检查自我的主体。教师通过严格的教学时间控制来排斥和压制学生多余的身体活动,造成了以下几个方面的负面影响。

(1)精确切分和计算的时间,使得学生身体呈现出片段化。时间表将钟表时间精确地切分成了一个个片段。身体活动被放置在一个个片段化的时间段中,因此,各个精确的时间节点也成了无法连续的片段。学习因而也就是这样一个一个不连续片段的累加。具有强制性特征的教学时间表与学生可能所需要的学习时间,以及学习活动自然展开对时间的要求有很大的冲突和矛盾,而教学时间表因为其强制性并没有给后两者留下足够的空间。因此,我们会有类似这样的学校学习体验:在刚刚投入到一个学习活动中后,时间表提醒我们下一个学习活动已经开始了,因此不得不放弃正热情投入的学习活动。

(2)时间对身体活动的控制,排除了学生的个体时间需求。时间表的制定,就是为了保证集体活动的高效、顺利进行,那些违反集体标准的个人情绪情感、身体活动、切身体验都是需要被剔除或者需要被改造的。这样做的后果就是学生的个体时间需要被排除了,他们没有时间去面对自己的情感、体验,甚至是突发事件。因此,出现了这样一种情况——"学生被蚊子咬了也不许挠,因为如果学生都以此为借口做小动作,教学进度肯定会受影响"[1]。与此同时,为了保证教学的效率,学校时间表多考虑的是学生群体与教师之间的互动,而学生个体之间、学生个体与教师的互动较少,因而,学生个体的言说、情感、身体活动很难在课堂中得到展现,甚至是被当作浪费时间的举动而被压制。正如古得莱得所说的,我们对课堂的印象是"既不是一个很积极也不是一个很消极的场所。这里,热情、欢乐和愤怒都受到了抑制"[2]。

(3)时间对身体活动的控制,排除了学生的自主选择性。时间表具有预先设置的特征,它的强制性又使得所有学生的身体活动必须接受这一安排,而无法有自主选择的机会。学校时间表对于在何段时间该做何事、不该做何事都有明确的规定,学生的身体活动只能按照时间表规定的顺序进行。他们的身体像

---

① 冯建军.规训与纪律[J].教育科学研究,2003(12).
② 桑志坚.作为一种规训策略的学校时间[J].湖南师范大学教育科学学报,2014(9).

流水线上的产品，不断地流向下一个教师那里被加工和制作。学生并没有自主选择的余地，因而他们大多拥有类似的体验，而无个体化的和创造性的体验。

第二节　学生身体遭遇排斥和压制的根源

通过以上的现实描述和分析，我们发现在学习过程中，学生的身体被学校学习环境、学校课程以及教师的教学等控制和压抑着。学生身体在学习过程中受到排斥和压制，有着明确的认识论根源以及社会根源。

一、认识论根源：身心二元论

在学校教育中，人们总是自觉或者不自觉地把身体放在一个不太显眼、不太重要的位置，即便是注意到了身体，那也是将它作为意识或心智的附属品。这与西方身心二元论以及扬心抑身的传统对社会生活各个方面（包括学生学习）的支配是分不开的。虽然前面我们分析的都是中国教育实践中的问题，并且中国哲学强调的是事物间"即此即彼"（both and）、涵容一体的关系，但是采用"排斥性二分法"以及强调事物间"非此即彼（either or）关系"的西方哲学思维方式还是对中国产生了极其深刻的影响。正如杜维明教授所说：在现代社会中，我们自觉或不自觉地抛弃了中国传统文化中的精华，而接受了一些排斥性的范畴来作为思考问题的基本准则。①

（一）身心二分的萌芽以及扬心抑身的开始

虽然身心二元论最终是由笛卡尔所建立起来的，但是它隐秘而曲折的起源却悄悄驻扎在古希腊的哲学家中。《斐多》篇记载了苏格拉底对待死亡的态度，苏格拉底在面对死亡时仍然保持从容不迫、谈笑风生、无所畏惧的姿态。其根本原因在于苏格拉底相信：死亡只是身体的死亡，通过死亡，灵魂和肉体分离；

---

① 杜维明.体知儒学——儒家当代价值的九次对话［M］.杭州：浙江大学出版社，2012：103.

处于死的状态就是肉体离开了灵魂而独自存在,灵魂离开了肉体而独自存在。① 通过死亡,灵魂就能摆脱肉体的牵制,变得轻松自如,从而能够接近永恒不变的真理。柏拉图继承了苏格拉底的思想,他区分了理念世界和表象世界,他认为"善"是理念世界中的最高理念,"善"能"给予认识的对象以真理性"。因此,教育的任务在于使人的心灵转向善,认识理念世界。而身体则属于表象世界,它总处在善的反面。柏拉图曾毫不掩饰地贬低身体,他认为身体对于认识和学习来说是杂乱的、不确定的、不可靠的因素,身体是灵魂通往知识、真理过程中的障碍,"带着肉体去探索任何事物,灵魂显然是要上当的"。② 接着,柏拉图通过一个众所周知的"洞穴隐喻"说明了知识的获得、认识的过程必须是人的灵魂的纯粹探究。在"洞穴隐喻"中,柏拉图展示了这样一幅图景:那些被囚禁在洞穴之中的囚徒,除了背后火光投射到洞穴壁上的影子之外,看不到其他任何东西。于是囚徒将自己所看到的影子当成了全部的现实。柏拉图认为,给囚徒解除禁锢,让其走出洞穴,才能走向光明的太阳。柏拉图将感觉视为"虚幻的影子",将真理/理念世界视为"太阳",通过这个隐喻,启示人们如何超越身体的感觉而获得真理或到达理念世界。柏拉图因而断言:"我们要接近知识只有一个办法,我们除非万不得已,得尽量不和肉体交往,不沾染肉体的情欲,保持自身的纯洁。"③亚里士多德则将灵魂分成了理性和非理性两部分。其中,灵魂的理性被分成了两部分:"一部分用来沉思那些具有不变的初始原因的事物,另一部分用来考虑那些可变的事物。……其中的一部分可称为科学的,而另一部分可称为计算的。"④理性灵魂中的"以不变事物为沉思对象的科学部分",就是指亚里士多德知识分类中的理论知识或科学知识(episteme),包括物理学、数学、哲学。这些科学知识是必然的,也是永恒的。而"实践智慧、实践知识或明智、审慎(phronesis)"以及"技艺、技巧或生产的知识、制作的知识(techne)",都属于理性灵魂中的计算部分,都是以变幻的东西为对象的。如实践知识就是以人的行动为对象的,技艺技巧是以生产或制作为对象的。由此我们可以看出,亚里士多德虽然在知识分类中提到了与身体行动相关的实践性知识或者技艺技

---

① 柏拉图.斐多[M].杨绛,译.沈阳:辽宁人民出版社,2000:13.
② 柏拉图.斐多[M].杨绛,译.沈阳:辽宁人民出版社,2000:15.
③ 柏拉图.斐多[M].杨绛,译.沈阳:辽宁人民出版社,2000:17.
④ 郁振华.对西方传统主流知识观的挑战——从默会知识论看 phronesis[J].学术月刊,2003(12).

巧，但是，他却将它们置于理性或科学知识的从属位置，而把沉思视为灵魂中最高级的理智机能，认为沉思才构成了个体的真正自我。同时，沉思的对象也是可知的事物中最高级的存在。一言以蔽之，沉思远远比实践更神圣、更高级，因此心灵才是知识的来源。亚里士多德的灵魂结构说以及据此建立的知识分类体系，实质上仍延续了柏拉图的思想，蕴含了贬抑身体和实践的种子。正如美国哲学家伯恩斯坦所说，亚里士多德的思想中存在着一种莫大的讽刺，"他为实践以及实践智慧的自主性和完整性进行了最卓越的辩护，但也播下了贬抑实践以及实践智慧的种子"。^① 从其思想来看，亚里士多德只是从一种新的角度论证了心智和理性的至上地位。在亚里士多德的教育思想中，他明确指出教育的根本目的是充分发展人的理性，关注人的理性灵魂。因为，他认为"对于人来说，符合理性的生活就是最好的和最愉快的，也是最幸福的"。^②

（二）身心二分的深化与道德伦理对身体的压制

中世纪的哲学家和神学家将身体置于道德伦理的压制之下，认为世俗生活、身体欲望都是陷阱，认为只有通过禁欲、尘封身体才能够通向上帝的永恒智慧和终极之善。奥古斯丁是中世纪基督教神学压制身体、神圣化心智的一个典型代表。在奥古斯丁看来，上帝如同柏拉图的"理念"一样，具有永恒的、自足的、绝对的品质。柏拉图将理念世界与表象世界、灵魂与身体对立起来，而奥古斯丁则将上帝之国与世俗之国对立起来。他在《上帝之国》一书中展开了自己的历史神学原则：从上帝创世开始，人类就形成了两个敌对的阵营。爱上帝、服从上帝的一方构成了上帝之国，他们追求精神生活，向往善；爱自己、对抗上帝的一方构成了人间之国，他们追求世俗生活，向往恶。并且，上帝之国必胜，人间之国必败。奥古斯丁哲学的目的是论证基督教的信仰，为人们指明一条寻找上帝的路径。人生来有罪，为了接近上帝，他认为应该禁止身体的欲望。因为身体属于世俗世界，身体欲望所产生的短暂、片刻的满足，是阻碍人类接近上帝的障碍。但是灵魂却是由上帝按照自己的形象创造的，是一个独立的精神实体。人是由灵魂和肉体两个不同的实体构成的，灵魂占有、利用和统治着身体。

---

① Bernstein R J. Beyond Objectivism and Relativism[M]. Philadelphia：University of Pennsylvania Press，1983：47.

② 北京大学哲学系外国哲学史教研室. 古希腊罗马哲学[M]. 北京：生活・读书・新知三联书店，1957：328.

奥古斯丁曾用一段话详细说明了人如何通过灵魂来接近上帝、获得真理。他说:"我用我灵魂的眼睛——虽则还是很模糊的——瞻望着在我灵魂的眼睛之上的、在我思想之上的永定之光。这光,不是肉眼可见的、普通的光。……谁认识真理,即认识这光;谁认识这光,也就认识永恒。唯有爱能认识它。"[①]中世纪通过基督教神学宣扬神圣的上帝世界,从而使灵魂和心智这一接近上帝的途径也披上了神性和超验色彩。在基督教神学的控制下,学校教育对身体的蔑视与对心智的推崇达到了极致。例如,修道院学校的存在主要是为了让学生获得精神生活的深化和灵魂的拯救,最终接近上帝;其教育目的是培养学生的神学素养;在学生的学习内容上,也是以体现基督教教义和清规戒律的内容为主。在对学生学习的管理上,也体现了对学生身体的严格管制。学生必须遵守静默的清规,如若违反规矩,便会受到诸如鞭打、罚饿、关禁闭等严厉体罚。因此,中世纪使身体受到了神学教义的严酷压制。

(三)身心二元论的确立与身体在认识中的消失

文艺复兴虽然对身体持有赞美和欣赏的态度,但是身体并没有获得长久的关注以及最终的自我解放。文艺复兴之后的启蒙运动,人们相信和推崇理性,认为凭借理性可以告别愚昧。我们从词源学看启蒙(enlightment),en 是动词前缀,具有"使……"之义;light 即"光"。因此,启蒙之义即为:使光向外扩散,驱散黑暗(愚昧),获得光明(理性)。启蒙运动时期,人们对理性的推崇为西方近代哲学奠定了"理性的基因"。到了西方近代,理性成了评价万物的尺度。"理性至上"的观念,使得身体不再被刻意地贬低或者压制,而是在心灵探求知识的过程中销声匿迹了。

哲学家笛卡尔以理性的自我意识作为哲学体系演绎的原点。笛卡尔将身心划分为两个不同的实体,并且认为身体的感知经验杂乱无章,从而经常导向错误。笛卡尔因此坚信,知识都是自我意识进行反复的理性推算而获得的,而不是从身体的偶然出发触摸得来的。[②] 他由此建立起了理性主义哲学上的一个标志性命题:"我思故我在。"笛卡尔曾用"蜡的例子"阐述"我思"或"理智"的价值。他认为,蜡如果有更多的"我"想象不到的花样,那么"只有我的理智才能

---

① 奥古斯丁.忏悔录[M].周士良,译.北京:商务印书馆,1996:126.
② 汪民安,陈永国.身体转向[J].外国文学,2004(1).

领会它……不是看，不是摸，也不是想象……而仅仅是用精神察看"①。通过"蜡的例子"可以看出，笛卡尔对于理性、心智、思维推崇备至，并将其视为把握事物本质、感受和体会"我"的主体性的唯一有效路径。最终，笛卡尔创立了一个身心二元对立的世界图景。在这个世界图景之中，人被视为高高在上的心智主体，世间万物包括知识都是需要人用心智而非身体去认识的客观之物。后来的许多哲学家沿循了笛卡尔的致思理路，将"理智"视为认知和学习的主要路径。例如，德国哲学家康德区分了两种"看"，一种称作感性直观，人们以此种方式获得表象；另一种叫概念统觉，它是知性运用图形和想象力对感性直观得到的杂多表象进行综合整理，它的目的是形成确定的科学知识……②因此，在康德看来，感觉器官只是理性知识形成的手段和材料。康德实际上又将主体理性在认识过程中的绝对地位往上推了一层。而之后的黑格尔则建立了"绝对精神体系"，人被抽象成了精神和意识的存在。不管黑格尔坚持怎样的否定辩证法，都始终没有给身体留下一个位置。借由启蒙运动理性精神之推动，以及笛卡尔、康德、黑格尔等哲学家的思想深化，西方近代哲学到黑格尔时最终形成了具有相对完善体系的理性中心主义。

从古希腊哲学到中世纪宗教神学，再到近代哲学，身体一直处在意识与理智的控制和压抑之下。西方认识论贬抑身体的传统，尤其是从近代笛卡尔开始所形成的理性认识论，以及建立在理性概念基础上的科学理论，使得身体在认识过程和学习过程中的地位渐渐衰落，身体渐渐成了人们排斥和压制的对象。身心二元论以及扬心抑身的传统，严重地影响了社会生活的各个方面，其中也包括教育领域。这使得学习最终失去了发展学生完整个性的内在价值，成了学生被动接受排斥了身体体验、情绪体验、审美经验的理性知识的过程。

二、社会根源：脑力劳动与体力劳动的分工

学生身体在学校教育中遭受到排斥和压抑，除了认识论上的根源——身心二元论以外，还有深刻的社会根源。正如杜威所说：虽然种种区分和割裂都被

---

① 笛卡尔.第一哲学沉思集[M].庞景仁,译.北京:商务印书馆,1986:30-31.
② 王珉.从注视到倾听——关于西方哲学演变的一个思考[J].学术月刊,1998(3).

认为是绝对的和内在的,但是事实上这些区分和割裂都是历史和社会内部分裂的反映与体现。因此,学生身体受排斥和压制有着明确的社会根源,即脑力劳动和体力劳动的分工。

脑力劳动与体力劳动的分工也发端于两千多年以前的古希腊。柏拉图在《理想国》中认为,需要建立一个理想的城邦。建立城邦的理由是,每个人都无法单靠自己而达到满足的状态,这意味着许多人需要生活在一起。生活在城邦里的人进行分工和协作,以满足生活的需要。不过,这种分工是依据人的天赋才能来进行的,每个人具有不同的天赋,因此,每个人只能从事一种与自己天赋相应的工作。柏拉图由此将人分成了三个阶层:(1)生产者阶层,包括农民、工匠、商人等,他们天赋较低,擅长生产技艺,为社会提供生活资料;(2)辅助者阶层,包括军人,他们天赋较高,擅长作战,作为统治者的辅助者而存在;(3)统治者阶层,即哲学家或者拥有哲学家智慧的统治者。他们天赋最高,执掌着国家的最高权力。柏拉图认为,这三个阶层"虽然是一土所生,彼此都是兄弟,但是老天铸造他们的时候,在有些人的身上加入了黄金,这些人因而是最可宝贵的,是统治者。在辅助者(军人)身上加入了白银。在农民以及其他技工身上加入了铁和铜"①。在柏拉图看来,理想的城邦需要每个阶层的人各司其职,各安其命。从柏拉图对于阶层的划分来看,他将那些从事与身体相关职业的人视为最低阶层,而将那些所谓拥有哲学家智慧或精神的人视为最高阶层。因此,自柏拉图开始,脑力劳动与体力劳动就开始出现分工。

亚里士多德的思想同样明确地并且合乎逻辑地将社会分工规定为脑力劳动和体力劳动。他认为,理性只在少数人中发挥作用,而植物性、动物性(也就是非理性)支配着大多数人。被植物性、动物性支配的人,智力软弱无力,往往受到肉体的情欲压制,而且,他们是理性的人达成自由生活或者理性生活的工具和手段。因此,那些被植物性与动物性支配的人,从事奴性的活动,处于较低的层级;而那些具有理性的人,从事有内在价值的自由的活动,处于较高的等级。

近代哲学同样保留了古希腊思想的一个核心要素,即"实践活动是一种低

---

① 柏拉图.理想国[M].郭斌和,张竹明,译.北京:商务印书馆,1986:128.

级的事物，它之所以是必要的，是因为人类具有兽性和从环境中竞求生存的需要"①。在这种传统社会观念的支配下，伴随着科学技术的发展以及资本主义的发展，脑力劳动和体力劳动之间的分工更加明显了。具体来说，资本家以获取最大剩余价值为目的，因此，指挥和监督工人更加高效地劳动成了资本家获取最大剩余价值的手段。在这个过程中，资本家以及监督工人劳动的工头，就渐渐脱离体力劳动，使得自身的工作具有了脑力劳动的性质。为了更有效地控制工人，资本家和管理者学习专门的理智知识与科学技术，并压制工人在理智以及专业技术知识等方面的发展，使工人只掌握基本的操作技能，发挥体力上的作用，从而使理智的知识成为管理者自身独有的。这就进一步固化了脑力劳动和体力劳动的区分。

脑力劳动和体力劳动的区分，反映到教育中就产生了两种不同形式的教育：第一种是理智的或自由的教育，第二种是机械的或卑下的教育。具体来说，第一种理智的或自由的教育，其目的在于训练和运用智力，获得智力的发展。理智的或自由的教育，与实践活动、实际生活、生产操作的关系越少，就会与理智或者心智的关系越大，相应地就越能促进理智或智力的发展。而第二种机械的或卑下的教育，其目的主要是培养人实际操作的能力。这种教育只注重训练人的机械技能与习惯，并且通过反复的操作与练习来达成目的，它并不唤起人的思考，也不培养人的思维能力。所以，教育领域明显地呈现着社会对于脑力劳动和体力劳动的区分：更重视与理智发展相关的学科，而忽略与实践操作能力相关的学科；更重视那些心智发展较快的学生，而忽视那些善于动手操作的学生；让那些心智发展较快的学生从事理智的事务以及管理他人的活动，让那些身体活动多、心智发展不好的学生接受管理。

---

① 杜威.确定性的寻求——关于知行关系的研究[M].傅统先，译.上海：上海世纪出版集团,2005:37.

第二章　寓身学习的历史回溯

寓身学习尽管是一个新兴的术语,但是其实际表征的思想与实践却早已存在。对以往体现了寓身学习内涵的思想与实践进行回顾,有助于把握所研究的问题是如何在历史之中演变而来的。与此同时,我们都知道,思想与实践之间永远不是完全一致的,教育思想的发展与教育实践的变迁也通常不一致。因此,对于寓身学习的历史考察,既要回顾其思想发展史,也要回顾其实践变迁史,这样才能够对寓身学习的历史有一个比较全面和整体的把握。

第一节　寓身学习的思想回溯

西方自柏拉图开始就存在着身心二元论,以及"扬心抑身"的思想,直到19世纪中后期,才产生了一个身体转向,从而促成了寓身学习思想的发展。而在中国传统文化尤其是儒家文化中,一直就存在着身心一体,以及"体知"的寓身学习思想。因此,在中西方文化脉络中,寓身学习的思想有着不同的发展轨迹。鉴于此,本节将分别从中国传统儒家文化以及西方文化脉络中,去梳理寓身学习的思想史。

一、体知:中国儒家文化境脉中的寓身学习思想

中国传统文化博大精深、源远流长,蕴含了先哲们的独特见识与卓越智慧。

而其中,影响范围最大、影响力最持久,最能代表中国传统文化的是儒学。① 儒家学说中蕴藏着独特的身体观,因为强调治学与处世的"身体力行",因而被杜维明教授称为"体知儒学"。而在儒学思想的发展史中,先秦和宋代是其主流思想的重要历史时期。因此,本书也主要从先秦和宋代入手去回顾儒家的体知思想。

（一）先秦时期:体知思想的奠定

儒家身体观的典范在先秦时期已告奠定。先秦时期孔、孟、荀的思想是而后儒家思想发展的源头。② 因此,对于儒学"体知"思想的探讨,必须从公认的儒家教育系统的开创者——孔子的教育思想开始谈起。

从孔子开始,儒家就尊奉、追求一种理想人格——"圣人"。孔子曾言:"不知言,无以知人也。"③在论及自己的治学道路和人格成长时,又说:六十而耳顺。从孔子的"知言知人"到"耳顺",可以看到孔子对于耳朵知觉的重视。孔子之所以强调听,乃是因为听与圣人之间存在着关联。据词源学上的考证,"圣、声、听"实际上是圆融相通的,"古听、声、圣乃一字。其字即作聖,从口耳会意。言口有所言,耳得之而为声,其得声动作则为听。圣、声、听均后起之字也。圣从聖壬声,仅于聖之初文符以声符而已"。④ 在孔子看来,"圣"是与"天道""天命"相契合的。孔子曾言:"君子有三畏:畏天命,畏大人,畏圣人之言。"⑤也就是说,孔子认为,一个健全的人格,首先必要敬畏天命。⑥ 不过,孔子口中的"天命""天道"并不是"形而上的实体",也不是人恒定的命运,而是"民受天地之中以生,所谓命也";⑦类似于"生活本身的自己显现:对于我们来说,作为际遇的生

---

① 梁启超认为,中国文化的表现就在于儒家。自孔子以来,直至于今,继续不断的,还是儒家势力最大、儒家信仰最深。因此,研究儒家哲学就是研究中国文化。儒家哲学,不是中国文化全体;但是若把儒家抽去,中国文化就所剩无几了。参阅:梁启超.梁启超论儒家哲学[M].北京:商务印书馆,2012:9. 而牟宗三在《中国哲学的特质》中也认为,中国哲学的特质以儒家为主,盖以其为主流故也。纵然内容只限于儒家,没有加上道家与佛教,也没有本质的影响。从而说明了儒家在中国文化、哲学中的核心地位。参阅:牟宗三.中国哲学的特质[M].上海:上海古籍出版社,1997.

② 杨儒宾.儒家身体观[M].台北:中国文史哲研究所,1999:序言.

③ 论语·尧曰篇.

④ 郭沫若.卜辞通纂·畋游[M].台北:大通书局,1976:489.

⑤ 论语·季氏篇.

⑥ 牟宗三.中国哲学的特质[M].上海:上海古籍出版社,1997:28.

⑦ 左传·成公十三年.

活显现为命"。① 天命依赖后天的修养功夫,需要"动作礼义威仪之则"。因此,对于"如何知天命""如何知天道",孔子建立了"仁"这个内在的根以遥契天道、天命,强调人在日常生活中的修行与践行功夫。可以说,孔子的"仁"实为天命、天道的一个印证。②

孔子将"仁"视为道德人格发展的最高境界,他的教育理念和目标旨在培养"君子"。在孔子看来,君子是"先行其言而后从之;"③君子是"欲讷于言而敏于行"④。孔子还曾谦虚地说道:"文,莫吾犹人也。躬行君子,则吾未之有得。"⑤从中可以看出,孔子将"躬行实践""身体力行"视为评判君子的重要标准。要成为"上达天德",需要做"下学的践仁功夫",不断地"修身"。为了"修身",孔子曾告诫道:"君子有三戒:少之时,血气未定,戒之在色;及其壮也,血气方刚,戒之在斗;及其老也,血气既衰,戒之在得。"⑥孔子通过"血气"来论述"修身",通过"戒"达到血气的平和,继而向外显现而体现为平和的感官欲求,从而使人成为一个平和的生命整体,达到"仁"的境界,最终成为君子和圣人。而"血气"并非仅仅是生理学意义上的概念,它还与人的情感欲望相关。血气使身和心得到了有效的沟通,使得人的身心整合为生命整体。⑦

孔子认为,要"通天人之道","下学"的内容也必须广泛。因此,"文、行、忠、信"都是学习的重要内容。孔子认为,"弟子,入则孝,出则悌,谨而信,泛而众,而亲仁。行有余力,则以学文"⑧。也就是说,当人能够将道德躬行实践之后,如果还有剩余的力量,就再去学习文献知识。同时,学习的材料也极为广泛,礼、乐、射、御、书、数六艺都需要学。在学习过程中,需要思考将经验知识转化为内在的德性。由此可见,孔子把握了感性知识与理性知识、见闻之知与德性之知之间的辩证关系。

在"上达天德"的过程中,一方面,孔子强调"闻""行"作为道德修养的手段

---

① 黄玉顺.爱与思:生活儒学的观念[M].成都:四川大学出版社,2006:224

② 牟宗三.中国哲学的特质[M].上海:上海古籍出版社,1997:32.

③ 论语·为政篇.

④ 论语·里仁篇.

⑤ 论语·述而篇.

⑥ 论语·季氏篇.

⑦ 黄俊杰.东亚儒学史的新视野[M].上海:华东师范大学出版社,2008:32-34.

⑧ 论语·学而篇.

或方式。在《论语》中,孔子谈"闻"就多达五十多处。他明确地指出,"多闻阙疑,慎言其余,则寡尤;多见阙殆,慎行其余,则寡悔。言寡行,行寡悔,禄在其中矣"[①];又说"多闻,择其善者而从之;多见而识之;知之次也"[②]。另一方面,孔子善于把握学生的独特性和差异性,从而为学生提供一种个体化的教育。这种对差异性的尊重,决定了孔子不会将抽象的道德观念强制灌输到学生头脑之中,而是根据"具体个人所体验到的具体情境"进行启发式的教学。因而,这也是孔子重视身体体验的表现之一。

总体来看孔子的教育思想,他将仁作为天命、天道的印证,强调通过"下学的践仁功夫"以达到"上达天德的效果"。从他对培养人格健全的君子教育目标的强调、对学习内容和材料广泛性的强调,以及对践行、学生个体差异性的重视来看,可以说孔子在总体上是尊重和维护了身体感官经验和体验在"上达天德"、在成为"君子"中的作用;并且他自身一生也在做"践仁的功夫",直到五十岁才说自己"知天命",可见孔子已经将"践行""身体力行"融入了自己的骨髓之中。不过,我们也不得不承认,孔子对于自然科学知识或者实用知识的态度,仍然有一些偏见和轻视。众所周知的例子就是,樊迟在"请学稼"和"请学为圃"时,孔子曾认为他志向短浅,"小人哉,樊须也"[③]。不过,孔子轻视"学稼"与"学圃"并非因为它们是轻贱的身体劳动,而是因为孔子认为"学稼"与"学圃"与"上达天德"无关。这又从侧面反映了孔子思想追求"入世"以及"治国平天下"的特征。

孔子的思想虽然涉及身体的因素,但很少涉及心。然而,谈论身体不能仅仅谈论躯体,或者修己安人等事项上,更重要的是对身体与意识(心)之间的关系有所探讨。孔子之后的孟子即将身心视为一种同质不同相的统一体,形成了"践形身体观";而荀子将身心视为一种共质而可转化使之相安的统一体,形成了"礼义身体观"[④]。从而弥补了孔子"少谈心""未触及身心关系"的缺憾。

在谈论孟子的身体观时,不能不提到他对于"大体"和"小体"的区分。

公都子问曰:"钧是人也,或为大人,或为小人,何也?"

---

① 论语·为政篇.
② 论语·述而篇.
③ 论语·子路篇.
④ 杨儒宾.儒家身体观[M].台北:中国文史哲研究所,1999:45.

孟子曰:"从其大体为大人,从其小体为小人。"

曰:"钧是人也,或从其大体,或从其小体,何也?"

曰:"耳目之官不思,而蔽于物。物交物,则引之而已矣。心之官则思,思则得之,不思则不得也。此天之所与我者。先立乎其大者,则其小者弗能夺也。此为大人而已矣。"①

孟子将包含善端、能够思考的"心之官"视为大体,而认为"耳目之官"不能思考,容易被生理欲望或者其他外物蒙蔽,因此视其为小体,这段区分"大体"和"小体"的论述,再加上"天将降大任于斯人也,必先苦其心志,劳其筋骨,饿其体肤,空乏其身"②的论述,让后世一致批评孟子轻视和压制身体。但是,在理解孟子的身体观时,重点绝不能仅在此一面。

实际上,孟子对耳目感官也是极为重视的,他认为,圣人能够知言,就是因为"闻其声而知其义";他认为"听言、观眸就能够判断人之善恶或精神状态"。这些都体现出孟子对身体感官的重视。只不过,孟子对耳目感官的解释,是通过"心—气—形"三相一体的践形观来完成的。

孟子认为,"恻隐之心,仁之端也;羞恶之心,义之端也;辞让之心,礼之端也;是非之心,智之端也。人之有是四端也,犹其有四体也"。③四种善端,是"人皆有之"的一种"道德的萌芽"。把人的本性之中的"恻隐之心、羞恶之心、辞让之心、是非之心"由内而外扩充开来的过程,就是"尽心"。"尽心"是"可以为尧舜"的必要路径。对于如何"尽心",从"人皆可以为尧舜"转化为现实中的仁人君子,孟子认为,需要做到"养气"和"践形"。在孟子看来,养气就是养成一种"至大至刚的浩然之气",而"践形"之"践",即为实现、朗现,践形就是充分实现学习者的身体。④因此,"尽心—养气—践形"统一在了提升个体道德修养的过程中,人体则是"心—气—形"三相一体的结构。孟子曾描述通过"尽心、养气、践形"而达到的理想人格样态:"君子所性,仁义礼智根于心。其生色也,睟然见于面,盎于背,施于四体,四体不言而喻。"⑤因此,任何在道德意识上所做的功

---

① 孟子·告子上.

② 孟子·告子下.

③ 孟子·公孙丑上.

④ 杨儒宾.儒家身体观[M].台北:中国文史哲研究所,1999:45.

⑤ 孟子·尽心上.

夫,都会在"气"和"形"上发生变化。也就是前面所说的,能够通过听言、观眸来判断人的善恶。此时的身体,已经不只是生理意义上的身体,而是一种"德性浸润的身体",是一种"精神化的身体"。对此杨儒宾说道:透过道德意识之扩充转化后,人的身体可以由不完整走向整全,全身凝聚着一种道德光辉,成为精神化的身体。① 因此,孟子的"根据声音言语了解言说者内在情感意识的知言"以及"观其眸子以判断善恶"正体现了身心并非是异质的,而是一体的两相。

明晰了孟子的"践形身体观"后,我们再看孟子的教育思想。他的教育思想大多是在阐释他的哲学思想和政治思想时涉及的。因此孟子关于"体知""践形"的教育智慧,也多体现于他的哲学和政治观点中。在道德教育中,孟子虽然主要是在道德意识上作功夫,但是他仍然强调在道德修养过程中的"克己"和"修身"之道,强调身体不断地精神化和德性化的过程,形成"德性之身",最终能培养"闻言知其义""有浩然之气"的圣人。在关于"教与学的实质"方面,他认为"君子引而不发,跃如也;中道而立,能者从之",②"人之患在好为人师"③等,表明了孟子强调教师尊重学习者的主体性,让学习者体会自己的思想活动和进行实际的实践操作。孟子还继承了孔子的因材施教,主张"教亦多术";以"流水之为物也,不盈科不行;君子之志于道也,不成章不达",④"拔苗助长"必然导致"其进锐者其退速"来说明学习必须循序渐进。这些都从侧面反映了孟子对学习者主动性、身心发展规律以及差异性的尊重。

孟子在性善论的基础上提出个体在道德修养中通过"由内向外扩充"的方式"践形",而荀子则是在性恶论的基础上,强调处于社会礼义的人通过"由外向内安顿"的方式"修身"。荀子认为,人自然有生物性的躯体,但这不能算是身体,因为它并没有彰显构成人的本质的社会性。因为,人性本恶,"夫目好色,耳好声,口好味,心好利,骨体肤理好愉逸,是皆生于人之情性者也"⑤。所以,圣人改造本性的恶,兴起人为的善,从而确立礼义,制定法律制度。在《修身篇》中,荀子对于礼义和身体之间的关系有比较详细的论述:

---

① 杨儒宾.支离与践形.中国古代思想中的气论与身体观[M].台北:巨流图书公司,1993:415.

② 孟子·尽心上.

③ 孟子·离娄上.

④ 孟子·尽心上.

⑤ 荀子·性恶篇.

礼者，所以正身也；师者，所以正礼也。无礼，何以正身？无师，吾安知礼之为是也？礼然而然，则是情安礼也；师云而云，则是知若师也。情安礼，知若师，则是圣人也。故非礼，是无法也；非师，是无师也。不是师法，而好自用，譬之是犹以盲辨色，以聋辨声也，舍乱妄无为也。故学也者，礼法也；夫师以身为正仪，而贵自安者也。《诗》云：不识不知，顺帝之则。此之谓也。①

从这段话中，我们可以看到荀子强调礼义对身体的约束作用。按照礼的规定去做，那么礼就由一种外在的东西转变成为一种与身体相应相合的习惯。礼和身泯然不分，礼栖居于身体，身体也栖居于礼。身体承载了社会或者礼义的文化价值体系，身体的展现和拓展形成了意义的空间。因此人的身体是社会化的身体，是一种礼义的身体。这就是荀子的"礼义身体观"。

荀子的学习观是与他的"礼义身体观"相一致的，他秉持体知合一的学习观。礼义是荀子知识理论的重点，在荀子看来，学习者应当将礼体之于身，身体展现的过程即是礼展现的过程。学习因而必须是"入乎耳，箸乎心，布乎四体，形乎动静"②的，这样才可以称得上是"君子之学"，"君子之学"可以"美其身"，也就是说身体体现出社会礼义的向度，体现了道德价值。而那些"入乎耳，出乎口，不能布乎四体、不能形乎动静"的学习，只能是"小人之学"，是不足以"美七尺之躯"的。荀子此观点，与孟子的"仁义礼智根于心。其生色也，睟然见于面，盎于背，施于四体，四体不言而喻"③有着异曲同工之处。

荀子强调闻、见、知、行之间的辩证关系，让四者辩证地统一在学习过程中。在《儒效篇》中，荀子说道：

不闻不若闻之，闻之不若见之，见之不若知之，知之不若行之，学至于行之而止矣。行之明也，明之为圣人。圣人也者，本仁义，当是非，齐言行，不失毫厘，无它道焉，已乎行之矣。故闻之而不见，虽博必谬；见之而不知，虽识必妄；知之而不行，虽敦必困。不闻不见，则虽当，非仁也，其道百举而百陷也。④

从中可以看到，荀子对于以见闻为主的外在经验的重视，并赋予"行"重要的地位。因而在荀子看来，成为圣人的过程，是一个"闻、见、知、行"的体知过程。

---

① 荀子·修身篇.
② 荀子·修身篇.
③ 孟子·尽心上.
④ 荀子·儒效篇.

先秦儒学,为我们呈现了儒学创立之初关于"体知"思想的基本洞见。先秦时期的儒学思想家虽然从不同的立场阐述了自己的身体观,但是他们有共同的一点,都强调培养"圣人或君子",并倡导通过"身体践行"的方式达成这一目标。

(二)宋明理学:体知思想的集大成

儒学在宋明时期经历了一次强有力的复兴,宋明的儒学家沿着孟子和荀子不同的路向,为我们系统地呈现和诠释了"体知"学习思想。

宋代儒学家张横渠的"体知"思想主要源于他的本体论和心性论上的主张。具体来说,在本体论上,张横渠坚持气是万物的本原。其所说的"气"同时包含了"有形"和"变化"之意。所谓"有形",即是以感官为标准,凡是眼见其存在就是"有形"。张横渠的"气"还有变化流动之义,不仅是有形的一面,而是包含了有形与无形的整个变化的历程。① 正如张横渠自己所言:"一物两体,气也。"② 因此,张横渠通过"气"使有形的身体与无形的精神,成为不但合一(union),而且是同一(identity)的状态。在心性论上,张横渠提出了天地之性和气质之性。他认为,天地之性是与天、道统一的,而气质之性则是落实到人身上所形成的个体性。③ 在张横渠看来,天地之性与气质之性虽有差异,但是两者是同一的:一方面,天地之性通过气的流动和纵贯,可以见于气质之性;另一方面,通过"养气","体证"可以"尽性而天",因此张横渠说"养其气,反之本而不偏,则尽性而天矣"④,"感者性之神,性者感之体。惟屈伸、动静、终始之能一夜,故所以妙万物而谓之神,通万物而谓之道,体万物而谓之性"⑤。张横渠正是通过这种"体用一如"的方式,使天地之性与气质之性同体。张横渠在本体论上和人性论层面上确立了"身心一如""体知"的基本思想。

而"体知"思想的主要根据还来源于张横渠在认识论层面上区分了"闻见之知"和"德性之知"。他说:"大其心则能体天下之物。物有未体,则心为有外,世人之心,止于闻见之狭,圣人尽性,不以见闻梏其心。……见闻之知,乃物交而知,非德性所知。德性所知,不萌于见闻。"⑥张横渠认为,"见闻之知"是人的耳

---

① 吴明峰. 张载《正蒙》天道论及其辟佛之理论效力[D]. 台北:台湾政治大学,2004:11-12.
② 正蒙·参两篇.
③ 杨儒宾. 儒家身体观[M]. 台北:中国文史哲研究所,1999:345.
④ 正蒙·诚明篇.
⑤ 正蒙·乾称篇.
⑥ 正蒙·大心篇.

目感官知觉与外物接触所获得的感性认识,它有一定的狭隘性,不足以尽物;不足以为己有;只能知明,不能知幽。[1] 德性之知可以超越见闻的狭隘性,能够"体天下之物"。从张横渠这段话来看,他似乎是有将见闻之知和德性之知、感性认识和理性认识割裂开来的嫌疑。而实际上,张横渠虽然强调德性之知,但是他并没有否认感官经验的重要作用和可靠性。见闻之知是实现德性之知的必要条件,只有同时发挥两者的作用,才能达到"穷理尽性"。并且根据新儒家代表人物杜维明教授的观点,见闻之知和德性之知之间的区别在于,见闻之知不必体之于身;而德性之知必须有所受用,即是说,德性之知必须有体之于身的实践意义。[2] 因此,张横渠强调的"德性之知"已经升华成为一种境界,即在感官经验基础上的体之于身。

张横渠对于感性认识和理性认识、见闻之知和德性之知之间的关系有着辩证的认识,这还体现在他的教育和治学思想中。例如,张横渠提出了学习的目的,即"为学大益在自求变化气质"。通过学习、养气、尽性而天,达到圣人的境界。在学习内容方面,他同先前儒家一样重视儒家经典的学习以及礼义道德规范的学习,除此之外,他还强调"学贵有用、经世致用"的自然科学知识;并且在学习方式上反对"空知不行"与"坐而论道",强调"笃行践履"。这些都体现了张横渠的"体知"学习思想。

张横渠的思想得到了许多人的响应,其中最能与其桴鼓相应的便是程颢。程颢思想的特色在于,本末一贯、体用一如、超越与经验的同体异相的圆融观。[3] 程颢不赞同程颐和朱熹所说的"性即理"以及将超越差异的普遍视为真正道德的观点,他认为,普遍的、超越的"性"需要落实到具体的、特殊的个体上看,尤其是落在人身上看。他曾言:盖"生之谓性""人生而静"以上不容说,才说性时,便已不是性也。这句话表明。性只能是具体的、特殊的、个体化的。在程颢看来,超越的、普遍的性落到具体的个人身上,表达人性的具体内容即是仁。

程颢继承了儒学将"仁"视为道德人格发展之最高境界,以及将培养圣人作为最终教育目的的一贯传统。他认为教育的目的在于"君子之学,必至圣人而后已。不至圣人而自已者,皆弃也"。他对于仁有独特的看法:"医书言手足痿

痹为不仁。仁者以天地万物为一体，莫非己者。……如手足不仁，气已不贯，皆不属己。"①在程颢看来，仁是一种"与万物为一体""浑然与物同体"的境界，这种境界的根本特征就在于将自己与宇宙万物看成是息息相关的一个整体，把宇宙每一部分看作与自己有直接的联系，甚至就是自己的一部分。② 程颢提出了道德修养的"识仁说"。"学者须先识仁。仁者，浑然与万物同体，义、礼、智、信皆仁也。"③在程颢的著述中，多有"生之谓性""切脉体仁""满腔子是恻隐之心（朱子说此身躯壳谓之腔子）""痿痹不仁"等医学类的语汇来比喻人的自我体验所达到的境界，但是他并不是仅仅指生理学意义上的身体感受，最重要的是学习者还要使"仁"体现在生生不息的运动中。身体的自然现象必须体现仁，或者说仁在身体的自然现象中展现。因此，程颢说：观鸡雏可以观仁，切脉可以体仁。这正体现了仁者与万物为一体的境界。可见，程颢强调个人的感受体验，强调直觉体会，认为经过一种诚挚的道德修养之后，人就会体验到超越一切对立、体验到宇宙是一个不可分割的浑然整体之大成。④ 因此，虽然程颢注重的仁学境界更多地基于心灵体验，但是他最终追求的是达到"仁"的境界之后的万物浑然一体的状态，包括人与物、心与身的同一。在教育和学习中，程颢贯彻了这种"体用一如"的思想，认为"学者之大患在于滞心于章句之末"，而提倡"读书将以致用"。他所追求的自由、活泼、安乐的理想境界，是教育和学习中身心同一的状态。

陆九渊被视为心学的重要代表。但是从陆九渊的思想体系来看，"体知"仍旧是他思想中的一个重要部分。陆九渊在教育中的体知思想正是通过他的心性论思想来进行的。他确立了"心即是理"的心性观。而这主要是源自他对于朱熹的"心属气"观点的反对。朱熹将心视为"气之灵"，在经验事物中，心虽然具备了理，但是它仍是气。因此，朱熹对形上和形下进行了二元区分。但陆九渊确立"心即理"，就打破了形上与形下的界限。形上的理是与心同质的，心的活动是理的展开。因此，他说："盖心，一心也；理，一理也。至当归一，精义无

---

① 识仁篇.
② 陈来.宋明理学［M］.台北：允晨文化实业股份有限公司，2010：100.
③ 识仁篇.
④ 陈来.宋明理学［M］.台北：允晨文化实业股份有限公司，2010：101.

二,此心此理,实不容有二。"①又说:"四端者,即此心也。天之所以予我者,即此心也。人皆有之心,心皆具是理,心即理也。"②陆九渊认为,心的内容就是"不虑而知""不学而能"的良知和良能,即"本心"。本心无不善,人的不善行为皆是受到外界环境的蒙蔽,因此,道德修养的根本就在于保持本心;教育的目的主要是消除外界环境的蒙蔽,最终"学为人"。

陆九渊认为,保持本心、学为人的一个重要方法是"格物与静坐"。他说:"格,至也,与穷、究字同义,皆研磨考索以求其至耳。"③陆九渊所说的格是"穷究至极",与朱熹所说的格物有一致之处。因此,陆九渊也并不反对读书。但是陆九渊的格物并不是朱熹所说的穷尽外在事物的理。陆九渊反对把为学的精力全部集中于经典传注,而是提倡诉诸践履的易简工夫。他认为,学习需要通过笃行才能发掘本心。而笃行的根本是,做实事、明实理。需要"下及物工夫",在现实生活中用力。陆九渊以自身掌管家族仓库的例子来说明只有在实践和亲身体验中才能有所收获:"吾家合族而食,每轮差子掌库三年,某适当其职,所学大进。"④在陆九渊的教学思想中,他极重视"静坐以发明本心",将静坐体验作为一种重要的体道明理的方法对学生进行引导。⑤ 陆九渊所倡导的"静坐澄心",与东方佛教修行有一些相似之处。东方哲学观一直强调身和心的不可分割性,并假设身心之间关系可以变化,可以通过身体的修行或者静坐达到提高精神境界和品性的目的,并最终使身心之间的关系达到圆融同一的状态。陆九渊所说的"静坐澄心",最终达到的正是身心一体的状态。在学习内容上,陆九渊还鼓励学生从事一些有益身心的活动,如弹琴、歌咏、下棋等。他认为:"棋所以长吾之精神,瑟所以养吾之德性。艺即是道,道即是艺,岂惟二物,于此可见矣。"⑥

继陆九渊之后,明代王阳明进一步推动了心学的发展。虽然人们将阳明哲学视为"心学",理应是将心作为核心概念或最高概念,但是,近年来的学术界相关研究表明,王阳明哲学的内涵不能为"心学"穷尽,"身"的问题也是他的题中

① 陆九渊. 陆九渊集(卷一:与曾宅之)[M].北京:中华书局,1980:4.
② 陆九渊. 陆九渊集(卷十一:与李宰二)[M].北京:中华书局,1980:149.
③ 陆九渊. 陆九渊集(卷二十:格矫斋说)[M].北京:中华书局,1980:253.
④ 陆九渊. 陆九渊集(卷三十四:语录上)[M].北京:中华书局,1980:428.
⑤ 陈来. 宋明理学[M].台北:允晨文化实业股份有限公司,2010:228.
⑥ 陆九渊. 陆九渊集(卷三十五:语录下)[M].北京:中华书局,1980.

之意。① 换句话说,王阳明哲学在根本上具有寓身性。王阳明首先使用身体隐喻来论证"万物一体"。他表达万物一体思想的典型表述是:"大人者,以天地万物为一体者也,其视天下犹一家,中国犹一人焉。若夫间形骸而分尔我者,小人矣。"②此表述以具体的、形象的身体隐喻方式即"中国犹一人焉"形象表达"万物一体"的道理。从人的躯体来看,人的四肢五官,五脏六腑性质功能各不相同,但是它们经脉相连,协同发挥作用,从而构成了一个整体的人。以此身体隐喻来看,万物虽然博杂不同,但是仍旧可以像身体器官一样协调合作。从王阳明的观点来看,另一方面,身体的体验也是理解世界、认知世界的共同基础和前提条件。他说:

> 天地万物,本吾一体者也,生民之困苦荼毒,孰非疾痛之切于吾身者乎? 不知吾身之疾痛,无是非之心者也。……世之君子惟务致其良知,则自能公是非,同好恶,视人犹己,视国犹家,而以天地万物为一体。……古之人所以能见善不啻若己出,见恶不啻若己入,视民之饥溺,犹己之饥溺,而一夫不获,若己推而纳诸沟中者。③

由此可以看到,"知吾身之痛""知饥溺"就是"视人犹己"的必要条件。在王阳明的思想体系中,自身的"身之痛""身之饥溺"与他人的"身之痛,身之饥溺"具有无附带条件的相通性,正是这种类似的或者相同的身体体验,才可以让"万物一体"有了基础。与此同时,正是由于身体体验之间的相通性,才会有"见孺子入井,有怵惕恻隐之心"。王阳明口中的"视""见"等词汇,已经不只是感官知觉意义上的词汇,而是与道德情感(恻隐之心)联系在一起的词汇;所看的对象也不是与自己无关的"观察对象",而是需要立即做出反应和行动的"道德事件"。这种"看""见"是体知的,因而可以在当下与出于恻隐之心的关怀联系在一起。因此,王阳明曾经列举生活中的例子来说明身心一体,"见好色属知,好好色属行。只见那好色时已自好了,不是见了后又立个心去好。闻恶臭属知,恶恶臭属行。只闻那恶臭时已自恶了,不是闻了后别立个心去恶"④。因此,在王阳明看来,好好色、恶恶臭都是身心同步发生的过程。他进一步说:"耳、目、

---

① 陈立胜.王阳明"万物一体"论——从"身一体"的立场看[M].上海:华东师范大学出版社,2007.
② 王守仁.王阳明全集[M].上海:上海古籍出版社,2012:798.
③ 王守仁.王阳明全集[M].上海:上海古籍出版社,2012:69.
④ 王守仁.王阳明全集[M].上海:上海古籍出版社,2012:3.

口、鼻、四肢,身也,非心安能视、听、言动?心欲视、听、言动,无耳、目、口、鼻、四肢亦不能,故无心则无身,无身则无心。"①

根据身心一体说,王阳明倡导知行合一论。他认为:"知者行之始,行者知之成:圣学只一个工夫,知行不可分作两事。"②他认为知行本身就是同一的,"圣贤教人知行,正是安复那本体,不是着你只恁的便罢",③他所倡导的知行合一并"不是某凿空杜撰,知行本体原是如此"。④ 承续万物一体和知行合一而来的便是致良知学说。王阳明的致良知是良知(本体)和致(工夫)的统一。他不同于陆九渊"静坐"的修身体道方式,而倡导"事上磨练"的实践工夫。"事上磨练"即是"体究践履";而所谓的事,也不同于朱熹所指的那种外在的客观事物,而是一种"与主体之人的当下存在不可或分的生存情境"。⑤ 阳明所说的"事",内涵更广阔和丰富,更生动变幻,是一种包含了人与物、人与自我、人与人之间关系交织的情境。因此,王阳明的致良知,不仅包含了"格物"的"思知"活动,也包括了"事上磨练"的"体知"活动。除此之外,王阳明提倡教育要顺应儿童的性情:"大抵童子之情,乐嬉戏而惮拘检,如草木之始萌芽,舒畅之则条达,摧挠之则衰萎。"⑥可见,王阳明所主张的儿童教育应该是符合儿童乐嬉戏的性情、不压抑儿童身体的教育。王阳明还倡导通过习礼、诗歌等活动促进儿童身心的全面发展,他说:"故凡诱之歌诗者,非但发其志意而已,亦所以泄其跳号呼啸于咏歌,宣其幽抑结滞于音节也。导之习礼者,非但肃其威仪而已,亦所以周旋揖让而动荡其血脉,拜起屈伸而固束其筋骸也。讽之读书者,非但开其知觉而已,亦所以沉潜反复而存其心,抑扬讽诵以宣其志也。"⑦从这段话我们可以看出,王阳明极其重视诗歌、习礼、读书在引发志意、调理性情、疏通血脉、强健筋骨中的作用。他以一种整体的观点看待儿童,习礼、读书的过程是儿童身心同步发展的过程。王阳明的哲学和教育思想包括本体论、认识论、方法论,都表明了学习是一个"以身体之"的过程。

---

① 王守仁. 王阳明全集[M]. 上海:上海古籍出版社,2012:79.
② 王守仁. 王阳明全集[M]. 上海:上海古籍出版社,2012:12.
③ 王守仁. 王阳明全集[M]. 上海:上海古籍出版社,2012:3.
④ 王守仁. 王阳明全集[M]. 上海:上海古籍出版社,2012:4.
⑤ 方英敏. 王阳明的身体哲学思想[J]. 江西社会科学,2015(3).
⑥ 孟宪承. 中国古代教育文选[M]. 北京:人民教育出版社,1979:298.
⑦ 孟宪承. 中国古代教育文选[M]. 北京:人民教育出版社,1979:298.

从张横渠、程颢、陆九渊、王阳明的观点，我们可以看出宋明理学家秉持的是身心一体的思想，并且在教育思想上主张的是"体知"，也就是寓身学习。而宋明理学家中还有另外一派——程颐、朱熹则秉持二元论的观点，在教育思想上强调"格物穷理"。程颐曾说：爱自是情，仁自是性。这反映出程颐将情感上的、与个体相关的爱与普遍的、超个体的性二元划分开来。与此同时，程颐又说："性中只有仁义礼智四者，几曾有孝弟来？"这也反映出程颐的观点——性是理，性属于普遍的理世界；而孝弟是一种道德行为，属于特殊的事世界，因此，孝弟不能归入性之中。朱熹继承了程颐的观点，主张理气二分。在朱熹看来，理是超越于自然与社会的形而上的东西，是一种普遍性的规律；而气是形而下的东西，是具体的、有状的。两者在存在论上是彼此独立的，形上与形下是无法混淆的。朱熹认为，理解世界万物的本质，关键在于"主敬穷理"，教育的途径就是"格物穷理"，在朱熹看来，主敬是学习者的心态，是一种畏谨不放纵的态度。而格物穷理，就是要客观地认识世界万物中的普遍之理。因此，按照程朱学派的观点来看，身与心是二分的，学习也是客观地认识存在于世界万物之中的"理"。

二、西方文化境脉中的寓身学习思想

寓身学习思想在西方文化境脉中的发展，与中国传统文化境脉中的寓身学习思想发展截然不同。如前所述，从古希腊开始，身心二分、扬心抑身的思想萌芽，到中世纪宗教对神学于人的身体的压制，再到西方近代，笛卡尔最终确立了身心二元论，身体在认识过程和学习过程中总是处于被排斥和压制的状态。尽管身心二分与扬心抑身一直在西方文化境脉中占主导，但是这并不意味着西方文化境脉中就不存在寓身学习思想。例如，启蒙运动时期的法国思想家卢梭，便可称为近代寓身学习思想的先驱。而随着19世纪中后期，西方哲学出现的"身体转向"，许多教育家也开始关注身体，如"现代寓身学习思想的领袖——杜威""20世纪下半叶寓身学习思想的继承者们，如范梅南、派纳；以及寓身认知心理学家瓦雷拉（F. J. Varela）、拉考夫（G. Lakoff）等人"，都为寓身学习思想的发展做出了卓越的贡献。

(一)卢梭:近代寓身学习思想的先驱

卢梭虽然诞生于启蒙运动期间,但是他一直是"启蒙运动最危险的论敌"。[①] 他在教育领域内发动了一场"哥白尼式的革命",这场"哥白尼革命"促进了身体在教育领域的复兴。因而,卢梭是当之无愧的近代寓身学习思想先驱。

卢梭的寓身学习思想,是建立在他的"性善论"哲学思想基础之上的。他认为人的本性、冲动都是正确的,那些邪恶都是因为教育对人的善良本性的横加干预:"出自造物主之手的东西都是好的,而一到人的手里,就全变坏了。"[②]因此,卢梭认为教育最重要的就是要保护人善良的和自然的本性。而人的自然本性就包括了人的身体的欲望和需求等。卢梭在性善论的基础上,建构起了以"回归自然"为核心的寓身教育思想体系。具体来说,包括以下几个方面:

第一,在学习目的上,卢梭强调儿童成长为身心和谐自由发展的自然人。我们通过卢梭对于爱弥儿接受自然教育成年以后形象的描述,可以看出卢梭心中理想的"身心和谐自由发展的自然人"的形象:"他现在已经年过二十,长得体态匀称,身心两健,肌肉结实,手脚灵巧;他富于感情,富于理智,心地是十分的仁慈和善良;他有很好的品德,有很好的审美能力,既爱美又乐于为善;他摆脱了种种酷烈的欲念的支配和偏见的束缚,他一切都服从于理智的法则,他一切都倾听友谊的声音;他具有许多有用的本领,而且还通晓几种艺术;他把金钱不看在眼里,他谋生的手段就是他的一双胳臂,不管他到什么地方去,都不愁没有面包。"[③]卢梭明确地指出:"教育最大的秘诀是:使身体锻炼和思想锻炼互相调剂"[④],身心和谐自由发展的自然人应该"像农民那样劳动,像哲学家那样思考"[⑤]。卢梭强调培养"自然人"的教育目标,突破了启蒙运动中重点关注人理性发展的桎梏,将身体的发展作为人发展的一个重要维度。

第二,在学习内容上,卢梭强调面向自然、面向生活的有用知识。卢梭将知识分为两种:一种是所有人共有的,另一种是学者们特有的。所有人共有的知识,可能是在不知不觉中获得的,甚至是在未达到理智年龄之前获得的,因此,

① 卡西勒.启蒙哲学[M].顾伟铭,译.济南:山东人民出版社,1988:267.

② 卢梭.爱弥儿[M].李平沤,译.北京:商务印书馆,1978:5.

③ 卢梭.爱弥儿[M].李平沤,译.北京:商务印书馆,1978:634.

④ 卡西勒.启蒙哲学[M].顾伟铭,译.济南:山东人民出版社,1988:278.

⑤ 卡西勒.启蒙哲学[M].顾伟铭,译.济南:山东人民出版社,1988:3.

它是人们在生活中获得的直接经验或个体知识；而学者们特有的知识则指间接经验或学科知识。在卢梭看来，两者相比，学科知识或间接经验是十分渺小的。儿童即便不学习学科知识、不读书本，他"可能有的记忆力也不会因此而闲着没有用处；他所看见的和他所听见的一切，都会对他产生影响⋯⋯他周围的事物就是一本书"①。因此，卢梭倡导的是一种面向自然、面向生活的学习内容，要求人学习生活中真实而有用的知识，"以世界为唯一的书本，以事实为唯一的教训"②。因此，爱弥儿学习的天文知识来自大自然中的日出日落，学习的物理知识都来自生活中磁铁的运用，学习的地理知识都来自森林中的行走体验。爱弥儿的学习内容是面向自然、面向生活的。卢梭所强调的正是儿童通过在自然、生活中的体验与观察而获得的直接经验。

第三，在学习方式上，卢梭强调身体的体验与探究。卢梭曾说道："在万物的秩序中，人类有他的地位；在人生的秩序中，童年有它的地位；应当把成人看作人，把孩子看作孩子。"③这一段论述击破了中世纪将儿童视作"小大人"的儿童观，承认了儿童与成人的不同之处。同时，卢梭认为儿童在不同年龄阶段有着不同的发展特征，因此他把儿童期划分成了四个阶段。其中，前两个阶段尤其注重儿童身体的发展以及感官的训练。第一个阶段是 0～2 岁，这个阶段的儿童教育主要是体育，主要是让儿童进行体育锻炼，增强体质，从而为适应自然和社会条件的变化奠定基础；第二个阶段是 2～12 岁，卢梭将其称为"理智睡眠期"。也就是说，这个阶段不用对儿童进行知识教育和道德教育，主要是锻炼和发展儿童的外部感觉。他认为："由于所有一切都是通过人的感官而进入人的头脑的，所以，人的最初的理解是一种感性的理解，正是有了这种感性的理解作基础，理智的理解才得以形成。所以说，我们最初的哲学老师是我们的脚、我们的手和我们的眼睛。"④由此可见，卢梭极其重视身体的发展以及身体经验的发展，并将其视为理性发展的基础。在儿童期的第三个阶段：12～15 岁，卢梭虽然提出这个时期的主要任务是进行知识教育，但是他也并不赞同书本的诵习，而是倡导儿童的直接体验和探究。因为卢梭认为，人类已经积累起的书本知识

① 卢梭.爱弥儿[M].李平沤,译.北京:商务印书馆,1978:127-128.
② 卢梭.爱弥儿[M].李平沤,译.北京:商务印书馆,1978:217.
③ 卢梭.爱弥儿[M].李平沤,译.北京:商务印书馆,1978:74.
④ 卢梭.爱弥儿[M].李平沤,译.北京:商务印书馆,1978:149.

（间接经验）可能正是偏见和谬误产生的根源，真理并不是不加验证的现成接受，而是靠主体直接的体验、主动的探究、自行的验证而得来的。他指出，我们必须学会"使每一种感官不需要另一种感官的帮助而自行验证它所获得的印象，这样，每一种感觉对我们来说都能变成一个观念，而这个观念和实际的情况往往是符合的"[①]。因此，卢梭将爱弥儿"赶到森林中去"，目的就是"让他能用自己的眼睛去看，用自己的心去想"，去探究、体验和感悟，从而形成自己的观念和知识。这个阶段除了进行知识教育外，卢梭还强调劳动教育，他认为通过劳动教育可以发展儿童的体力、智力等，从而保证未来生活的独立和自由。

纵观卢梭的自然教育思想，我们可以看出，卢梭意识到只标榜人的理性的教育，会使人的本性失去自然的状态和自然的发展。他意识到人的身体感觉是个体发展的一个重要依据。因此，教育必须要理解和尊重身体的本性、欲望，减少过多的人为干涉和控制。后来的欧洲新教育以及美洲进步主义教育，大多赞成卢梭的教育思想，主张教育应该创造一种适于爱弥儿成长与发展的"感觉教育之家"，认为学校教育应该"重视手工劳动、感觉经验"[②]。有些学校甚至从城市中心搬迁至郊区，让学生在亲自动手建设学校的过程中建立起丰富的体验与感觉。因此，卢梭被视为寓身学习思想的先驱者，乃实至名归。但是，卢梭的身体教育思想也存在着不容忽视的问题。首先，在教育目标上，卢梭虽然强调教育要培养身心和谐自由发展的自然人，但是按照他对儿童年龄阶段的发展特征的描述，身与心的发展不是同步的，而是相继的，即先发展儿童身体再发展心智。因此，卢梭的教育目标不可避免地沾染上了原子主义和还原主义的色彩。其次，在学习内容上，卢梭注重儿童对生活和自然的直接体验和学习，但是，在直接经验、个体知识与间接经验、学科知识之间的统整上，卢梭仍秉持了一种还原论的思维方式，统整仍然是一种外部的和机械的意义上的整合。最后，在学习方式上，卢梭重视儿童身体的感觉与体验，但同时，这种"感觉主义的认识论"也使得实物教学带有一些机械的色彩。

（二）杜威：现代寓身学习思想的领袖

卢梭倡导的回归自然、回归感觉的思想，深刻地影响了杜威。杜威重拾感

---

① 卢梭.爱弥儿[M].李平沤,译.北京:商务印书馆,1978:279.
② 刘良华.身体教育学的沦陷与复兴[J].西北师大学报(社会科学版),2006(3).

觉、经验等词语。凭借对感觉与经验的重视,杜威可以被尊为"现代寓身学习思想的领袖"。正如拉考夫所说:杜威理解身体经验全部的丰富性、复杂性和哲学的重要性。[①]

杜威的寓身学习思想根源于他的经验自然主义哲学观。杜威在反映其经验自然主义哲学观的著作《经验与自然》一书中,批判了古希腊哲学、唯理论、经验论对经验概念的误解。古希腊将经验视为"构成木匠、皮匠、领港者、农民、将军和政治家之技巧的各种实际行动、遭受和感知所积累起来的结果",[②]并把经验的器官界定为肉体,认为经验总是与欲望、需求相关,永远不能自给自足。杜威认为,古希腊的这种经验观充满了崇尚理性、贬低经验的意味,从而将理性与经验对立起来。而唯理论哲学同样将经验视为偶然的和不确定的因素,因而对经验仍是一种贬低的态度。经验论开始重视人的感觉经验,但只是将经验视为获得真理的手段,因而经验带有很大程度的被动性和狭隘性。在杜威看来,传统哲学的经验观都犯了二元论的错误,将存在的领域分为经验和自然、心与身、精神与物质等彼此对立的领域,从而使哲学的根本问题变成了两个独立而对立领域之间的协调。为了使人们"不至于在贫困而片面的经验和虚假无能的理性之间选择"[③],杜威进行了哲学的改造,在批判和反思传统经验观的基础上创造了独特的经验自然主义哲学观。

在杜威看来,经验是一个具有两套意义的字眼。经验,如同它的同类语——生活或历史,不仅包括人们做什么,还包括人们遭遇什么;不仅包括人们怎样活动,还包括人们如何受到反响……简言之,能经验的过程。[④] 他以一个孩童将手伸进火焰的例子详细地阐释道:经验包括主动的方面和被动的方面,在主动的方面就是尝试或实验(儿童将手指伸进火焰);在被动的方面就是承受结果(感到疼痛)。只有二者联系起来的时候才是经验。而经验之所以包括这两个方面,"是因为它在基本的统一之中不承认在动作与材料、主观与客观之间有何区别,但认为在一个不可分割的整体中包括这两个方面"[⑤]。因此,杜威的

① Lakoff G, Johnson M. Philosophy in the Flesh——the Embodied Mind and Its Challenge to Western Thought[M]. New York: Basic Books,1999:p. xi.

② 杜威.经验与自然[M].傅统先,译.北京:中国人民大学出版社,2012:69.

③ 杜威.哲学的改造[M].许崇清,译.北京:商务印书馆,2009:58.

④ 杜威.经验与自然[M].傅统先,译.北京:中国人民大学出版社,2012:185.

⑤ 杜威.经验与自然[M].傅统先,译.北京:中国人民大学出版社,2012:9.

经验是一个具有两套意义的整体概念,它并不刻意地去强调主观与客观、心与身、精神与物质、人与自然中的任何一方,而是赋予它们同样的地位和权利,强调它们之间的相互作用。因此,杜威的经验观有两个独特之处:首先,杜威恢复了经验是主动、实践、行动等身体层面的内涵,其次,杜威也赋予经验以理智的反省和思维等内涵。经验作为一种身体的主动感知与行动同时受到理性思维的指引,是建立在反省思维基础之上的,是一种"实验"。因此,杜威的哲学思想又被称为"实验的经验主义"。杜威的经验概念以其整体性、主动性、理智性而消解了传统哲学的心与身、精神与物质等二元论。

在其经验自然主义哲学观的指引之下,杜威进行了教育领域的改革与实验,并建构了系统的教育思想体系。其中蕴含了丰富的寓身学习思想,集中体现于他对学习目的、学习内容以及学习方式的论述。

在学习目的上,杜威坚持教育之外无目的,教育即生长。生长即是整体儿童的整体生长。这意味着"把儿童看作一个有机体,这个有机体是作为一个整体来做出正确反应的"[①]。杜威认为,传统心理学按照观念、感觉、运动、情感等维度对儿童心理进行了划分与分类,对于儿童的研究成果只是一系列不相连贯的事实,实质上割裂了儿童的整体存在。杜威对此说道:"它们只不过表明某些事实是早期发生的,而别的一些事情是后来发生的,那些早期和后期的动作同一个活生生的整体有什么联系是不明显的,连续性的线索是缺乏的。"[②]杜威认为,破坏儿童的完整性,将儿童身心割裂开来引发的不良后果罄竹难书:一方面造成了心理活动和做事情的分离,学习成了只强调孤立知识识记而不注重知识之间联系的事件。杜威认为,正是这些被忽视的联系"使我们能理解意义"[③]。另一方面造成了身体的机械与呆板。将身心割裂开来,并不是"将身体视作获得有教育作用的经验的有机参与者,而是作为心灵的外部的出口和进口"[④]。因此,为了实现儿童的整体性,教育不能为了外在的目的约束自身。教育自身之外没有目的,教育就是教育自身的目的。这即是说"学习的目的和报酬,是继

---

① 陈友松.当代西方教育哲学[M].北京:教育科学出版社,1982:73.
② 爱德华兹.杜威学校[M].王承绪,赵祥麟,顾岳中,等译.上海:华东师范大学出版社,1991:392.
③ 杜威.民主主义与教育[M].王承绪,译.北京:人民教育出版社,2001:157.
④ 杜威.民主主义与教育[M].王承绪,译.北京:人民教育出版社,2001:156.

续不断生长的能力"①。在杜威看来,生长的含义是:"不仅指身体的生长,而且指智力和道德的生长……"②由此可见,学习的目的是儿童身心的整体生长。

在学习内容上,杜威倡导直接经验和间接经验的整合。传统教育将知识视为确定的、永恒的、客观的,学习即是利用心智去掌握这些知识。但是杜威认为,"知识这个术语既有主动的意义,又有被动的意义。知识既指操作或行动,即认识的过程;又指结果,即认识的内容"③。以心智训练为主的学科知识(间接经验)的被动接受,只表明了"知识的结果"这一层内涵,因此狭隘化了知识的内涵,也忽视了儿童生动活泼的直接体验。杜威对此说道:知识是探索我们的生活世界,我们所经验的世界,而不是企图通过理智逃避到一个所谓的高级境界。④ 因此,学习的内容"必须呈现现在的生活——即对于儿童来说是真实而生气勃勃的生活,像他在家里,在邻里间,在运动场上所经历的生活那样"⑤。杜威主张"学校在游戏和工作中采用与儿童、青年在校外所从事的活动类似的活动形式,让儿童有机会从事各种调动他们的自然冲动的身体活动"⑥,从而将儿童的生活体验或经验纳入到课程与学习中,这就是杜威所说的"主动作业",即"复演社会生活中进行的某种工作或与之平行的活动方式"⑦,它来源于儿童生活体验,为了儿童经验的发展,将社会生活中的一些典型职业进行了分析、归纳和提炼,从而获得了一些活动方式,如烹调、木工、手工等。主动作业因而是一种能够让儿童操作、体验、探究的活动。不过,主动作业也不仅仅是心智学习以外的身体器官的操作活动,还包含了理智、情感、态度、情绪等因素。杜威对此说道:主动作业也绝不仅仅是一种"消除学科功课劳累和沉闷的愉快消遣",它更具有"探究、使用和操作工具和材料、形成和表达欢乐情绪"的能力。通过主动作业,杜威建构了一种融合了直接经验与间接经验的学习内容,这是体现其寓身学习思想的一个重要方面。

---

① 杜威.民主主义与教育[M].王承绪,译.北京:人民教育出版社,2001:111.
② 杜威.我们怎样思维·经验与教育[M].姜文闵,译.北京:人民教育出版社,2005:256.
③ Boydston J A. John Dewey's Middle Works(Vol. 7)[M]. The Southern Illionis Press,1979:265.
④ Dewey J. The Quest for Certainty—A Study of the Relationship of Knowledge and Action[M]. New York:Minton,Balch & Company,1929:102.
⑤ 杜威.学校与社会·明日之教育[M].赵祥麟,任钟印,吴志宏,译.北京:人民教育出版社,2004:6.
⑥ 杜威.民主主义与教育[M].王承绪,译.北京:人民教育出版社,2001:211.
⑦ 杜威.学校与社会·明日之教育[M].赵祥麟,任钟印,吴志宏,译.北京:人民教育出版社,2004:100.

在学习方式上,杜威强调做中学、探究的方式。杜威认为,传统学校教育以教师讲授、学生静听为主,学生的学习方式是一种"从听中学"。杜威认为,从做中学是一种比从听中学更好的方法。除了课程形态和学习内容是体现主动操作和探究的主动作业之外,最能体现做中学精神的便是杜威提倡的"问题解决法",即暗示、问题、假设、推理、检验。因此,学习的过程便是,学生首先在一个真实的经验情境中,有一个感兴趣的连续活动;然后在这个情境中产生一个真实的问题;之后,学生探求有关知识并且进行观察;然后提出解决问题的方法;最后检验这些方法的有效性。问题解决法也就是杜威倡导的学习方法。"问题解决法"蕴含了丰富的寓身意蕴:首先,儿童直接体验的情境是学习的源泉。儿童在真实体验的情境中发现感兴趣的问题,并且由此开始探究问题。其次,问题解决法指向儿童的问题解决能力与知识创造。杜威认为,儿童在学习过程中亲自体验、思考问题的条件,然后寻求问题解决的路径,这个过程就是儿童亲身体验和探究的过程。最后,问题解决法指向应用。杜威强调学习过程中获得的思想要应用于实际,促进思想的有效发展。他说:思想在实际的情境中运用以前,缺乏充分的意义和现实性。只有应用才能检验思想,只有通过检验才能使思想具有充分的意义和现实性。① 因此,杜威倡导在学校中开垦土地,设置车间、实验室等,使实际生活的情境重现于校内,让儿童应用知识有了身体力行的机会。

综上所述,杜威以其经验自然主义哲学观改造了传统哲学中身与心、物质与精神的二元对立。杜威极其重视儿童身体在学习中的作用,认为儿童的身体活动乃是获得有教育作用的经验的有机参与者。不过,杜威并非简单地将心智拉下神坛,而将身体抬上神坛,他并不偏重任何一方,而是将两者视为原本的一体。一言以蔽之,杜威注重的是儿童身心一体的参与和发展。

(三)20 世纪下半叶寓身学习思想的发展图景

由于现象学对教育学的强势影响,从 20 世纪下半叶开始,北美许多教育研究者开始关注教育场域中的儿童和教师的生活体验对于学习的影响,并将其融入教育研究和教育实践的过程之中。范梅南、派纳及其学生珍妮特·米勒、格鲁梅特成为这一主张的竭力倡导者。与此同时,认知心理学发生了一场范型转

---

① 杜威.民主主义与教育[M].王承绪,译.北京:人民教育出版社,2001:176.

换,即以计算机隐喻为核心的传统认知心理学,以及联结主义心理学受到广泛批判,认知科学因而走向了以寓身心智为核心的第二代认知科学。而第二代认知科学的直接产物即是寓身认知心理学。[①] 寓身认知心理学的代表人物是瓦雷拉、拉考夫等人。他们在各自的著作中提出寓身认知的基本观点。教育现象学和寓身认知心理学的发展,共同构成了 20 世纪下半叶寓身学习的发展图景。

范梅南是加拿大阿尔伯塔大学的教育学教授。作为现象学教育学的开创者之一,他在《生活体验研究》一书中系统地介绍了人文科学的研究方法,展示了对现象学、解释学方法的符号的运用方法。与此同时,他还引导读者进行教育学的反思:作为家长、教师或教育者,该如何与孩子相处。[②] 荷兰教育家 Langeveld 认为"教育学是一门基于经验的科学,因为它把教学情境置于日常的经验世界"[③]。范梅南早年曾在荷兰学习教育学,受到 Langeveld 以及现象学的影响,同样认为教育学是经验科学,倡导将生活体验研究作为教育研究的方法论。他认为,以往的许多教育研究试图追寻一种超越实践、指导实践的普遍性理论,这就造成了教育研究与教育实践生活的脱节。教育研究脱离了对具体的人、具体的情境的研究,本质上就是一种排斥和压制身体的研究。例如,有的教育研究者追求用一种极度细化的指标来观察和评价课堂上的师生行为,但是对师生为完成教学任务进行的对视频率、对视范围的观察、计算和分析却掩盖了师生之间所进行目光交流、话语互动、身体互动时的具体情境以及真正意义。因此,范梅南倡导"生活体验研究"。生活体验研究作为一种教育学研究方法论,其内涵至少包括了以下几个方面:①个人的生活体验是研究的起点和对象。生活体验研究关注每个人在具体情境中的独特体验,承认每个人的生活体验所具有的独特价值。这意味着,人在生活中的经历、感悟、运动、体验都是研究的对象。因此,范梅南所提倡的生活体验研究具有强烈的寓身意蕴。②生活体验研究采用悬置的方式去感受和理解研究对象当时的体验。即是说,研究者悬置自身原有的理论判断,存而不论,在研究的过程中真正地理解研究对象即时的和情境化的体验。这意味着用自身所拥有的一般理论去理解情境和现实的离身式研

---

① 李其维."认知革命"与"第二代认知科学"刍议[J]. 心理学报,2008,40(12).

② 范梅南. 生活体验研究[M]. 宋广文,等译. 北京:教育科学出版社,2003:1.

③ Langeveld M J. The Scientific Nature of Pedagogy[M]// Max van Manen, Langeveld M J. Beknopte Theoretische Pedagogiek. Groningen:Wolter-Noordhoff,1988.

究范式已被摒弃，而采取了一种与特定情境、特定主体相关的"寓身"研究范式。③生活体验研究是对生活意义的探寻。范梅南说："现象学研究的意义就是借用他人的经验及其对经验的反思，在人类经验总的背景下，更好地理解人类经验某一方面的更深层意义或重要性。"①"生活体验研究"作为教育研究的方法论，不仅使教育理论研究者关注教育生活中的个体体验，更重要的是，它使得原本被视为肤浅的、表面的、粗俗的个体生活体验，纳入到教师或者研究者的视阈中，人们关注的不再是一个个抽象的儿童，而是具体儿童的个体生活体验。可以说，教师开展"生活体验研究"的过程，就是具体教育情境、儿童具体生活体验被重视、审视和反思的过程。

对生活体验的强调在派纳的工作中得到了延伸。自 20 世纪 70 年代以来，派纳借助于现象学、精神分析心理学、存在主义等方法，从"内部入手（working from within）"来探讨学校知识、生活史和思想发展之间的关系，从而建构起了"存在体验课程"。派纳认为，课程领域之所以出现"停滞"，是因为课程领域只专注于公众世界和可见世界，而忘记了实实在在的个体，忽视了个体对这些经验材料的体验。②派纳因此提出了"存在体验课程（currere）"这一概念。在派纳看来，currere 是"课程"的拉丁语的不定词，是指在跑道上跑的过程，即指过程中的存在体验。通过这一视角我们可以达成对跑的过程更为深刻的理解，从而发挥更深刻的能动性。③派纳的"存在体验课程"，为寓身学习思想的发展做出了卓越的贡献。存在体验课程强调课程、学习的过程性，这样，学生在课程与学习中的存在体验得到极大的关注；使儿童的现象身体与其复杂的生活世界浑然一体、交互作用。如派纳所说："学校和学科的结构与学生有很大不同，但它们与学生的生活经验息息相关，为此，我们要鼓励学生利用这些经验同时又不会放弃自我。"④存在体验课程强调用自传的方法来探索儿童的生活史，以此把握与学校知识、自我转变之间的关系。由于自传所具有的个人性、过程性、经验性等特征，学生个性化的、过程性的体验通过自传的方式得到了极大的关注。而到了 20 世纪 80 年代，派纳的学生珍妮特·米勒与格鲁梅特将寓身学习与女

---

① 范梅南.生活体验研究[M].宋广文，等译.北京:教育科学出版社，2003:78.
② 派纳.理解课程[M].张华，等译.北京:教育科学出版社，2003:541.
③ 派纳.理解课程[M].张华，等译.北京:教育科学出版社，2003:540.
④ 派纳.理解课程[M].张华，等译.北京:教育科学出版社，2003:544-545.

性主义相联系,从而形成了课程概念重建运动。珍妮特·米勒利用自传探讨性别认同、自我与他人之间的关系,以及这些关系怎样体现在沉默的打破中,而沉默是女性的体验。通过与女性的对话,米勒研究了更广泛意义上的控制和权力不平衡,等级结构、接受、强加都是女性生活经验的一部分。格鲁梅特受到精神分析、现象学、自传、政治学、女性主义理论的广泛影响,认为认知存在于主体间性中。格鲁梅特也举例说明了凝视和身体触摸的重要性,认为它们内化经验,成为人的生活经验的一部分。

与此同时,20世纪下半叶也是当代认知心理学发生范式转换的时期。以计算隐喻为核心假设的传统认知心理学以及联结主义心理学均不能克服离身心智(disembodied mind)的根本缺陷,例如,第一代认知科学的计算主义以及在此基础上形成的人工智能,忽视心智活动背后的环境和背景;又如它推崇"排斥人的主体活动的客观主义的意义观"。因此,20世纪七八十年代,西方学术界和思想界开始质疑认知主义,对于各种形式的客观主义(如二元论、符号主义、形式主义等)进行批判,转而强调对认知(心智)以及语言与身体经验之间关系的研究。自此,认知科学开始向第二代认知科学转变。第二代认知科学的直接产物就是,盛行于20世纪80年代的寓身主义运动。"认知是基于身体的这种观点在认知科学领域迅速占据了显著地位,并形成一种支配认知科学的态势。"[1]认知语言学家拉考夫在1987年提出了新经验主义,集中反映了具身主义运动的哲学思想。随后他在《肉身的哲学》一书中,将先前提出的新经验主义明确地表述为"寓身哲学(the embodied philosophy)"。在此书中,拉考夫等人基于哲学、心理学、神经科学、语言学等研究成果,得出一些关于人的本质,以及认知的认识。在《肉身的哲学》这本书中,拉考夫等人开宗明义地指出:①心智本质上是寓身的;②思维大多是无意识的;③抽象的概念很大程度上是隐喻的。这三者是认知科学的主要发现,这些发现使得几千年关于理性的猜测都结束了,哲学从此不一样了。[2] 拉考夫等人认为,要理解心智必须首先理解理性。理性是几千年来界定人类特定的关键概念。而理性不只包括逻辑推理,还包括进行探究、解决问题、评价、批判、审议自身怎样行动,以及达成对自身、他人以

① Adams F. Embodied Cognition[J]. Phenomenology and the Cognitive Science,2010,9(4):619-628.
② Lakoff G,Johnson M. Philosophy in the Flesh—the Embodied Mind and Its Challenge to Western Thought[M]. New York:Basic Books,1999:3.

及世界的理解。因此,他们认为理性是寓身的、发展的、非普遍的,理性大多是无意识的和隐喻的,并且都是情绪参与的。拉考夫等人认为,不存在一种离身的心智,人无法脱离身体,人在本质上是某种神经存在物(neural beings)。而人的心智,包括认知、心理过程,也都无法脱离开身体这种最原始、最基本的感觉和运动系统,心智是寓身的。智利认知科学家瓦雷拉(F. Varela)等人也表达了人类认知的身体基础,认为认知植根于人类的身体以及身体经验,即人类的视觉系统、运动系统以及神经机制。瓦雷拉说道:"认知首先依赖于主体经验的种类,而这些经验来自具有各种感觉运动能力的身体;其次,身体的感觉运动能力,来源于并且寓居于一种更广泛的生物、心理和文化情境中。"①

第二节　寓身学习的实践回溯

前文从中西方文化背景分别梳理了寓身学习的思想史,本节主要从教育组织这一制度形式着手,对教育实践中的寓身学习情况进行回溯。笼统地说,教育组织形式大致经历了两个阶段:非制度化教育阶段和制度化教育阶段。两者之间的分界线大致是学校、班级等教育实体的产生。从非制度化教育阶段发展到制度化教育阶段,寓身学习实践经历了巨大的变迁。具体来说,在非制度化教育阶段,学生学习是以寓身为主导的;而到了制度化教育阶段,学生学习的寓身性逐渐走向衰落。对于寓身学习的实践变迁做一个回溯,有助于我们更全面地理解寓身学习。

一、非制度化教育阶段:寓身学习占主导

原始社会由于生产力水平较低,人们必须参与生产劳动才能获得生存下去的基本物质资料。因此,原始社会的教育多是与生产劳动和日常生活联系在一

---

① Thompson E, Varela F J. Radical Embodiment: Neural Dynamics and Consciousness [J]. Trends in Cognitive Sciences,2001,5(10):418-425.

起的：家庭生活或氏族生活、工作或游戏、仪式或典礼等都是每天遇到的学习机会；从家里母亲的照管到狩猎父亲的教导，从观察一年四季的变化到照管家畜或聆听长者讲故事和氏族女巫唱赞美诗，到处都是学习的机会。[1] 由此可见，原始社会的儿童学习内容都是来自儿童周围的日常生活。

在原始社会，还没有产生制度化的教育实体，没有学校，也没有文字和书本。因此，这一时期的教育多采用言传身教以及口耳相传等方式。由于原始社会是一个泛灵论的社会，同时人们又没有足够的科学知识来解释一些自然现象，因此，人们就把无法解释的现象看成神灵发挥作用的结果。在崇拜神灵的原始社会，人们往往通过仪式来使自身的一切行动合乎神灵的允许。仪式因而是原始社会的更重要、更有效的教育形式。[2] 仪式对于原始社会的人们来说，具有一种强烈的、普遍的教育意义。在仪式进行的过程中，年长者往往通过演示、示范来向儿童传递一些基本的知识、文化、技能，这些仪式中包含的"言传身教"，是由一些特殊的语言和姿势所组成的。[3] 而儿童正是通过对"教师"言语的倾听，以及对教师身体行为的模仿和执行来学习的。

综而观之，在制度化教育还未产生之前的原始社会，儿童学习的内容大都来源于生产劳动以及日常生活，儿童的学习大多是在真实的生产劳动和日常生活中进行的，并且大多通过模仿、实际的操作等方式来学习。因而，在非制度化教育阶段，儿童的学习主要以寓身学习为主。

二、制度化教育阶段：寓身学习逐渐衰落

随着生产力的发展，科学技术的进步，文字的发展，以及阶级分化和阶级对立的形成，学校作为一种专门的教育机构和场所而诞生了。学校的产生结束了原始社会教育的随意、零散、效率低下等特征，使教育产生了巨大变化。学校教育开始出现了制度化的萌芽，具体体现在以下几个方面：（1）教与学的主体开始确定。学校的产生，使得专门从事教育活动的教师产生了，也使得学生作为一

---

① 联合国教科文组织国际教育发展委员会.学会生存——教育世界的今天和明天[M]. 华东师范大学比较教育研究所，译.北京：教育科学出版社，1996：27.

② 石中英.知识转型与教育改革[M].北京：教育科学出版社，2001：89.

③ 石中英.知识转型与教育改革[M].北京：教育科学出版社，2001：93.

种特定的受教育对象稳定下来。(2)教学工具开始出现。为了记录和传递文字,产生了专门的教学工具。例如,我国殷商时期出现的"笔"和"册"。① (3)教与学的内容开始专门化。学校开始生产和教授专门的教育内容,例如,在我国殷商时期的甲骨文记载中,有表示习射、习数、习礼、习乐的内容,也有反映教师指导学生练习刻字的内容。② 学校的产生,使得教育具有了一定的专门性、系统性,同时也使得学生的学习开始专门化和系统化,并开始脱离学生的实际生活。

而后随着生产力水平的进一步提高,工业革命诞生。社会要求更多的受教育者进入学校教育中,以满足培养大量工人的社会需要。在此背景下,班级授课制作为一种高效的教学组织形式而产生,教育进入了制度化的阶段。

虽然班级授课制由夸美纽斯正式确立,但是据考证,德国一些学校早在15世纪末就已经采取了班级授课制,这是一种"视学生学力分成若干阶段、编成班级一齐教学的制度"③。1632年,夸美纽斯在《大教学论》中总结了学校教育实践,从理论角度论证了班级授课制,使其成为一种主要的教学组织形式。19世纪初期,贝尔和兰卡斯特创办了"导生制",按照学生的年龄进行班级的划分,并且使年龄大的学生去教年纪小或学习差的学生;裴斯泰洛齐进一步形成了按照学生的成绩或能力进行班级划分的做法。赫尔巴特提出了教学过程阶段论——明了、联想、系统、方法,从而使班级课堂教学具有了程序化和操作化的过程。而到20世纪中期,以凯洛夫为代表的苏联教育学家继承并修正了赫尔巴特所提出的教学过程阶段论,提出了课的结构和类型等概念,进一步促进了班级授课制的普及和发展。时至今日,班级授课仍然是占据主导的教学组织形式。

佐藤正夫曾列举班级授课制的几个特点:(1)学生被分配到固定的班级。分配的标准主要是年龄,另外还有采用国家统一的标准进行选拔和淘汰,从而保证学生的基础大致在一个层次之上。(2)教学在规定的课时内进行。例如,按照国家的要求统一每堂课的时间。(3)分学科进行教学。按照国家统一的标准进行学科的划分。(4)教学内容统一。国家制定统一的课程标准、统一的教

---

① 吴玉琦.试论我国学校的产生[J].东北师大学报(教育版),1986(1).
② 吴玉琦.试论我国学校的产生[J].东北师大学报(教育版),1986(1).
③ 佐藤正夫.教学论原理[M].钟启泉,译.北京:人民教育出版社,1996:314.

学目标,编制统一的教材等。① 除了以上几个特点之外,笔者认为,班级授课制还有几个不容忽视的重要特征:①班级授课制更加追求标准化的评价体制。因为,一个班级内学生众多,考试成绩是衡量和评价学生的最简便、最易操作的方式。②班级授课制更加追求一种统一化和标准化的管理。因为在一个容纳了众多学生的班级内,如果能保证教学的顺利,就必须制定统一的和严格的课堂纪律。

班级授课制的形成与发展,让教育进入了制度化的阶段。有学者认为,制度化教育存在两个重要特征:①划一性。即教育标准化,十分死板。②封闭性。按自己特有的规则、规范,构筑壁垒,具有排他性,十分狭隘。② 教育进入制度化阶段,对于高效率地培养工业发展所需要的人才具有重要意义,但是制度化教育也使得学生寓身学习逐渐地走向衰落。这主要是因为:①制度化教育追求效率,制约了学生的体验。为了高效地灌输知识,制度化教育使得学生体验的机会以及体验的程度大大降低。②制度化教育设置了众多的制度和规范,限制了学生的身体活动。在这些制度和规范之下,学生身体很难自由地活动和互动。③制度化教育以"杰出人才论"为指导思想,③忽略大多数学生的体验。例如,贝尔-兰卡斯特制强调按照学生的能力或者成绩来进行分班;或者在学年结束后,学生又根据自己的成绩进入下一个相应等级的班级。制度化教育造成了一个现象,即多数人在"陪"少数人学习,多数人的体验被忽略了。④制度化教育强调一个教师对多个学生的同时施教,缺乏对学生个体差异性的关注。夸美纽斯虽然曾呼吁在班级授课过程中教师同等地关注每一个学生来保证公平和平等,教师应该像太阳一样,"太阳并不对任何单一的对象、单一的动物或单一的树起作用,而是同时给整个地球以光和热"④。但是,尊重学生体验的个体性和差异性并不是通过教师关注力的平均分配就能实现的。在制度化教育中,教师更多地关注普遍性、规律性,而忽视具体性、个体性的体验。⑤制度化教育强调统一的内容,无法顾及知识产生的情境。制度化教育要求统一的教材、统一的学科、统一的教学计划,并且将这些统一的教材知识、学科知识等在限定的时

---

① 佐藤正夫.教学论原理[M].钟启泉,译.北京:人民教育出版社,1996:319.
② 陈桂生."制度化教育"评议[M].上海教育科研,2000(2).
③ 陈桂生."制度化教育"评议[M].上海教育科研,2000(2).
④ 夸美纽斯.大教学论·教学法解析[M].任钟印,译.北京:人民教育出版社,2006:150.

间内传递给学生,因此,知识产生时的背景、情境都抛开了。学生学习无须体验和理解知识产生的过程,也无须理解知识背后的背景与情境,学生学习或者获得的只是最终的知识结果。由此可见,制度化教育阶段使得学生学习越来越脱离学生生活经验、身体体验。因而,寓身学习的机会越来越少,或者说学习的寓身程度越来越低。

通过对寓身学习实践沿革的回溯,我们可以看出,在非制度化教育阶段,儿童的学习源自生产劳动和日常生活,并且通过模仿、体验、实际操作等方式来进行学习。因此,在非制度化教育阶段,寓身学习是占据主导地位的。而随着生产力的发展,学校以及班级授课制诞生了,学校教育因而进入了制度化阶段。由于人们对效率的追求以及对标准的推崇,人们抛弃了学生的个体性、差异性以及生活体验,也抛弃了知识的情境性与过程性。因此,在制度化教育阶段,学习逐渐重视心智的训练,寓身学习逐渐走向衰落。

通过本章的论述我们可以看到,寓身学习思想在中西方文化境脉中呈现出不同的发展脉络。而寓身学习实践则呈现出从占据主导到逐渐衰落的趋势:在非制度化教育阶段占据主导,在制度化教育阶段则逐渐走向衰落。

第三章　寓身学习的本质观与目的观

　　心理学家 Wilson 认为寓身认知这一新的认知取向存在着多样化的理解和主张,并且存在着一些争论。[①] 他曾经总结和梳理了对寓身认知的不同理解,形成了有关寓身认知的主要主张:①认知是建立在情境基础上的;②认知有时间压力,认知是身体在实时压力下与环境的互动;③环境可以帮助我们减轻认知的负担;④环境是认知系统的一个重要组成部分;⑤认知是为了行动;⑥虚拟(off-line)认知也是以身体为基础的。 即使脱离了环境,心智的活动也是基于适宜环境相互作用的进化机制。[②] 寓身认知主张的这一框架性表述,主要是基于心理学以及认知科学的研究,并且主要是心理学话语建构的产物。 而时至今日,来自哲学、心理学、社会学等多个领域的研究,正在为寓身学习的发展提供着丰富的理论基础与认识资源。 本章即是在吸收梅洛-庞蒂身体现象学、波兰尼默会认识论、福柯规训权力理论、女性主义思想、皮亚杰发生认识论、维果茨基社会文化活动理论,以及寓身认知理论等思想成果的基础上,尝试用教育学的话语建构起寓身学习的核心理念。

第一节　寓身学习的本质观

　　自 20 世纪以来,人们对于本质的理解已经发生了变化,已经不再将本质视为一种文化无涉、价值中立、情境脱离、确定无疑的存在了。 而像人类学习这种

---

① 　Wilson M. Six Views of Embodied Cognition[J]. Psychonomic Bulletin & Review,2002,9(4):625-636.
② 　Wilson M. Six Views of Embodied Cognition[J]. Psychonomic Bulletin & Review,2002,9(4):625-636.

活动或者现象,其本质也是特定情境中的社会建构。纵观历史,不同的认识论范式,导致了对学习本质的不同理解。从古希腊就开始萌芽的身心二元划分导致了人们将学习的本质视为心智的训练。而现在,来自哲学、心理学、社会学等方面的研究成果正在打破原有的学习本质观,为我们描绘着一种"身心一体参与"的学习本质图景。

一、学习的本质:心智学习与行为反应

如前所述,早在古希腊,哲学家就将身与心二元划分,并且将身体置于心灵的附属地位,让身体接受心灵的统治与驾驭;到中世纪,身体被道德伦理压制,强调只有通过心灵才能获得真理;再到笛卡尔最终确立身心二元论,人们对于如何获得知识、知识的限度、知识与自然的关系等问题的探讨,逐渐占据了哲学的全部,身体因此逐渐消逝在心智探求知识的过程中。在漫长的身心二元论传统以及扬心抑身的传统中,学习本质上是一种心智学习。

哲学在很长时间内都是心理学的母体,因此,哲学思想对于心理学思想的影响是巨大而又深远的。哲学上的身心二元论影响了心理学对于学习本质的理解与认识。

行为主义心理学接受身心二元论,认为人的意识(心)和行为(身)可以割裂开来,并且认为心理学研究只能以人的行为作为研究对象。因为人的大脑以及思维活动是一个看不见的"黑箱",因此只能把这个黑箱中看不见的意识、思维等从大脑中抽离出来,放置在肌肉、腺体等身体器官上,将思维、意识等作为行为反应来研究。在行为主义心理学看来,学习便是在刺激(即引发有机体活动的内部或者外部变化)与反应(肌肉收缩、腺体分泌等身体器官的变化)之间建立联结。学习的本质是不断地进行刺激,并对行为反应不断地进行强化训练。时至今日,行为主义的学习本质观,在学校教育中仍然非常普遍。

认知心理学也接受了哲学思想领域中的身心二元论。正如有学者所言:"传统认知心理学事实上都是笛卡尔主义的生动遗产……心理学家紧紧追随笛

卡尔,在实在与思维之间设置了严格的界限……"①符号加工认知心理学便是认知心理学中一种重要的研究取向。1967 年,符号加工认知心理学诞生,它与行为主义关注人的行为不同,它更加关注行为背后的心理机制,所以它更注重对认知活动内部机制的研究。但是由于认知活动内部不可以直接观察,所以符号认知加工理论认为,只能通过对输入与输出信息的观察来进行研究。也就是说,符号认知加工理论是以信息加工的方式来理解认知过程。而计算机也是通过信息加工与处理来进行工作的。因此,认知心理学家将人的大脑与计算机进行类比,提出了"心智如计算机"的隐喻。计算机具体的工作原理或者工作流程是输入信息、编码信息、储存信息、提取信息和输出信息。以"心智如计算机"的隐喻来看,人的大脑思维,或者认知过程,也是一种输入信息、编码与记忆信息、输出信息的过程,形成了信息加工的三明治模型(见图 3)。人的认知过程与计算机处理信息过程的类比,是人的内部心理过程与计算机软件程序的类比。而人的认知过程和大脑生理结构的关系,就如同计算机软件与硬件之间的关系,软件虽然在硬件上运行,但是两者功能独立;人的认知过程虽然在大脑中运行,但是大脑生理结构却对认知无影响。因此,这仍是笛卡尔二元论的延续,即认知与身体是两种不同的实在。到 20 世纪 80 年代,联结主义开始借用神经网络模型来模拟大脑的生理结构,但是它同符号加工认知理论有一点是一致的,即"认知是一种对符号的计算与操纵,对大脑的输入意味着符号的开始,大脑的输出意味着符号的结束。所以,认知发生的地方只能是大脑"②。

　　不管是行为主义心理学还是认知心理学,对于学习本质的认识都是建基于笛卡尔身心二元论的。行为主义心理学以心理活动是暗箱为由抛弃了对心智、认知内部机制的研究,专注于研究人在接受刺激后所产生的身体或者行为反应。认知心理学矫枉过正,转向对认知过程内部机制、心理过程的研究,认为人的学习和认知完全是在大脑中枢中完成的,而将身体、身体活动、身体所处的环境排除在了认知和学习过程以外,或者说身体在学习中发挥的作用不大,充其量就是信息输入到大脑中枢的一个入口或者管道。因此,认知心理学将学习本质定为发生于脖颈以上的事情,是大脑中枢内部的事情,是心智的学习。

---

　　①　Prilleltensky I. On the Social and Political Implications of Cognitive Psychology[J]. The Journal of Mind and Behavior,1990,11(2):129-131.

　　②　Shapiro L. Embodied Cognition [M]. New York:Routledge,2010.

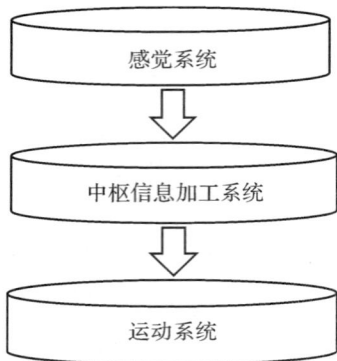

图 3　信息加工的三明治模型

二、寓身学习的本质观：身心一体参与①的过程

不同于在身心二元论支配下，行为主义心理学将学习的本质视为身体或行为反应的强化，以及认知心理学将学习的本质视为心智学习。寓身学习不接受身与心的二元划分，它认为身心是一体的，学习的本质是身心一体参与的过程。寓身学习所坚持的身心一体，即"身体和认知是统一的：心智在身体中，身体在心智中；心智是身体化的心智，身体是心智化的身体"。② 寓身学习确立学习的本质是身心一体参与的过程，主要根据在于哲学思想领域中的身心一体思想，以及近些年来寓身认知科学、神经生物学等科学领域提供的证据支持。

如我们在分析中国传统儒家文化中的体知思想这一节所表明的，中国传统文化尤其是儒家文化一直坚持和信奉的是"身心一体"论。正如杨儒宾教授所说：心性与身体乃是一体的两面，没有无心性之身体，也没有无身体之心性。身

---

① 杜威曾说，身心二元论对人类生活的各个方面都产生了深刻的影响，包括人类语言，以至于我们现在都无法找出一个"词汇"或一种"语言"来表达"身心一体"的状态。到目前为止，仍旧只能用"身"和"心"的"一体"来描述身心原本的同一状态。同样，我们在论证学习的身心一体时，也只能分别去证明二者的相互影响和相互作用。我们不得不通过我们所反对的那种分裂的方式来反对二元论，由此可见身心二元论对于语言表达等方面的影响之深。参阅：Dewey J. Preoccupation with Disconnected[M]//A Reprint From a Talk Given to New York Academy of Medicine. Champaign, IL: NASTAT, 1928/2002.

② 叶浩生. 身体与学习：具身认知及其对传统教育观的挑战[J]. 教育研究, 2015(4).

体体现了心性，心性也形著了身体。① 对"学习"二字中文的词源学分析，也表明了中国传统文化语境中学习的本质是"身心一体"。在中国文化语境下，"学习"两个字最早是分而用之的，中国古人用"学"来表达知识的获取、认识的提高。"学"主要是指各种直接与间接经验的获得，有时也还有"思"的含义；而用"习"表达技能的掌握、德行的修养等。"习"主要指带有实践意义的行为，有"练习"之意，也有"行"之意。对于"学"与"习"之间关系的最早讨论，见于孔子的《论语·学而》："学而时习之，不亦说乎！"因此，孔子强调了"学"与"习"之间的紧密关系，也就是"知"与"行"的统一。而知行统一也带来了愉悦的情感体验，这正是学习的本质所在。孔子也将"学"和"习"分而用之，而并未将"学"和"习"组成复合词。"学习"最早成为一个复合词出现于《礼记·月令》："鹰乃学习。"表示"鸟儿学习试飞"。"学习"作为复合词在这里也有"实践"之意。由此可见，在中国传统文化脉络中，学习的本质是"身心一体""知行一体"。有学者认为，中国传统文化更强调"习"或"行"，一方面反映了人们从生产和生活中获取直接经验，另一方面反映了人们注重"行"的务实精神。② 在中国传统文化思想中，"身体的践行""身体力行"是学习的重要前提和基础，也是衡量和评价学习效果的重要指标。概而言之，在中国传统儒家文化奉行身心一体的背景下，学习本质上是身心一体参与、知行合一的过程。

19 世纪中期以后的现代西方哲学家开始意识到身心二元论所导致的种种问题，他们对此进行了深刻的反思与批判，主张身心一体。德国哲学家海德格尔以"存在（being-in-the-world）"概念去解决身心二元对立。他认为，人通过身体存在于世，人与世界不存在主体和客体的区分，而是相互关联、不分彼此的一体。为了避免身或心之间非此即彼的选择，一条可能的路径就是从一种混合了身与心的东西出发。法国哲学家梅洛-庞蒂就创造了一种"混合了身与心的东西"，即"寓身化的主体（embodied subjectivity）"。这种寓身化的主体，并非客观意义上的肉体之身，也非主观意识，而是一种现象的身体，它融合了感性与理性、身体与心灵的鲜活、动态生命整体。正如有学者所言："它既有内在的一面，又有超越的一面，既是客体，又是主体，身体是客体—主体，是能进行观看和能

---

① 杨儒宾.儒家身体观[M].台北：中国文史哲研究所，1996：1.
② 桑新民.学习究竟是什么？——多学科视野中的学习研究论纲[J].开放教育研究，2005(2).

感受痛苦的存在。"①梅洛-庞蒂还曾以幻肢现象来说明身心一体:病人被截肢后,被截肢者仍感觉到在残肢的位置存在着一条腿。梅洛-庞蒂认为,单独的生理学不能解释为什么失去肢体的纯粹记忆唤起了虚幻的感觉,而单独的反思心理学也不能解释为什么切断残肢的传入神经就可以消除虚幻的感觉。幻肢现象说明,认识的主体不是纯粹的思维,也不是纯粹生理学意义上的肉体,而是一个混合了主体与客体、身与心的寓身化主体。梅洛-庞蒂曾这样直接地说明身心的一体:"心灵和身体的观念应该被相对化:存在着作为一堆相互作用的化学化合物的身体,存在着作为有生命之物和它的生物环境的辩证法的身体,存在着作为社会主体与他的群体的辩证法的身体,并且,甚至我们的全部习惯对于每一瞬间的自我都是一种触摸不着的身体。这些等级中的每一等级相对于它的前一等级是心灵,相对后一等级是身体。"②由此可见,身体与心灵是难分彼此的整体关系,人都是由身体和心灵辩证地构成的。在我们认识世界时,很难将身体割裂出来而用心智或者思维单独去认识世界,同样也很难将思维或者心智割裂出来而用身体认识世界。

海德格尔、梅洛-庞蒂等人的哲学思想打破了长期占据统治地位的身心二元论,确立了身心一体思想,从而为学习的身心一体参与本质提供了哲学上的证据支持。而镜像神经元的发现,则进一步为身心一体,以及学习的身心一体本质提供了神经生物学的证据。③ 意大利著名科学家 Rizzolatti 利用单细胞记录法在恒河猴身上发现了镜像神经元的存在。动物在操作一个特定的动作或者观察另一个体操作同样的动作时,镜像神经元会变得异常活跃。也就是说,动作的执行和动作的理解都是与同一个神经生理机制相关的。因此,镜像神经元的发现驳斥了认知主义学习论中的符号信息加工过程——感觉系统将信息输入中枢信息加工系统,然后中枢信息加工系统发出指令,最后运动系统执行指令的过程,而证明身心是一体的。而且研究证实了,这种镜像神经元不仅存在于恒河猴等动物中,还存在于人的大脑皮层的运动区域,并且与动物所具有的镜像神经元有着同样的作用。镜像神经元的发现,改变了认为运动系统只是

---

① Langer M M. Merleau-Ponty's Phenomenology of Perception :A Guide and Commentary[M]. Basingstoke : Macmillan, 1989:111.

② 梅洛-庞蒂. 行为的结构[M]. 杨大春,张尧均,译. 北京:商务印书馆,2005:307.

③ 叶浩生. 镜像神经元:认知具身性的神经生物学证据[J]. 心理学探新,2012,32(1):3-7.

简单执行中枢信息加工系统指令而不会对中枢加工过程有影响的传统观点,重新解释了运动系统对于中枢信息加工系统的作用。而除了镜像神经元的发现作为身心一体的证据支持,一项由美国国立卫生研究院所进行的研究,更清楚地揭示了身体运动与人类认知功能发展之间一体关系的潜在机制。科学家们发现,组织蛋白酶 B(CTSB)———一种肌肉分泌因子是有益于认知、学习的关键,而身体活动和身体运动则会提高人体内 CTSB 的水平。[①] 镜像神经元和CTSB 的发现,对于超越身体与心智、行动与思维之间的二元割裂具有重要的意义。它们从神经生物学意义上证明了身体的感觉运动系统与心智的活动是一体化的。

中国的儒家传统智慧、海德格尔以及梅洛-庞蒂等人的哲学思想为身心一体提供了哲学思想上的证据,而镜像神经元以及 CTSB 等方面则为身心一体提供了神经生物学上的证据。寓身学习在这些哲学思想以及科学证据基础上,指出学习的本质是身心一体参与的活动。身心一体的寓身学习本质观,可以从以下几个方面得到具体的阐释。

(一)身体影响甚至决定着心智

寓身学习阐明了这样一个基本的事实:人不是一种抽象的思维存在,人的身体不是心智活动的干扰或者对立面,也不是一副仅仅承载着心智、认知的容器或场所。人的身体是一个融意识与物质、感性与理性于一体的存在。身体是一个积极的、主动的认识主体。身体深刻地影响着甚至是决定着学生的认知与学习。这主要体现在以下几个方面。

第一,身体决定了学习方式。学习依赖于人的身体,身体的物理属性对于人的心智以及学习具有直接的影响。例如,人与蝙蝠具有不同的身体构造,因此人很难像蝙蝠那样来依靠声呐系统进行感知,获得对世界的理解。人因为拥有一具具有特殊构造的身体,而拥有了与动物不同的对世界的理解和体验。而一个残疾人虽然双腿残疾,但仍可以坐在教室里做数学题,这也是因为他与其他人一样有着共同的身体构造基础。传统的学习理论或者认知科学通常认为学习、认知是发生在头脑内部的事件,是通过神经系统实现的事件。但是寓身

---

① Moon H Y, Becke A, Berron D, et al. Running-induced Systemic Cathepsin B Secretion Is Associated with Memory Function[J]. Cell Metabolism, 2016, 24(2):332-340.

学习认为,学习和认知并不限制于头脑内部,身体的非神经部分,如骨骼、肌肉等,在学习和认知过程中也积极地发挥作用。关于深度知觉的研究,就说明了身体的物理属性对于认知与学习过程的影响。人们在观察物体时,因为人所处的不同角度,以及两只眼睛与物体之间的位置差异,因而形成了两眼视差的不同,继而物体在两只眼的视网膜上所形成的映像则有所差异。这种差异与人的身体以及头部的转动有着密切的关系,因此,人的身体移动、头部转动构成了深度知觉的过程和步骤。同样,人的其他感知能力,如知觉的广度、极限等都是由身体的物理属性所决定的。

第二,身体构成了认知和学习的内容。寓身认知研究者指出:人的身体感受以及身体体验构成了语言、思想的基础内容。认知就是身体作用于物理和文化世界时产生的东西。[①] Lakoff 等人对于概念形成的相关研究证明了身体提供了认知和学习内容这一观点。他们认为,人的抽象思维大多是隐喻的,即用一种比较具体和形象化的物体来解释一个比较抽象的事物。事实上,人们的抽象思维或者语言大多是借助我们最为熟悉的身体以及身体活动方式的隐喻来表达的。人的身体、身体与世界的互动为我们提供了认识世界的最原始概念。例如,我们所形成的空间概念,如前后、左右、上下、远近、直接与间接,都是以身体为基础而形成的。也正是以身体为基础和中心,人类形成了一些更加抽象的概念,例如,形容人做事认真与可靠,我们使用了"脚踏实地";形容人口齿伶俐,我们使用了"铁齿铜牙";形容人不管具体条件的生搬硬套或者不合理地迁就,使用了"削足适履"等。而在英语语境下,形容小偷小摸的人,使用了"sticky fingers"。这些都表明,身体构成了学习的原料和内容。

第三,身体调节着认知和学习的过程。传统认知或学习理论一直认为心智支配着身体的活动,而寓身学习则认为身体活动会改变我们的思维方式、言语方式。尤其是当学生面对真实的环境时,身体活动会调节到与环境相适应的层面,从而保证学习过程的进行。寓身学习的相关实证研究就证实了身体对学习过程的影响。例如,认知心理学家 Jostmann 等人研究了身体对温度的物理体验对于社会知觉、认知判断、语言表达等方面的影响。[②] 研究有三个结果发现:

---

① Gibbs R. Embodiment and Cognitive Science[M]. Cambridge: Cambridge University Press. 2006:9.

② 叶浩生. 西方心理学中的具身认知研究思潮[J]. 华中师范大学学报(人文社会科学版),2011,50(4):153-160.

①手捧热咖啡的被试比手捧冷咖啡的被试,更倾向于认为自己同某位名人之间有着某种相似性;②处在温暖房间的被试比处在寒冷房间的被试,更倾向于认为自己与实验者关系比较亲近,语言描述也更为具体;③处在温暖房间的被试比处在寒冷房间的被试,更注重人际关系。Havas 等人的实验也证明了身体状态对于认知和学习过程的影响。他们给被试的皱眉肌肉注射肉毒素,麻痹其皱眉肌肉。研究结果发现,被试在阅读和理解皱眉这个句子时速度明显减慢,因而推断身体的感觉运动系统能够影响人的认知、学习。① 而 Cohen 对于记忆的研究表明,人在学习和记忆动作的过程中,如果真正地做过动作,那么就比单纯的语义记忆效果更好。② 因为,做过的身体动作已经成为记忆系统的重要组成部分,能够有效地促进人的认知与学习。正如海德格尔所说的"人通过身体存在于世"以及梅洛-庞蒂所说的"寓身化主体",人通过身体作用于世界,因此,学习通过身体的作用而与环境结合起来。在学习过程中,如果某个学习节点呈现了学生亲身经历的场景,那么学生便能很快地理解和学习知识。身体在环境和情境中所进行的活动促进了学习的发展。

(二)心智发展影响身体

认知过程并非一些抽象的符号,而是由身体经验或者对身体的体验构成的。事实上,不仅身体影响和决定着认知,心智发展也会对身体有一个反作用,从而制约着人的身体感受。寓身心理学的实证研究同样证明了认知对于身体的影响。例如,实验者要求被试分别回忆被人拒绝的情境、经历以及温暖的友好的经历、体验,然后让被试预测所处房间的温度。实验结果表明,那些回忆不友好、被人拒绝经历的被试所预测的房间温度,比那些回忆温暖、友好经历和体验的被试所预测的房间温度要低。这证明,人的思维会影响人身体的物理感受。③ Weisfeld 和 Beresford 等人的实验也得出了类似的结论。在实验中,让被试回忆成功的经历会使其身体姿势更加挺立,而回忆失败的经历则会使其身体姿势更加畏缩。Barsalou 的眼动实验也发现,当被试聆听小鸟、摩天大楼的语

---

① 叶浩生.身心二元论的困境与具身认知研究的兴起[J].心理科学,2011,34(4):999-1005.

② Cohen R L. On the Generality of Some Memory Laws [J]. Scandinavian Journal of Psychology, 1981, 22:267-281.

③ 叶浩生.西方心理学中的具身认知研究思潮[J].华中师范大学学报(人文社会科学版),2011,50(4):153-160.

言描绘时,眼球会向上翻动;而聆听有关蠕虫、大峡谷的语言描述时,眼球会向下翻动。[①] 寓身学习的实证研究都表明了心智、思维、记忆会影响身体的运动和感觉系统。

概而言之,从身心二元论的角度来看身与心的关系,身与心之间是一种固定的、单一的、不变的对立关系,包括身体在内的一切事物都是等待心智去认识的客体,人的主体性是一种心智的主体性。学习本质上是心智对客观事物(包括身体)的镜式反映。而如果从寓身学习角度来看,基于海德格尔、梅洛-庞蒂等人的身心一体哲学思想,以及神经生物学、寓身认知科学实验研究的证据支持,身体就是一种心智化的身体,心智也是一种身体化的心智。寓身学习就是身心不分、身心一体参与的活动。

第二节　寓身学习的目的观

在本章第一节中,我们论述了哲学思想以及科学证据都支持人的身心是一体的,人是一个身心浑然不分的整体。寓身学习强调的学习原点便是,学生是一个身心一体的生命整体,学习是一个身心一体参与的过程。寓身学习所强调的学习目的,就是需要紧紧围绕着学生生命整体,以及学习的身心一体参与本质来展开,从而促进学生成为完整的人。

一、学习的目的:为己与为人

学习目的不外乎两个:一是为己的学习,二是为人的学习。为己的学习,是指为了自我的不断发展、自我的不断完善,以及自我人生价值实现而进行的学习。而为人的学习,是指为了一些外在的目的而进行的学习,如为了父母的期望、为了谋生、为了考试成绩等。

在中国传统儒家文化中,就强调一种"为己之学"。正如荀子曾言:君子之

---

① 叶浩生.认知与身体:理论心理学的视角[J].心理学报,2013,45(4):481-488.

学也,以美其身。① 因此,学习之为己目的,是君子所为。为己之目的,就是修身、美其身,也就是不断地自我完善与发展。为己之学,包含了两个方面:一是"成己",就是从事"仁"的修炼,属于"内在超越"的部分,是"体";二是"成物",就是从事"知"的学习,属于"外在超越"的部分,是"用"。② 因此,为己的学习目的,其实是一个整体,融合了道德的、认知的、践行的成分。

相比之下,为人的学习,其目的就比较局限和狭隘了,往往局限于认知。并且这种认知又异化成了考试、成绩、升学等,以此获取地位、名利、荣誉等。正如荀子所言:小人之学也,以为禽犊。③ 为人的学习目的,在中国古代社会中极为常见。所以,书中车马多如簇,书中有千钟粟,有黄金屋,还有颜如玉,成了中国古代众多读书人所推崇的信条。为了这些目的,古代读书人头悬梁、锥刺股,死记硬背四书五经。

同样,在西方文化中,也存在着为人的学习目的,学习的目的仅仅是获得认知的发展。自古希腊柏拉图开始,就将身与心进行了二元划分,并且将心智区分为认知、情感、意志。柏拉图认为,理想的社会存在着三个等级,每个等级都有相应的灵魂。国王、贵族具有理性(认知)的灵魂,武士有意志的灵魂,平民有欲望(情感)的灵魂。正如柏拉图所说的,国王被注入的是黄金,军人被注入的是白银,农民以及其他技工被注入的是铜和铁。因此,每个人的灵魂都是有质的差异或者说高低贵贱之分的。理想的社会是"理性的灵魂"通过"意志的灵魂"控制"欲望的灵魂"。由此可见,在"扬心抑身"的传统中,"认知"作为"心"中最重要的一部分被突出,在所有的等级中处于最高级,成为学习最重要的目的。至于情感、意志,以及身体,只是认知发展的服务工具而已。

而如今在一个精致的利己主义时代中,学业成绩考试评价制度盛行,在它的指引之下,学生学习的目的往往局限于为人的目的——认知,并且认知通常异化为考试成绩。这种为人的学习目的,使得学生所拥有的生活体验、丰富情感都悄然隐匿,也使得学生生动活泼的生命简化成了一场"心智的体操训练"或一台"考试机器"。

---

① 荀子·劝学.
② 陈田启.学习的目的——"为己"还是"为人"? [J].博览群书,2008(5).
③ 荀子·劝学.

二、寓身学习的目的观：成为完人

"学习目的简化为认知的发展，甚至异化为考试成绩，放弃认知以外的其他要素的发展"，这在寓身学习看来，是与学生作为一个完整的生命整体背道而驰的。因此，寓身学习基于对人的完整性的体认，而确立了它对于学习目的的基本认识。针对将人确立为"心智的存在"，并且将学习目的视为促进学生理性的发展这一观点，许多哲学思想家都首先从"人作为身体而存在"来进行反驳。如前所述，梅洛-庞蒂用"寓身化的主体"来表示人作为一个融合了物质与意识、身体与心灵、感性与理性的诗意的、朦胧的格式塔意义整体。人就是从一个整体的现象身体出发，整体地去理解这个世界，而不是首先将人的思维或者理性分离出来去理解和解释世界。我们参与这个世界并不仅仅限于认知领域，我们需要认识到我们在世界中的兴趣绝大部分是情感的、审美的、实践的、想象的。[1]梅洛-庞蒂曾经列举"桌子"的例子来说明这一观点。例如，一张桌子是妻子送给"我"的礼物，那么桌子就不仅仅是桌子了，因为"我"与妻子的感情，桌子就包含了情感上的含义；同样的一张桌子还有实用的意义，因为它可以用来读书与工作；还有审美的意义，因为它在设计上是有意义的。所以，在"我"科学地、理性地分析桌子的材料、颜色时，桌子已经被"我"赋予了这么多意义。

实际上，梅洛-庞蒂的思想与中国儒学传统中的思想如出一辙。我们通过对中国儒家传统文化中寓身学习思想的梳理，了解到身心一体的传统儒家智慧。在身心一体的指引下，教育、学习就是一个融合了认知、道德、身体等各个要素的事件。所以，在中国传统儒家文化中，学习是成己，也是成物；是知的学习，也是仁的践行。我们将目光放到现在，现代科学技术的发展，如耗散结构理论、量子力学、生态科学等促进了整体主义的发展。整体主义对于人有一个基本的认识：生命中诸如美好、幸福、同情、爱，以及个人的整体性等诸多至高无上的价值需要得到承认。尽管这些不能通过量化的标准加以测量，但是仍需要对它们保持尊重。[2]

---

[1]　Stolz S A. Embodied Learning[J]. Educational Philosophy and Theory，2015，47(5)：474-487.

[2]　Miller R. New Directions in Education[M]. Brandon：Holistic Education Press，1991：2.

其实,在梅洛-庞蒂的身体现象学和整体主义的发展之前,马克思就已经强调过人是一个自然、社会、精神的统一体,并且强调人需要获得智力和体力的全面发展。但是马克思主义哲学将身体视为意识的物质基础,并认为人性的惬意与满足是身体的满足之外最高和最后的要求。他们关于人性的理想假设是人的精神的自洽、内心的丰富,对人的意识形态进行改造是推动历史变革与发展的最重要环节。因此,马克思主义哲学虽然强调了人的全面发展,但是"身体并没有获得其自主性,它只是一个必需的基础,是一个吃饭的经济学工具"。[①]

除了马克思对人的全面发展有所论述之外,教育领域在对人之整体性的体认基础之上,也开始呼吁尊重整体的学生,促进学生获得整体的发展。例如,日本著名的教育家小原国芳在论述"完人"的教育时指出,教育的核心与最终目的是培养具有健全人格的"完人"。学习者只有在真(即科学)、善(即道德)、美(即艺术)、圣(即宗教)、健(即身体)、富(即生活)六个方面达到和谐的发展,才是一个"完整的人"。因此,在小原国芳看来,真、善、美、圣、健、富是完人的六个基本要素。又如,著名的整体教育专家罗恩·米勒也曾经对儿童的整体性进行过细致的描述,并且在访谈六十多位教育家后,也得出了完整的儿童所包含的几个本质要素。[②]

(1)智力。包括学习和记忆相关信息的能力,创造性地、批判性地思考的能力,比较、分析、发现、解决问题的能力。

(2)情感或情绪。包括学生所关切的事物,打动他们、吸引他们、显示存在的机会或冲突的事物。

(3)体质。包括身体的健康、营养、强壮,身体对外伤、精神紧张等压力的承受能力,以及身体通过手工制作或舞蹈等表达无法言说的默会性知识的能力。

(4)交际。每个人都处在一定的社会背景之中,语言、情感等都是人在与他人的交互作用中形成的。

(5)审美。艺术,包括绘画、舞蹈、表演等都在教育中具有中心地位,想象力、创造力等也都受到尊重和鼓励。

(6)灵性。即每个人都存在一个"永恒和神秘的部分",是一个存在于体质、

---

① 汪民安,陈永国.身体转向[J].外国文学,2004(1).

② 安桂清.整体课程论[M].上海:华东师范大学出版社,2007:120.

交际、其他人格来源之外的内核。用传统的宗教术语来说即是内在的神圣,或者用传统的宗教术语来说叫"更高层次的自我"。

罗恩·米勒所说的"整体的人"所具备的要素与小原国芳所说的"完人"所具备的要素大体上一致。这些要素包含了传统教育所忽视的情感、审美、关系等,而这些被忽视的要素对于学生成长为完整的人意义重大。不过,在小原国芳对完人要素的界定中,真善美圣是绝对价值,健与富是一种手段价值。这种观点似乎又将身体当作了通往真善美圣的手段,无疑忽视了身体的自主性,并且将身体的内涵与作用大大窄化了。寓身学习并不将身体仅仅视作生理意义上的身体,也不将身体视作其他方面发展的手段,相反,寓身学习把身体视为获得有教育作用的经验之积极主动的参与者和生产者。除了身体以及传统学习所关注的心智和认知发展以外,寓身学习基于对人的整体性的认识,更关注传统学习所忽视的情绪、审美、交往、高峰体验等要素。寓身学习所强调的这几个方面,具体阐述如下。

(1)情绪。寓身学习认为,情绪是学习过程的一个重要组成部分。情绪为了解每一个体的整体性情、取向、态度等提供了一个切入点。情绪能够不断地深化,最终凝固成人的性格;性格又通过身体来表达。传统学习理论忽视了身体,也忽视了通过身体而表达的情绪。正如澳大利亚教育学家 Marjorie O' Laughlin 所言:主要的教育政策以及课程话语,仍然认为存在独立的理性、认知。理性或认知在学习者心智内部独立地运作从而影响知识的获得。但实际上,教师和教育工作者已经意识到,学生学习如果没有情绪的参与就不会发生。这种参与无疑是寓身的……人们通过情绪的参与、通过体验别人的情绪表达而影响彼此。随着我们体验这些情绪,我们肯定了我们在时空中的存在。但是这些情绪当然既不存在于我们的心智中,也不存在于我们的身体中,情绪存在于我们实际地、寓身性地参与世界的过程中。[①] 因此,被忽视的情绪是学习中不可或缺的一部分。情绪能够体现学生的学习动机与学习态度,同时,情绪也有助于构建学习共同体。在学习过程中,学生情绪冲动自然原始地出现在学生身上,学生通过身体来与同伴、教师交流和表达自己的情绪,这有助于学生之间情

---

① Marjorie O' Laughlin. Paying Attention to Bodies in Education: Theoretical Resources and Practical Suggestions[J]. Educational Philosophy and Theory, 1998, 30(3):275-297.

感的拉近与学习共同体的建设。

（2）审美。艺术与审美对于学习者来说是至关重要的，因为人文主义能够激发想象力，提升对美的鉴赏力，提升人行动的动机。人文学科，包括音乐、绘画、雕塑、诗歌等，是人类表达自身体验与内在渴望的最高形式。[①] 寓身学习认为，艺术、审美体验都是人类学习的重要组成部分。而艺术、审美都是植根于身体，并且深刻地受到身体条件影响的。可以说，身体是"感觉审美欣赏以及创造性的自我塑造场所"[②]。审美和艺术体验对于"成为完人"的作用主要体现在以下几个方面：①审美和艺术将学生活生生的动态经验纳入学习过程中。艺术创作、审美活动是学生表达自身体验的形式，是学生在日常生活体验基础之上进行的建构。因此，审美、艺术使学生有机会将自己活生生的体验得以揭示和应用。②审美和艺术使得身体成为探究过程的核心，并使得身体成为认知的方式。[③] 在艺术和审美体验中，学生最重要的不是去接受知识，而是去触摸、去行动、去体验、去表达。因此，艺术、审美是探索寓身学习意味着什么的一个重要领域。例如，在音乐状态中的身体是一个与感官材料紧密联系的身体，音乐的声音紧紧地握住身体，为身体提供了独特的移动、定位、存在的方式。[④]③艺术、审美能够产生情感情绪，传达情感情绪。杜威认为，艺术家在艺术创作活动中，并不是传达一种先在的情感或者已经产生的情感，相反，艺术家创作艺术的过程就是情绪情感的产生过程。在杜威看来，词语并不是唯一能够表现思维和意义的媒介，绘画和音乐由于直接可见、直接可听的特质而能够表达、传递情感情绪。通过艺术作品，我们与他人进行着互动交流，进行着情感的共鸣。艺术、审美对于学生学习的作用也是同样的道理。一方面，学生在艺术创作、审美活动中生成着自身的情感。另一方面，学生借助于艺术作品、审美活动与同伴、教师进行着互动与交流，分享与传递着情感情绪。概而总之，审美和艺术使得学生的身体经验得以揭示和运用，也使学生身体在学习过程中有了充分的参

---

① 　Kliebard H M. Forging the American Curriculum: Essays in Curriculum History and Theory[M]. Boston: Rutledge and Kegan Paul,1992:3.

② 　舒斯特曼.实用主义美学[M].彭锋,译.北京:商务印书馆,2002:354.

③ 　Bresler L. Knowing Bodies, Moving Minds-Towards embodied teaching and learning[M]. Dordrecht/Boston/London:Kluwer Academic Publishers,2004:9.

④ 　Bresler L. Knowing Bodies, Moving Minds-Towards embodied teaching and learning[M]. Dordrecht/Boston/London:Kluwer Academic Publishers,2004:44.

与,并充分发展了建立在身体基础之上的学生情感情绪。

(3)交际或关系。传统学习理论倾向于将学习过程视为个体理智和思维上的训练。而 20 世纪 70 年代以来出现的新自由主义思潮将学校教育置于市场竞争之中,使得学生个体之间的竞争更加激烈,因而学生之间呈现出一种理智、心智上的竞争关系,学生与教师之间呈现出一种理性知识接受与灌输的关系。而寓身思想认为,人通过身体在与他者、世界进行着互动与交流。也就是说,人是一种基于身体的关系性存在。因此,强调学生个体之间竞争、对立关系的传统学习论,从根本上背离了人的本质存在。在寓身学习者看来,学习过程中的交际、关系的建立,在"成为完人"中发挥着关键作用。①学生在与他者的互动关系中才能拓展自身的能力。寓身学习认为,学生生活在不同的社会文化背景下,具有不同的感悟体验,只有互动与交流才能拥有从他人视角进行自我评价、反思自我、自我改进的机会。同时,自身所拥有的主动性和创造性也能够影响他者的行为与态度。可以说,学生与他者的互动交流,是对人的本质——基于身体的关系性存在的恢复。②参与任何集体都需要对标准、规则、价值观等知识的理解,也需要交流的技巧。① 在学习过程中,学生与他者之间进行着实际的互动交流,依托主题和情境的对话,能够使学生对标准、规则、价值观的理解更加情境化、个体化,这对于学生践行道德、规则、标准具有重要的作用,因为没有交流和互动关系的道德说教、规则灌输很容易让学生产生知行不一。

(4)高峰体验。高峰体验可以对应于罗恩·米勒所说的灵性。东方思想的一个重要特征是,认为身心之间的关系可以通过修行等方式发生变化。身心之间关系的极致和最高境界是"身心融合"的状态,这种状态表现为心身之间的二元区别被消除了,心不再作为一个主体,身不再作为一个客体——肉身摆脱了作为显现于心灵活动的内在客体的"负荷"。② 例如,在艺术的最高境界即"无心"或"成熟"阶段,表演者已经忘记了自己是在表演,他(她)已与舞台、他(她)人融为一体,达到了一种"任其自然"的状态。人本主义心理学家马斯洛将这种身心浑然一体的状态称为"高峰体验"。它"可能是瞬间产生的、压倒一切的敬畏情绪,也可能是转眼即逝的极度强烈的幸福感,或甚至是欣喜若狂、如醉如

---

① Hendrick J, Weissman P. The Whole Child: Developmental Education for the Early Years[M]. Upper Saddle River: Merrill, 2010: 223.

② 汤浅泰雄. 灵肉探微——神秘的东方身心观[M]. 马超,译. 北京:中国友谊出版公司,1990:12.

痴、欢乐至极的感觉"①。高峰体验并不是源自神秘的、难以捉摸的外界秘密，而是存在于人的日常生活之中，如亲密和关爱的关系中，与大自然的交融中，对艺术作品的审美感受中，创造过程产生的灵感和激情中。马斯洛同时也认为，高峰体验是健康的人、完整的人、自我实现者的特征。高峰体验的心理状态包括"存在爱"和"存在认知"，存在爱是一种人与人之间相互独立而彼此关爱、人欣赏事物的态度；存在认知是一种独特的个体的认知，也是一种直接的和具体的认知，是一种整体的认知。② 高峰体验是人身心关系达到极致融合的一个状态，寓身学习因而也强调和关注学生在学习过程中的高峰体验，如学生在问题解决过程中产生的"豁然开朗"之感；学生在学习过程中体验到的快乐感与陶醉感；学生在与同伴、教师互动交流中产生的亲密感和信任感等。

　　寓身学习强调学习者成为一个完整的人，指向学生不断地自我完善与发展。这对于学生个体来说，是对学生作为一个整体人而存在的基本尊重。因为学生作为一个人，他不仅仅是作为一个生物实体而存在的，也是作为意义—价值而存在的。正如高清海教授所言，人有两重性的存在，分别是实体存在和意义—价值存在。③ 学生学习不只是为了好成绩，从而在残酷的考试竞争中脱颖而出，这只是生物学意义上"优胜劣汰"的生存需要。学生学习更多的是，需要思考关于世界以及自身存在的意义问题。寓身学习强调学生成为完整的人，强调不为了外在功利目的的学习目的，这是对学生作为意义—价值存在的尊重。

　　寓身学习强调学生成为完人的学习目的，对于社会的进步与民主化进程也同样具有重要作用。如前所述，在强调心智学习、思维训练的社会中，人们将从事脑力劳动与体力劳动的人区分开来，强调人们按照自己所具有的"天赋理性"各司其职——天赋理性程度高的人享有管理的权力以及闲暇的机会，而天赋理性程度低的人只能接受管理并从事所谓卑微的身体劳动。因此形成了"大人治天下，小人事百工"，"劳心者治人，劳力者治于人"的社会分工。这种等级化的劳动分工，反过来又深刻地影响了教育，使教育培养出来的人出现了一种扭曲的形态：学生有知识（指书本知识）而无劳动能力（正是人们常说的"百无一用是书生"）；或者成为一种有劳动能力而无知识（指书本知识）的人（正是人们常说

---

① 马斯洛.人的潜能与价值[M].林方,译.北京:华夏出版社,1987:366.
② 张华.体验课程论——一种整体主义的课程观(下)[J].教育理论与实践,1999(12).
③ 秦光涛.意义世界[M].长春:吉林教育出版社,1998:序.

的"头脑简单而四肢发达")。教育所培养出来的这些片面发展的人又进一步强化和固化了社会的等级性。人们坚信"书中有黄金屋和颜如玉",坚信"学而优则仕",因而争相做"有知识的人(劳心者)",从而将权力牢牢掌握在自己的手中,以便使那些从事身体劳动的人顺从于自己的意志。寓身思想旨在消解身与心的二元论对立、体力劳动和脑力劳动的对立,促进二者彼此之间的互动关系,这是社会走向民主的关键。因此,在寓身学习看来,学习的目的需要有一个转向:即从"为己"的学习目的转向"为人"的学习目的。"为人"的学习目的就应该既关注人的心智和思维的发展,又关注人的劳动与身体体验,正如杜威所说:"比较直接地以闲暇作为目标的教育,应该尽可能地间接地加强效率和爱好劳动,而以效率和爱好劳动为目的的教育,应该培养情感和智力的习惯,促进崇高的闲暇生活。"①因此,在寓身思想之下,人人都需要获得整体的发展,最终成为完人。成为完人意味着不再有身心的高低贵贱之分,也就意味着人告别了控制和压迫,学会了与他者建立一种尊重、理解的关系。寓身学习所强调的"成为完人"的学习目的,是社会走向平等、公平的重要一环。

---

① 杜威.民主主义与教育[M].王承绪,译.北京:人民教育出版社,2001:268.

第四章　寓身学习的内容观、方式观与评价观

通过上一章的论述，我们了解到，寓身学习将学习视为身心一体参与的活动，并认为学习的根本目的是促进学生成长为完人。这就决定了寓身学习所理解的学习内容、学习方式与学习评价都不同于传统学习。本章将从学习内容观、学习方式观、学习评价观入手，进一步探讨寓身学习的核心理念。

第一节　寓身学习的内容观

学习内容是根据学习本质以及学习目的来确定的。因此，寓身学习的内容相应地应该符合寓身学习对于学习本质和学习目的的理解。在寓身学习看来，身体与外界互动所形成的经验应该成为学生学习的基本内容。

一、学习的内容：直接经验与间接经验

教育史上将经验作为学生学习内容的，并不鲜见，但是由于不同的学者在哲学观、心理学观、教育学观上的差异，他们对经验内涵的理解也有很大不同。因此，经验作为学生学习内容的观点也就出现了极大的差异。在教育史上，大体上有两种基本的倾向：一是强调直接经验作为学生学习的基本内容；二是强调间接经验作为学生学习的基本内容。

强调直接经验作为学生学习内容的教育家多受到近代经验论哲学的影响。

近代经验论哲学认为,经验是外界事物通过感觉器官作用于心灵的产物,换句话说,经验是感觉器官对外界事物的感知,然后映照在心灵这块白板上的印记。知识皆起源于感觉,通过感觉器官的观察而获得对于事物的印象,并且对这些印象进行比较、分析、概括、抽象,从而获得事物的本质与规律。反过来,一切知识也都可以还原为感觉器官的印象。将直接经验作为学生学习内容的代表人物是卢梭。卢梭就很重视直接经验的教育价值,认为儿童只有通过直接的经验,才能获得对事物的真正理解。因此,爱弥儿在 12 岁以前不接受道德教育,强调在自然环境中接受感官教育,获得直接经验。

强调间接经验作为学生学习内容的观点多受到唯理论哲学的影响。唯理论的思想先驱柏拉图,二元划分了身与心,认为灵魂永远不死,并且早已洞察了世间的一切知识。当人们获得真正的知识时,其实只是回忆起了灵魂早已经知道的知识,这种知识是超越时空的、普遍的、确定的、绝对的。这种客观主义知识观导致了教育领域将间接经验作为教与学的主要内容。因为,知识既然是客观的、永恒的、普遍的,那么这些知识就可以不断地积累起来,并且主要通过教科书等文本材料传承下去。这样,人们认识就无须经过原初的认识过程,只需要接受间接经验即可。著名的教育家赫尔巴特便是强调间接经验的典型代表。他认为,儿童从很小的时候开始就已经在心灵中形成了关于人类以往经验的观念,新的观念就是在儿童原有观念基础之上形成的,赫尔巴特将这个过程称为"统觉"。虽然赫尔巴特的观念是关于人类经验的,但它主要是人类所积累的以往经验,仍然脱离了学习者当下生活的外部世界以及人的生理基础,因而是间接经验。间接经验在学习内容中的重要价值,无人可以否认。因为学生可以接受学校教育的时间有限,而已经规划、设计、组织好的间接经验学习,是一条可以"缩短认识时间和过程的有效路径"。但是现代以来,学校教育对于间接经验的重视,将直接经验在学校课程与教学中的比重压到了最低。

单将直接经验或者间接经验作为学习的内容,都有各自的不足与缺陷。就直接经验作为学习内容来说,由于强调知识的获得完全依赖于感觉器官的感觉印象,经验主义演变成了一种感觉主义,由此而强调对于实物的直接依赖性,因此,才会出现被尊奉为"金科玉律"的"直观性教学原则"。这种感觉主义的直接经验,一方面,将知识和感觉印象等同起来,夸大物质刺激的作用,造成了教与学降格为感觉器官的体操训练。另一方面,将直接经验作为知识的最高目标具有很大程度的狭隘性，于思维发展无益。而就间接经验作为学习内容来说，一方面，间接经验代表的是成人、学科专家的逻辑，而不是代表学生活生生的经验世界。学习内容过于注重间接经验，使得学生学习变得枯燥、乏味。另一方面，波兰尼提出的默会性知识表明，许多重要的知识都是无法通过言语和文字来表达和传递的，而是需要用身体来表达、感知、体验、实践的。因此，学习内容过于注重间接经验，就忽视了极其重要的、需要体验和实践的直接经验。

二、寓身学习的内容观：身体与环境互动形成的经验

寓身认知视角包含了多种理论，但是却都建立在同一个观点上：人类认知都是植根于人类身体与环境的相互作用之中的。[①] 从身体与环境相互作用的角度来看待学习内容，那么学习内容既不是先验的、所谓客观存在的知识，也不是外界环境印刻在感觉器官上的感觉印象，而是身体与环境互动所形成的经验。

寓身学习强调身体与外界的互动，这主要是受到皮亚杰发生认识论以及维果茨基社会活动理论的启发。在皮亚杰看来，儿童的认知图式的形成是儿童感觉运动系统作用于世界的结果。[②] 他认为，儿童首先有一个由遗传获得的图式，在这个图式的基础上，儿童与环境进行着不断的相互作用，逐渐地从低级的认识发展到高级的认识。在这种相互作用过程中，一方面，主体可能会改变自身的动作从而适应外界环境的变化，即顺应；另一方面，主体可能会利用自身原有的经验，或者自身原有的认知结构或图式将新的刺激、新的环境整合进自己的认知结构中，从而建构起新知识或新经验，即同化。皮亚杰认为，儿童身体与外界环境交互作用形成的经验包括了三种：一是从物体本身中获得的经验，如儿童通过触觉、视觉、听觉等感受物体的光滑、大小、颜色、声音等；二是从主客体相互作用，以及动作与动作的协调中获得的经验，如儿童通过改变石块排列的形状得出石块数量与石块形状无关的经验；三是从人与人之间的交互作用中

---

① Barsalou L W. Grounded Cognition: Past, Present, and Future[J]. Topics in Cognitive Science, 2010,2(4):716-724；Wilson M. Six Views of Embodied Cognition[J]. Psychonomic Bulletin & Review, 2002,9(4):625-636.

② 高觉敷.西方心理学的新发展[M]. 北京：人民教育出版社,1986:94-124.

获得的社会性经验,如从语言、教育、学习中获得的经验。寓身认知学者基于皮亚杰对身体与环境交互作用的强调,提出了一个动力学耦合机制,即"人的自然认知系统是某些类型的动力系统,大脑、身体和世界作为人质系统的成分,一起连续演化,并同时相互作用"①。维果茨基的社会文化活动理论强调了身体与社会环境的互动。他认为心理以及认知的发展,应当"从历史的观点,而不是抽象的观点,不是在社会环境之外,而是在同它们的作用的不可分割的联系中加以理解"②。因此,皮亚杰与维果茨基有一个共同点,即他们都强调"认知是主体和环境相互作用基础上的进化和历史的建构,高级水平的思维活动是人类最初身体活动(感知运动)的内化"③。

建立在皮亚杰和维果茨基强调主体和环境相互作用的基础上,寓身学习强调身体与环境互动所形成的"经验"作为学习的内容。而这种经验与古希腊哲学时期的经验观、近代唯理论、经验论哲学中的经验观都有很大不同。寓身学习所强调的这种经验至少包含了以下几个特征。

第一,经验包含了理智的和思维的内涵。古希腊的哲学家以及近代唯理论哲学,都将经验视为与具体的实践或行动相关的,因而是杂乱的、变化的、不可靠的。而寓身学习所强调的身体与外界环境互动所形成的经验,具有实验的、理性的一面。为了使未来的洞见更加准确和全面,实验在目的的指引下,以及措施和方法的保证之下,建立在了反省思维的基础上,因此,实验变成了理性的。这即是杜威所说的"经验即实验"。

第二,经验是交互作用的结果。寓身学习所强调的经验不是近代经验论哲学所认为的,是一种事物通过感觉器官印刻在脑中的东西。经验是人主动地作用于环境,环境反作用于人两个方面的联合。即杜威所说的"主动的尝试"与"被动的承受结果"两者之间的统一。

第三,经验升华为体验,最终促使人获得生命的解放。由于杜威所强调的经验仍然包含了对人的控制,人的尊严、个性等消失在了动态的相互作用中,因而人并未获得最终的解放。寓身学习所说的经验,继承了梅洛-庞蒂的经验内涵:作为一个经验,就是与世界、身体、他人所进行内在的交流,它不是与这些并

---

① 刘丽红.皮亚杰发生认识论中的具身认知思想[J].科学技术哲学研究,2014(2).
② 维果茨基.思维与语言[M].李维,译.北京:北京大学出版社,2010:2.
③ 李恒威,肖家燕.认知的具身观[J].自然辩证法通讯,2006(1).

存,而是与它们共存。① 这里的经验已经升华为一种比经验更加深刻、更具有活力的"体验",这种体验是"与艺术和审美相关的,是与存在本身息息相通的,是更为深层、更具活力的生命领悟、存在状态,它最终告别感性个体境遇而回归到内在敞开之域"②,使人最终获得生命的解放。

寓身学习强调身体与环境互动所形成的经验作为学生的学习内容。而身体与环境互动所形成的经验主要包括三个方面:身体与自然互动所形成的经验;身体与社会互动所形成的经验;身体与自我互动所形成的经验。

第一,身体与自然互动所形成的经验。身体与自然互动所形成的经验主要包括了以下几个方面的内容:①身体与自然直接互动所形成的直接知识。学生身体进入自然之中,充分地依靠自身的知觉系统,获得关于自然的直接知识。这样的直接经验作为学生学习的内容,能够使学生获得更全面的知识。"书本资料""网络资料"等过于专门化的间接经验对自然可能存在一些片面化或单一化的理解。但是学生在与自然的直接接触中,可以对自然有全面的和整体的理解,不会因为接受一些片段化的间接资料而陷入盲人摸象的尴尬境遇。例如,学生通过直接观察,发现蜂类有两对翅膀,而蝇类有一对翅膀。这种直接的观察与发现,很多是书本知识不曾告诉学生的。②身体与自然互动所形成的自然意识。学生身体进入自然之中,除了能够获得关于自然的科学化的、理性化的知识,还能够在与自然的直接接触中获得探究发现自然时的快乐、对自然的美的感受、对自然的象征意义的体会、对人与自然关系的伦理性的思考。正如有学者指出,身体与环境互动有助于"每一个学习者不断形成对自然的探究欲望、依恋情感、伦理精神、审美体验等自然意识"③。③身体与自然互动所形成的保护自然的实践行动。学生身体在与自然的直接接触中,才能体会人与自然之间的紧密关系。例如,一个学生在年幼时候看到鸭子被杀,对年幼的她产生了巨大的视觉冲击与震撼,这促使她走上了保护动物的道路。因此,我们可以看出,是她亲身经历的鸭子被杀的场景,是身体所获得的知识,而不是书本上的知识让她走上了保护动物的道路。可以说,身体与自然之间的互动,能够使学生产生更加直接的体会,进而使学生身体力行,以实际的行动来保护自然,处理自身

---

①　鹫田清一.梅洛-庞蒂:认识论的割断[M].刘绩生,译.石家庄:河北教育出版社,2001:65.

②　李政涛.教育生活中的表演——人类行为表演性的教育学考察[D].上海:华东师范大学,2003:222.

③　张华.经验课程论[M].上海:上海教育出版社,2000:264.

与环境之间的关系。

第二,身体与社会互动所形成的经验。寓身思想认为,人是一种基于身体的关系性存在,正如 Johnson 所说:人通过以身体为基础的主体间性来认识这个世界。我们通过身体的表现、身体的姿态,通过模仿、互动,与他人分享我们的存在,这正是意义产生的源泉。[①] 因此,在寓身学习看来,学生通过身体与社会互动所形成的经验,是学习内容的重要组成部分。通过身体与社会互动所形成的经验,包括了以下基本内容:①通过身体与社会互动所形成的技能和技艺。杜威所说的"主动作业",复演社会生活中的活动或者与之平行类似的活动,将社会生活中的典型职业,如烹饪、木工、缝纫等进行概括和提炼,放置到学校课程体系中。学校课程内容的如此设置,使得学生接触到了社会生活的真实一面。学生通过主动作业发展起关于生活的具体技能,而不是形成了抽象的、符号化的、无法应用的间接知识。②通过身体与社会互动所形成的情感。情感是"真正属于个体的,它是内在的、独特的,是人类真实意向的表达。从这个意义上说,人的本质正是其情感的质量及其表达"[②]。学生与学生之间、学生与教师之间,只有在身体的互动和交流中,才能产生情感。秧田式的座位结构,使学生的身体彼此割裂开来,这就很难产生深厚的情感。相反,一种去结构化的、松散的活动形式,却让学生彼此更加接近,更容易产生友谊。在身体与社会及他人的互动中所产生的情感,如尊重、关爱、同情、理解等彰显了生活的意义与人的价值。这些情感正是学习的基本内容。③通过身体与社会互动所形成的合作意识与合作能力。个人与社会、他人的互动能否有效和成功,其中一个重要的要素是合作意识与合作能力。学生与社会、他人互动的过程中,逐渐抛弃自己原有的成见,倾听他人的观点,用身体活动去模仿同伴、教师的行为、学习方式等,进而调节自身的身体活动适应集体、他人的要求。这是个体与个体、个体与集体相互适应、相互调适的过程。在这个过程中所产生的合作意识、合作能力,是学习内容的一个重要来源。④通过身体与社会互动所形成的默会性知识。波兰尼提出的默会认识论,让我们意识到学习过程中存在一种不可言说与表达的默会性知识。这种默会性知识在学生的学习中同样发挥着重要的作用,并且

---

① Johnson M. The Meaning of the Body: Aesthetics of Human Understanding[M]. Chicago & London: The University of Chicago Press, 2007: 51.

② 朱小蔓. 教育的问题与挑战——思想的回应[M]. 南京: 南京师范大学出版社, 2000: 172.

它的产生存在于身体与社会、他人的互动中。在学生与社会、他人的互动中,学生可以透过别人的眼神、神态、肢体动作、话语方式等理解和体会其中所体现出来的默会知识。这种知识可能无法书面化、符号化,但它却是学习内容的一个重要组成部分。

第三,自我经验。身体是人存在于世的载体,通过身体,学生与自然、社会进行着交互作用。与此同时,也正是通过身体,学生才能理解自我、体验自我、表达自我。Goffman 曾经对身体如何表达自我做过一些阐释。他认为,身体的外表、行为、动作都是自我的"代言人",任何身体的细节都参与进了表达自我之中。[①] 梅洛-庞蒂认为,学生能够区分自我与他人,是因为对自己的身体与别人的身体进行了区分。他说:"我逐渐地意识到了自己身体的存在,逐渐明白了自己的身体与别人的身体的不同之处,同时,我开始觉得自己会根据别人的表情来调整自己的意向和行为,并且同样也希望别人能够根据我的表情和手势来调整他们的意向。"[②]因此,我们可以说,身体之间的差异造就了人的存在体验的差异。这种存在体验的独特性,正促使学生创造着属于自己的个人知识或者自我知识。这些个人知识或者自我知识,包括了个人生活史、个人的生活体验、个人的情感流露等。它在学生成为完整人的过程中发挥的作用,不亚于间接知识、学科知识的作用。因为,间接知识、学科知识只有在与学生个人的体验、体悟结合起来的时候,才能被学生所认同,也才能对学生产生更加深刻和久远的影响。因此,自我的经验也是学习内容的重要组成部分。派纳等人强调用自传的方式来探索学生的生活史,并以此把握与学校知识、意义之间的关系,即肯定了自我的经验、个人的经验作为学生的学习内容。

寓身学习将身体与环境互动所形成的经验作为学生学习的内容,表明了寓身学习内容的两个关键特征:情境性和动态生成性。具体来说,①情境性。寓身学习并不是将脱离了情境的、普遍的、客观的间接经验作为学生学习的内容,而是强调学生身体与实时环境之间互动形成的知识。这种知识是在具体的情境之中产生的,并且是在具体的情境中理解和应用的。②动态生成性。因为环境是变动不居的,学生也是不断变化和发展的个体,因此,学生身体与环境互动

①　Shilling C. The Body and Social Theory [M]. London: Sage, 1993:82-83.

②　Merleau-Ponty M. The Primacy of Perception, and other Essays on Phenomenological Psychology, The philosophy of Art, History and Politics[M]. Evanston ILL: Northweatern University Press,1964:119.

的过程中形成的学习内容,也是在不断地更新与生成的。

第二节　寓身学习的方式观

方式受到特定价值观、特定目的与特定内容的制约。寓身学习对学习本质、学习目的、学习内容的理解,决定了寓身学习会强调一种不同于传统的学习方式。在皮亚杰、维果茨基等人的思想基础上,寓身学习强调以身体建构作为最重要的学习方式。

一、学习的方式:接受与建构

不论是古希腊的先哲,还是唯理论者,又或是经验论者,都试图追寻和论证知识具有普遍性与确定性。古希腊先哲和唯理论者认为知识或者经验科学必须具有数学那样的确定性和可靠性;经验论者"要求未来的语句必定具有关于过去的语句所具有的那一种可靠性"[1]。而在教育实践中,大工业时代为了追求教与学的效率而出现了班级授课制。在班级授课过程中,学校教育为了传授大量的已有的确定性知识,而采用一种灌输式的教育方式,相应地,学生通常像容器一样被动地接受确定性的知识。正如索耶(R. K. Sawyer)所说,我们的学校教育有一些基本的假设:"知识是有关事实和如何解决问题的程序的集合;学校教育就是将这些事实和程序装进学生的头脑;教师知道这些事实和程序,他们的工作就是将它们传输给学生……"[2]灌输的教学方式,被动接受的学习方式,对于工业化时期培养工人有一定的作用。但是这种教与学的方式遭到了许多诟病,例如,忽视学生的主动性、自主性和创造性;使师生之间的关系变成了主体与客体、控制与被控制的关系;它不关注学生的生存状态,也不关注学生的现实发展需求,因而教与学的过程缺少了德性。

①　赖欣巴哈.科学哲学的兴起[M].伯尼,译.北京:商务印书馆,2007:76.
②　高文.学习科学的关键词[M].上海:华东师范大学出版社,2008:6-7.

有关传统学习方式因为无法顾及学生的体验、个体性、德性等而遭到越来越多的批判。随着哲学思想领域，以及学习科学领域思想的发展，人们越来越相信学习的方式不是被动地接受，而是学生的主动建构。建构的学习方式，反对客观主义知识观将知识视为客观的和确定的存在，认为知识并不能以实体的形式客观存在于个体之外，虽然语言等其他符号赋予了知识外在形式，甚至有些知识得到了一些普遍性的理解。但是建构的学习方式认为，一切知识都是学习者从自身原有的经验出发主动建构的，是"学习者通过自身的主体性知识建构的活动"①。因此，学习的过程不是学习者对存在于自身之外的确定和客观知识的发现（finding），而是基于自身经验的建构（making）。建构的学习方式，体现出对于学生主体性、个体性，以及体验的尊重。具体来说，首先，建构的学习方式尊重了学生的主体性。它并不是将学生视为被动地接受知识的容器，而是将学生视为一个积极的和主动的知识建构者。学生在学习过程中，依据自身原有的知识经验，能动地与自身周围的环境进行着交互作用，从而形成和建构起知识。其次，建构的学习方式尊重了学生的个体性。它并不是将知识视为客观的、与个人无关的，而是包含了学习者的个人参与。正如波兰尼所说：所有的知识都依赖于个人的整合、判断和承诺行为，而这些行为指向的是真理以及我们所知东西的正确性。② 因此，在学习或者识知（knowing）过程中，都蕴含了学习者时时刻刻、无处不在、充满热情的个人参与。建构的学习方式无疑是对学习者个体性的极大尊重。最后，建构的学习方式尊重了学生在学习过程中的体验。知识的建构学说，并不是将学习过程或者识知过程视为学习者的心灵被动接受的过程，而是更加注重学生在知识建构过程中所产生的审美的、情感的、体验的等层面的要素，它认为这些要素决定了学生对于知识的理解。

二、寓身学习的方式观：身体建构

在"学习或者识知的方式是建构"这一基本观点基础上，寓身学习认为，学

---

① 钟启泉.知识建构与教学创新——社会建构主义知识论及其启示[J].全球教育展望,2006(8).

② 波兰尼.社会、经济和哲学——波兰尼文选[M].彭锋,译.北京:商务印书馆,2006:240.

习方式是身体建构。[1]

皮亚杰就从心理发生角度出发探讨了知识形成的过程,从而确立了知识是通过活动建构起来的。他认为,任何关于知识发展的研究都需要追根溯源,如果只是局限于传统论述就会产生二元对立的观点:一种是如经验主义所断定的那样认为主体完全由外界环境所影响;另一种是如先验主义所断定的那样认为主体生来就拥有一些内生结构,能够作用于客体。皮亚杰认为,从心理学发生的角度分析来看,一方面,知识既不是起源于自我意识的主体,也不是起源于客体(从主体角度看是客体)对主体的刺激。知识起源于两者之间所发生的交互作用,但是由于两者不是分化的状态,所以知识同时包含了两者。交互作用并不是说两个完全不同或两个割裂事物之间的交互作用。另一方面,如果在最开始既不存在认识论意义上的主体,也不存在设想的客体,也不存在恒定的中介物,那么知识的初始问题就是这种中介物的建构:它们从身体与外部物体的接触开始,沿着外部和内部两个互补的方向发展。任何的主体和客体的细分正是建立在这种双重逐步的建构上。[2] 事实上,并不是知觉最初发挥了中介作用,而是具有更大可塑性的行动本身发挥了中介作用。知觉确实发挥了重要作用,但是感知在一定程度上依赖于整体行动,与生俱来的或者原始的知觉机制只是在客体建构的特定水平上才形成了。一般意义上每个知觉给予与行动相关的知觉要素以意义,所以,从行动我们就需要开始。[3] 因此,皮亚杰找到了知识建构的方式,即人的行动(活动)。

而维果茨基则开始强调学习者通过与他人的互动进行知识的建构,认知或者学习的方式就是这种互动。他提出了人的心理发展的两条规律:①人所特有的被中介的心理机能(也就是高级心理机能),不是从内部自发产生的,它们只能产生于人们的协同活动以及人与人的交往之中。②人所特有的新的心理过程结构最初必须在人的外部活动中形成,然后才能转移至内部,成为人的内部

---

[1]　如我们在第一章界定"寓身"概念时所说的,身体是融合了身与心、感性与灵性、自然与价值,以及意识与物质的生命整体。在此,"身体建构"中的身体,与"寓身"中的身体概念一致,它包括生物学意义上的躯体,但更是一个取消了二元划分的生命整体。

[2]　Piaget J. The Principles of Genetic Epistemology[M]. Translated from the French by Wolfe Mays. London: Routledge and K. Paul, 1972:19-20.

[3]　Piaget J. The Principles of Genetic Epistemology[M]. Translated from the French by Wolfe Mays. London, Routledge and K. Paul, 1972:20.

心理过程的结构。① 高级心理机能在儿童的发展中有两次重要的出现,首先是作为人与人之间的社会活动和集体活动,是心理间的机能;其次是作为个体活动,是儿童内部的心理机能。人的心理发展的基本机制,就是从集体的、心理间的活动形式向个体的、内部的活动形式转变的过程。

因此,皮亚杰和维果茨基都明确了知识是通过活动建构起来的。"知识通过活动建构"就确立了学习或者认知发展的身体起始性。寓身学习在皮亚杰和维果茨基思想的基础上,认为学习是"通过身体的结构、感觉—运动系统的特殊通道形成的,是被我们的身体建构出来的"。② 美国密歇根州立大学寓身认知教授 Danah Henriksen 认为,排斥或者忽视利用身体思考(或寓身性的思考),而追求抽象思维或者纯粹知识,无疑错失了人类最自然的思考方式或学习方式。他列举爱因斯坦这一案例来说明人学习与获得知识的方式是身体建构。爱因斯坦作为最著名和最富有创造力的思想家之一,指出了他自身思维中的寓身倾向。尽管身为物理学界卓越的思想家,但是爱因斯坦认为自己的纯粹数学能力发展方式与同时代之人的方式并不相同。爱因斯坦更善于进行"思想实验(thought experiment)"。他设想一些特定的场景或者将自己设想为粒子去体验这些粒子。例如,他把自己设想为光子,穿梭在光之中,然后想象自己的感受以及所见所闻。然后再将自己设想为第二道光子,进一步想象他对第一道光子的理解。正是在"作为"和"扮演"粒子的过程中,爱因斯坦产生了身体和移情性的体验。并且正是这种切身体验,而不是方程式这种纯粹数学思考,让爱因斯坦得出了相对论。③ 而福柯也曾经力图通过"肉身极限体验"挑战上帝、理性以及传统的道德观、伦理观,用自己的亲身经历和体验寻得那深藏于人类身体深处的"隐秘知识"④。其实,在人类认识的发展过程中,人首先是通过身体的体验而获得知识的。例如,我们知道什么是森林、草原或河流,因为我们已经在大自然中体验过了森林、草原与河流,而不是通过一些地图上的抽象符号。从此意义上讲,我们学到知识、达到理解,首先是通过身体的体验,然后才能理解抽

① 王光荣. 维果茨基的认知发展理论及其对教育的影响[J]. 西北师大学报(社会科学版),2004(6).

② 叶浩生. 身体与学习——具身认知及其对传统教育观的挑战[J]. 教育研究,2015(4).

③ Henriksen D, Good J, Mishra P. Embodied Thinking as a Trans-disciplinary Habit of Mind[J]. TechTrends, 2015, 59(11): 6-11.

④ 张再林. 从梅洛-庞蒂的身体现象学探现代教育理念的转变[J]. 教育理论与实践,2015(4).

象的、智力的概念。正如梅洛-庞蒂所说,感知能力支撑着所有抽象的和理智的能力。我们之所以能思考世界,是因为我们已经体验了世界,正是通过这种体验,我们才有了存在的观念。也正是通过这种体验,"理性的"和"真实的"这些词语才同时具有了意义。① 概而言之,寓身学习认为人是通过身体来学习、思考和获得知识的,学习或认识是身体建构出来的。

对于身体建构的学习方式,我们可以从两个方面来更加详细地理解其内涵。

第一,是身体的建构,而非心智的建构。寓身学习强调的"身体建构"方式,将学习发生的部位从心智转移到身体之上。传统学习认为,学习、认知的过程是心智对于外部客观实在的反映,身体并不在学习中发挥作用,或者仅仅是承载心智的载体。但是,寓身学习则扭转了这一传统认识,它强调身体是学习的重要方式。梅洛-庞蒂将身体视为知觉和学习的主体,他说:"人类总是首先以身体的方式而不是意识的方式和世界打交道,是身体首先'看到''闻到''触摸到'了世界,它是世界的第一个见证者。"② 波兰尼认为身体之"身教"能够使人理解不可言传的默会性知识,寓身认知心理学家通过实证研究证明我们通过身体在学习、感知和理解着世界。我们学习理解世界并不是通过概念和命题,而是更加基础地通过身体交互作用和情感情绪。③ 因此,寓身学习将学习方式从心智转移到一个整体的身体上来。因为,我们在多处强调,身体并非只是生物学意义上与精神/心智相对的肉体,身体还包含了社会、文化、历史、环境等因素。寓身学习所强调的"身体建构"学习方式,因此并不仅仅指身体被动的感知觉功能,更是强调身体在与环境交互作用中积极的、主动的建构作用。由此可见,身体建构的学习方式比传统心智学习方式更加具有整体性。

第二,是主体间性式的建构,而不仅仅是个体层面上的建构。寓身学习注重身体主体与环境之间的交互作用,而环境不仅包括物理环境,还包括他人、社会文化等。正如 Anderson 所指出的,互动不仅存在于身体主体与个体事物之

① Stolz S A. Embodied Learning[J]. Educational Philosophy and Theory,2015,47(5):474-487.

② 季晓峰.论梅洛-庞蒂的身体现象学对身心二元论的突破[J].东南学术,2010(2).

③ Johnson M. The Meaning of the Body:Aesthetics of Human Understanding[M]. Chicago & London:The University of Chicago Press,2007:51.

间,还存在于身体主体与具有持续影响的社会文化结构之间。① 而我们所追求的意义也正是在主体间性的建构中产生的。正如 Johnson 所说:"我们是在主体间性地获得我们对世界的理解,我们不是孤立的、自发的生物,即个体地、单独地在头脑中建构我们世界的模型。我们栖居于一个共享的世界中,我们自开始就分享着意义,虽然我们在婴儿时还未意识到这一点。换言之,我们通过身体表达、身体姿势、身体模仿、身体互动与他人建立关系,以身体为基础的主体间性是我们建立自我的重要组成部分,也是意义产生的源泉。"②

寓身学习强调的身体建构的学习方式,对于教师发展、学生成长以及师生之间关系的改善来说意义重大。

第一,寓身学习强调的身体建构的学习方式对教师发展的意义。身体建构的学习方式,打破了传统的教师形象与角色设定。传统的教师形象是掌握着权威知识的一类人,他们的角色与作用是向学生传递这些知识。但是这种传统的教师形象与角色设定,也使得教师出现了一些"固步自封"的状况以及思维的僵化,因此,教师在古时被嘲讽为"臭老九",在当代被认为是"天底下最没有创造力的人"③。但是寓身学习强调身体建构的学习方式,学生的身体经验、生活经验被纳入学习之中,自然环境、社会环境等因素也被纳入学习之中,学习由被动地接受变成了一个富有创造力、想象力的过程。在此背景之下,教师再传递一些静止的知识就无法满足学生的学习了。因此,教师同样也需要寓身学习方式,观察、利用自身的生活体验、社会阅历等不断发展自身。同时,身体经验、生活经验的独特性与差异性,也使得学生的知识有教师值得学习之处。教师在向学生学习、获得智慧启迪时,也是教师自我发现的过程。正如加拿大教育现象学教授范梅南所说:"不管是哪一种情况,孩子都可能成为我的老师。当看到孩子在通过模仿和创造来尝试新的可能性时,我也注意到了那些对我自己仍然敞开的可能性。"④因此,身体建构的教与学方式,对于教师形象的改变、社会地位

---

①　Anderson M L. Embodied Cognition: A Field Guide[J]. Artificial Intelligence,2003(149):91-130.

②　Johnson M. The Meaning of the Body: Aesthetics of Human Understanding [M]. Chicago & London:The University of Chicago Press, 2007:51.

③　笔者在与中小学教师的合作研究过程中发现,很多教师自身也时常透露出选择了教师这一职业的悔意。其中一个重要缘由,是他们自身也认为教师这一职业没有任何创造力,用他们的话来说是"反复就是教那些东西"。(而"反复教那些东西",就是表明教师也认为那些东西是一种确定的、不变的客观知识。)

④　范梅南.教学机智:教育智慧的意蕴[M].李树英,译. 北京:教育科学出版社,2001:49.

的改变有重要作用,教师本身对教师职业的认同也会有所提高。

第二,寓身学习强调的身体建构的学习方式对学生成长的意义。首先,身体建构的寓身学习方式激活了学生所具有的身体经验,促进学生积极参与学习活动。将身体建构作为寓身学习方式,就是使学生的学习充分地建立在学生已有的身体经验、生活经验基础之上,让学生感觉到学习并不是一味地记忆、接受静止的书本知识,学习不是一件远离自己的、抽象的事情。学习是与自身的生活体验密切相关的、具体的事情。强调身体建构的寓身学习方式,让学生有机会自由地表达自己的身体经验,让学生体会到学习的快乐,这为学生积极参与学习活动提供了前提性的保障。其次,身体建构的寓身学习方式能够促进学生精彩观念的诞生。精彩观念的诞生,是学生智力发展的本质。而精彩观念的诞生,是建立在每一个人独特性和差异性基础之上的。正如哈佛大学教授 Duckworth 所说:"课堂教学必须建基于每一个学生的独特性之上,而学生的独特性体现在每一个人的观念的独特性,教学的目的或价值就是帮助学生在原有观念的基础上产生新的、更精彩的观念。"[1]身体建构的寓身学习方式保护了学生身体建构的经验的独特性和丰富性,允许学生身体参与和建构经验的学习方式,创造了一种平等、尊重、欣赏的氛围。在此氛围的基础上,学生精彩观念才得以诞生。再次,身体建构的寓身学习方式能够提升学生的道德境界。一方面,强调身体建构的寓身学习方式,是从学生的身体经验、发展需要出发的,因而它从根本上来说是道德的、富有德性的。同时,身体建构的寓身学习方式,它注重人与人、人与社会、人与自然之间的互动交往,体现的是一种关系情境和理解性情境。这种关系范畴中所体现的平等、尊重、倾听、欣赏等,潜移默化学生的道德意识与道德行为,成就学生的德性增长。另一方面,身体建构的寓身学习方式为学生的道德体认与实践提供了重要路径。学生德性的养成不能仅依靠道德知识的灌输,可以说:"任何人都不能被灌输或施加条件来诚实地讲话或公正地判决,因为实施这些美德都要求一种自觉意识和自由选择的品质。"[2]身体建构的方式,因为与学生的生活体验、兴趣发展结合了起来,所以道德不再是悬在学生头上、需要仰望的教条,而是发生在实际生活情境之中、与学生生活体验紧密

---

① 达克沃斯. 精彩观念的诞生——达克沃斯教学论文集[M]. 张华,等译. 北京:高等教育出版社,2005:Ⅲ.
② 麦克莱伦. 教育哲学[M]. 宋少云,译. 北京:生活·读书·新知三联书店,1988:325.

相关、需要学生在行动中体认和践行的过程。身体建构的寓身学习方式改变了道德知识灌输，以及道德说教的方式，让学生有机会去体认和践行道德。

第三，寓身学习强调的身体建构的学习方式可以促进师生主体间性关系的形成。传统的灌输与接受的师生关系，本质上是一种控制与被控制、占有与被占有的关系。在这种师生关系中，教师越俎代庖地帮助学生做决定、拿主意，迫使或者诱使学生一步步往前走，这并不利于学生自主性、创造性的发展。但是寓身学习强调的身体建构的学习方式，将师生关系从"我—他"的主客师生关系转变为"我—你"的主体间性关系。在这种身体建构的寓身学习方式中，学生首先作为一个人，有与成人一样的尊严与独立人格，他们不应成为被成人控制的机器，而应该与成人一样受到尊重；其次，学生作为一个儿童，又有着不同于成人的独特体验，他们不应成为被忽视的对象，而应该是与成人一样有主动性和创造性的人。这意味着，教师与有着主动性、创造性、独特体验的学生之间的交往，是一种主体与主体之间的相互启迪与共同成长。

第三节　寓身学习的评价观

学习评价是以学习目的为依据，并且以学习目的的实现为最终旨趣，通过一定的方法和途径对学习计划、活动和结果等相关问题进行价值判断的过程。寓身学习的本质观与目的观，内容观与方式观，决定了寓身学习需要采纳不同于传统学习评价观的评价逻辑。

一、学习评价的基本逻辑：同一逻辑与差异逻辑

斯图亚特·霍尔曾经在《文化身份与族裔散居》中论述了文化身份认同的两种不同思维方式：一种是扎根于集体"自我"，以相似性、稳定性为特征的同一逻辑，一种是强调文化、历史、权力影响的，以动态性为特征的差异逻辑。一般来说，评价所遵循的逻辑也大概是同一逻辑和差异逻辑。学习评价观若遵循同一逻辑，即是说采用同一个学习评价标准，来衡量不同的学生。评价的同一逻

辑,背后所体现的是对学生差异的拒绝、排斥与祛除。而学习评价观若遵循差异逻辑,即是承认和尊重学生身上的差异,采用差异化的标准,评价不同的学生。这种差异逻辑,背后所体现的是对学生差异的尊重、欣赏与保护。下面将具体论述。

(一)遵循同一逻辑的学习评价

遵循同一逻辑的学习评价,具体来说有以下几个鲜明的特征:

首先,学习评价的同一性逻辑评价标准单一,将学生心智的发展作为学习的唯一标准。评价的同一性逻辑是在传统学习目的观的支配下形成的。传统学习目的观认为学习的目的是提升人的心智水平,培育人的理性能力。因此,传统学习评价观通常是以心智的发展这个唯一的标准来衡量和评定学生,而测量学生心智发展的标准又往往是考试成绩。福柯认为,在学校中,往往具备一整套微观处罚机制,他们按照明确的法律、条例、计划等标准来查看学生的行为是否符合规范、标示出差距,进而进行有针对性的惩罚和裁决。这就是规范化裁决对身体的规训。显而易见,规范化裁决所遵从的逻辑即是同一性的评价逻辑。在学校教育中,同一性的评价逻辑,因为评价标准单一,只以考试成绩为评价标准,故而将多元性的身体经验、少数人的身体经验都排除在了评价过程之外。

其次,学习评价的同一性逻辑强调甄别与选拔,将学生归属为不同的等级。评价的同一性逻辑倾向于通过评价甄别出学习成绩的高低,以及优劣程度。评价的同一性逻辑,实际上是在用一种"集体"的标准(即心智发展或学习成绩)去评价多样性、差异性的学生个体,正如佐藤学所说:一切甄别的内核之中隐含着这样一种思想,即拥有多样差异的每一个个人用特定集体的标签加以囊括和置换的思想。① 根据集体和同一标准评价出来的结果,影响了学生身体的现实处境,例如,学生座位的排列,教师对学生身体活动的关注程度与控制程度等。其中,福柯所说的层级监视,即是依据评价的同一性逻辑来对学生学习过程实施的监管。具体来说,即是根据同一标准(考试成绩好、身体活动少)选拔出班干部,来负责监视和管理其他学生的身体活动与学习,因此,在教育教学实践中形成了一种明确的、有规则的监视机制。可以说,同一性的评价逻辑是学生等级地位形成的一个重要根源。

---

① 佐藤学.学校的挑战:创建学习共同体[M].钟启泉,译.上海:华东师范大学出版社,2010:215.

再次,学习评价的同一性逻辑崇尚量化的评价方式。评价的同一性逻辑将心智发展视作唯一的评价标准,心智发展又被简化为考试成绩或分数。福柯认为,检查是"把层级监视的技术与规范化裁决的技术结合起来。它是一种追求规范化的目光,一种能够导致定性、分类和惩罚的监视"①。在学校教育制度中,定期考试是一种检查学生学习活动的重要制度,通过考试分数,统计、比较学生学习的结果。通过考试分数将学生置于一个数字化的书写网络之中。学生因为计算机、书写、档案、记录材料而置于被监视的状态下,学生个体因为这种数字化的档案可以被跟踪、记录、分类,学生个体变得客体化。分数、数字无疑是学生评价中最便于统计、比较的手段,但是,分数这种最简单的量化评价也最容易忽视学习中复杂的、有意义的内容。"学生生动活泼的个性被抽象成一组组僵硬的数字,学生在各个方面的发展和进步也被简化为可能的几个数量,教育的复杂性和学生状况的丰富性泯灭于其中。"②学生学习过程中难以用数字测量之物,如身体行动、生活体验、情感情绪等,都因为量化的评价方式而难见踪影。

最后,学习评价的同一性逻辑关注结果,忽视学生学习的过程体验。传统学习评价观往往通过一些纸笔测验、客观性测验来让学生提供问题的最终答案,很少能关注学生在学习过程中的体验。在评价过程中,学生展示的只有自己的记忆、背诵等能力,而不能展示自己理解、分析、运用以及行动的过程与能力。传统学习评价观视野狭隘,使学习和学习评价陷入危机中,甚至产生为了达到特定评价结果而不择手段的道德问题。

(二)遵循差异逻辑的评价

评价(包括学习评价)的同一性逻辑所体现出来的是不平等、等级化等特征。许多学者对于同一性逻辑是反对和质疑的。他们从各自的视角出发去恢复差异所应有的价值。例如,福柯曾经严厉地批判强调同一而非差异的现代思想,"现代思想再也不趋向开放的差异结构,而是力图一劳永逸地揭开同一的面纱"③。对于权力如何规训身体有详细论述的福柯,为了避免为了理论本身而

①　福柯. 规训与惩罚——监狱的诞生[M]. 刘北成,杨远婴,译. 北京:生活·读书·新知三联书店,1999.
②　李雁冰. 课程评价论[M]. 上海:上海教育出版社,2002:62.
③　Foucault M. The Order of Things: An Archaeology of the Human Sciences [M]. New York : Vintage Books,1970:318.

进行理论概括,①从权力在操作层面的发生与运用等微观角度来分析身体遭遇规训的事实,所阐释的都是一些具体的局部问题。从中可以看出福柯对于具体性、差异性的关注。与此同时,从福柯所研究的对象中,我们也可以看到他对于差异性的关注。他在《规训与惩罚》一书中,论述了许多以往我们并不关注的人的身体经验,如犯人、病人等;在《性经验史》中也有对性错乱者、女性身体经验的相关论述;而在《疯癫与文明》中,则论述了疯子、精神病患者的身体经验。无论是在理论上还是在实践上,福柯都站在了"非理性""非主流"的阵线上,他关注着那些被贴上"非理性"标签的人的"身体经验""非理性经验"。这同样体现了福柯对于差异性的关注。因此,可以说,从研究视角、研究方法、具体观点,福柯都给予了差异性很大的关注与强调。

女性主义思想也同样关注差异。他们对于差异性的关注主要体现在:一是批判和解构西方传统的身体范畴,打破将男性归属为心,将女性归属为身的性别差异观,而从社会、文化、历史等角度来理解性别差异。二是建构女性主义的身体范畴。下面将具体描述女性主义是如何解构西方身体范畴,并建构女性主义的身体范畴的。

首先,女性主义批判和解构了西方传统的"身体范畴"。在西方身心二元论以及崇尚心灵贬抑身体的哲学传统支配下,人们一直倾向于将男性与主动的、高级的、理性的、稳定的心灵联系起来,而将女性与被动的、低级的、感性的、变动的身体联系起来。他们从词源学上去验证女性与物质、身体的联系,将物质(matter)、母亲(mater)和子宫(matrix)联系起来,②认为三者是同出一源。这种词源学上的联系,使女性限制在了与身体性事务密切相关的生育、养育等角色上。因此可以说,在西方传统哲学中,身体被压制的漫长历史,就是一部女性受约束、受压制的历史。将男性归属为心、将女性归属为身,这种简单粗暴的归属方式,由于强调了男女两性之间的差异是由生物学遗传因素决定的,最终陷入了"性别本质主义"的泥沼。

许多女性主义思想家对这种观点进行了批判,她们之中有很多受到福柯社会理论的影响,因而从社会、文化、历史等角度来思考和论述身体体验、性别差

① 古廷.20世纪法国哲学[M].辛岩,译.南京:江苏人民出版社,2004:321.
② 汪民安.后身体:文化、权力和生命政治学[M].长春:吉林人民出版社,2010:161.

异。例如,法国著名的女性主义思想家波伏娃在其著作《第二性》中,从个体相互认识的角度说明了人类身体体验的不同方式。"身体既可以作为活生生的主体来体验,也可以作为被他人看到的一个客体来体验。而且人类可以通过前者体验到整个世界。"①但是,女性受到社会所强加给的责任的影响,以及由社会标准所内化而成的主观意识的束缚,她们并不愿意把自己同时当作客体及主体或者身体及意识。波伏娃认为,生理性别(sex)对于女性的奴役和限制,是一个重要的事实,但是生理性别不足以解释她是个女人。她认为是社会性别(gender)有一个由社会塑造、成为的过程,"女人并非生来就是女人,她在社会中成为女人"。②而美国著名的女性主义思想家朱迪斯·巴特勒(Judith Butler),将生理性别和社会性别的区分解构了,更彻底地认为身体、生理性别、社会性别都是社会、文化、历史建构的结果。巴特勒受到福柯权力说、奥斯丁和德里达语言说、弗洛伊德精神分析等思想的影响,建构了一套理论体系。在这个体系中,身体范畴包含了物质、精神、社会等多个层面。③

其次,建构女性主义的身体范畴。生态女性主义对于建构女性主义的身体范畴具有重要的启发作用。生态女性主义在建构"自然"范畴中体现出八个方法论特征,包括:反对歧视;强调情境;强调多样性;强调过程性;强调包容性和公平性;反对客观性观点,强调历史和社会背景;强调在与他者的关系中理解自我;反对抽象的个人主义。生态女性主义对"自然"范畴的建构,成了建构女性主义身体范畴的基本框架,因而女性主义的身体范畴也主要是从这八个方面来建构的:④①反对性别歧视以及其他各种形式的歧视。反对将女性与身体、感性、被动性等同起来的传统身体范畴,避免女性在这一身体范畴中被压抑、控制的局面。②强调情境的重要作用。将身体以及身体的体验视作具体的、情境性的。③强调身体及身体体验的多样性,尊重男女身体体验、女性身体体验之间的差异性。④强调身体是被社会、历史、文化不断塑造的动态过程,而女性的身体同样是这样一个永无止境的过程。⑤强调对身体的包容性和公平性,尤其是对于弱势群体的身体以及身体体验需要保持包容和公平对待。⑥反对"客观性

---

① 肖尔茨.波伏娃[M].龚晓京,译.北京:中华书局,2002:33-34.
② 巴特勒.性别麻烦:女性主义与身份的颠覆[M].宋素凤,译.上海:上海三联书店,2009:3.
③ 巴特勒.性别麻烦:女性主义与身份的颠覆[M].宋素凤,译.上海:上海三联书店,2009:4.
④ 肖巍.身体及其体验——女性主义哲学的探讨[J].山西师大学报(社会科学版),2010(6).

观点",通过联系社会和历史背景来思考被放置在"边缘"或"他者"地位的女性的身体问题,如漠视、压迫、歧视、暴力等。⑦将关怀、爱、友谊、诚实、互惠作为自己的价值核心,从尊重他人和自我生命的视角来理解身体。⑧重新定义人与人之间的伦理行为,尤其是以身体为媒介产生的伦理关系,消除性别歧视、身体歧视,在强调"寓身性"和向身体回归的同时,确立女性身体的主体地位。从女性主义的思想来看,女性主义反对由男性所创造的"公共话语秩序",呼吁女性打破沉默;承认每个人都是寓身性的主体,都有自身独特的体验;另外,还有许多女性主义学者强调通过经验的自传描述方式来探究具体的、差异的身体经验。女性主义学者所建构的核心身体范畴,着重强调了身体以及身体经验的差异性,使得差异从同一和普遍中解放出来。

福柯以及女性主义学者都凸显了差异的价值,使评价从同一逻辑转向差异逻辑具有了理论上的依据和支持。寓身学习在这些思想的基础上,强调尊重学生身体体验的差异。

二、寓身学习的评价观:尊重身体体验的差异

福柯的思想以及女性主义的思想都关注差异。差异性逻辑的本质就是要把握事物的多元性,尊重事物之间的差异性。在福柯以及女性主义思想的基础上,寓身学习强调尊重差异,而这种差异主要体现于身体的差异,因为身体乃是人存在的标志以及个性差异的基础。正如罗兰·巴特所说:"我和你的差异,正是我的身体与你的身体之间的差异。"①寓身学习强调学习评价要尊重学生身体体验的差异性,其内涵主要包括了以下几个方面。

第一,少数人的身体经验、非主流的身体经验都是重要的。福柯在多部著作中强调了非理性的、非主流的人的身体经验,而女性主义思想家也强调了那些被父权制社会所压迫的女性的身体经验;女性主义教育学者重点关注了父权制教育中被刻意压制的女性的身体经验。例如,珍妮特·米勒和玛德琳·格鲁梅特都注意到了女性教师在学校教育中的沉默,这种沉默是女性经验的沉默,是女性对父权制教育的一种刻意的隐忍和被动的接受,是女性生活世界与公共

---

① 汪民安,陈永国.身体转向[J].外国文学,2004(1).

教育话语的剥离。① 米勒认为女性的沉默多源自政治上的等级制结构、女性心理上的一种养育和给予的意识。而格鲁梅特在《苦涩的牛奶：女性与教学》中发现了女教师的叙事问题。她认为，女性在父权制社会中形成了一些"母性的利他主义、自我否认的风气"，重复的教育教学也"否定了教师叙事的规则和能力"②，因此，女性教师的话语总是"被打断的、重复的、无尽头的"。女性主义教育学者因而倡导为女性教师创造一个共同体空间。在这一空间中，"他们可以发现能允许他们表达经验和理解的沉默。特别是女教师，如果要完成美学实践的清晰、沟通、远见的话，必须要为自己建构一个特殊地方"③。不过，格鲁梅特曾援引阿普尔的警告，认为女性不能退回到传统上被归属为女性的领域，即情感的支持。因为如果不用行动和交流的形式，而用安慰的形式来辨别情感的感知，那就复制了由父权制关系，以及公共与私人经验的分支所构成的模式。④

　　寓身学习强调关注那些被忽视的学生的身体经验。寓身学习之所以关注这些弱势学生、非主流学生的身体经验，主要原因有以下几个方面：①寓身学习对于人的基本认识。如前所述，寓身学习对于人有一个基本的认识：人并非一个纯粹的精神或心智的存在，人是身体性的存在；人的身与心不能二元划分，人是身心一体的存在；人人都有与生俱来的主动性与创造性，精神上、身体上、情感上都有各自独特的能力与需求。因此，我们不能仅仅以同一的标准来衡量不同的学生。基于对人的存在的基本认识，寓身学习强调应该承认和尊重这些具有特殊性、独特性、差异性的身体经验。②福柯、女性主义学者对于差异来源的认识。福柯自始至终都站在那些非主流、非理性的身体经验的阵线上，强调社会权力对于这些人身体经验的影响；女性主义学者也批判生物学因素决定性别差异的性别本质论，而从社会、文化、历史等角度来分析性别差异。不管是福柯还是女性主义思想家，都强调差异来源于社会、文化、历史等因素，这一点说明了一个重要的问题：差异是可以改变的，差异并不是一种带有宿命论色彩的、不

---

① 派纳. 理解课程[M]. 张华，等译. 北京：教育科学出版社，2003：399.

② Grumet M R. Bitter Milk：Women and teaching[M]. Amherst：the University of Massachusetts Press. 1988：87.

③ Grumet M R. Bitter Milk：Women and teaching[M]. Amherst：the University of Massachusetts Press. 1988：88.

④ Grumet M R. Bitter Milk：Women and Teaching[M]. Amherst：the University of Massachusetts Press. 1988：90-91.

可改变的东西。基于这一思考,我们认为,从社会文化的视角来看待学生的差异、尊重学生体验的差异,应该成为寓身学习强调的评价方式。因此,那些被忽视的学生,身上带着社会、家庭的深刻烙印,他们所特有的身体经验产生于他们所处的家庭环境与社会环境。如果仅看到他们的行为结果而将其斥为"非标准""不正常",那就忽视了教育和教师本来具有的教育性以及培养人的特征。从这种尊重学生身体体验差异的学习评价观来看,少数人的、非主流的学生身体经验都是重要的,如果要纠正一些确实不符合规范的学生,也应该秉持关怀、教育的心态去了解学生所处的家庭或社会环境,从而做出适切的帮助与纠正。

第二,寓身学习强调以质性的评价方式去评价学生。由于量化的学习评价方式多关注公共的、可见的、可用数字衡量的东西,因而忘记了具体存在的个人,忽略了学生个体所具有的差异性和独特性。寓身学习基于对人的复杂性和整体性的认识,强调用质性的方式去评价学生。福柯在其研究方式上是从一种微观权力的视角去探求身体的具体遭遇,是一种关注具体性和个体性的质性研究;而女性主义学者也强调用"经验的自传描述"来探求个体的体验。她们认为,"经验的自传描述"具有浓厚的个体性特征和情境性特征,既是一种"对生命个体的研究(research on the individual)",又是一种"有生命个体的研究(research with the individual)"。经验的自传描述,在关注个体自身的同时,也将限制自身经验的外部力量的证明囊括进来,如社会、文化、历史、情境的影响,这意味着个体经验与公共世界联系起来了。正如女性主义学者帕加诺(Pagano)所说的:"叙述具有神话性的教化作用……教育我们认知与情绪之间、理性与激情之间、头脑与身体之间、认识论与政治之间的关系……它们帮助我们协调个体与共同体之间的张力,一个由于差异永远无法解决的张力,事实上是所有教育叙述副本的张力。"[1]内尔·诺丁斯等人也论述了经验的自传描述在表达和分享个体经验中的重要作用。"我们在解释性的或创造意义的共同体中生活和成长;故事帮助我们在世界里发现我们的位置;教育情境中的人与人之间——学生、教师、行政管理人员之间——关切的相互尊重的对话对我们理解自我、他人与生活赋予的可能性都是重要的。"[2]从女性主义思想中获得许多理论资源,

---

① 派纳.理解课程[M].张华,等译.北京:教育科学出版社,2003:570.

② 派纳.理解课程[M].张华,等译.北京:教育科学出版社,2003:571.

寓身学习所持有的评价观强调一些诸如经验的自传描述、个人生活史的描述等,具体到个人、关注到过程的质性评价方式,将个体背后的不可测量之物(如兴趣、情绪、体验)等显现出来。与此同时,也将这些个体的不可测量之物与社会、文化、历史等公共世界的情境联系起来,在更加广阔的背景中去评价学生、评价学生的学习。不过,需要指出的是,寓身学习所强调的质性评价方式,并不是建立在完全否定量化评价方式基础上的,而是建立在对量化评价的超越基础之上的。

第三,寓身学习评价强调以"关心"为主的评价过程。女性主义教育学者格鲁梅特认为,在家庭教育中,家长与孩子之间是一种交互主体性的关系,家长给自己孩子的课程是一种会话,儿童的反应是必要的、重要的,对自己孩子的课程决策是父母和儿童共同参与的。家庭教育中的家长对孩子的评价因而是充满关心的。而在学校教育中,教师与学生之间通常是一种"拒绝抚摸",因为要维持纪律而"盯着(gaze)"的关系。在学校这个场域中,孩子成了"他人的孩子","他人的孩子"是抽象的,只能从孩子身上看到分数、上课人数、学生所处位置等符号化的东西,这些符号化的东西是与家庭中自然的亲子对话关系、以关心为主的评价过程截然相反的。著名的女性主义教育家内尔·诺丁斯提倡的"学会关心""关爱",为评价从"生硬的抽象化评价"转向"关心为主的评价"提供了重要启示。格鲁梅特就借鉴了诺丁斯有关"关爱"的观点,强调用关系来代替规则。[①] 把学校当成一个充满关爱的地方,对待他人的孩子要像对待自己的孩子那样,用一种关心的视角去评价学生。这意味着,教师对于学生的评价,不是用数字或者等级化的排序来决定的,而是出于对学生发展的关心、在了解学生已有的经验,以及所处环境的基础上,对学生学习过程所产生的体验给予必要的帮助与改进。例如,学生学习过程中的思维方式、动手操作方式、发现和探究方式等,以及学生在学习过程中所产生的消极或积极态度、情绪等,都是教师需要付诸关心的地方。教育评价中教师关心学生的情绪、情感、个性、态度等,使得学生从数字化的、抽象的客体位置中解放出来,成为一个具有主动性、创造性、判断力的主体。以关心为主的评价过程,也是教师与学生之间控制与被控制关系走向寓身性主体交互关系的重要环节。

---

① 派纳.理解课程[M].张华,等译.北京:教育科学出版社,2003:398.

综而观之,寓身学习在对学习本质、学习目的、学习内容、学习方式、学习评价的理解上,与传统学习有很大不同。寓身学习作为一种渗透着人文精神、伦理精神、德性精神的新型学习理念,要在学校教育实践中扎根和落实,仍然需要许多现实条件的支持。为此,在下一章,笔者将阐述寓身学习实现的路径,并以具体案例来说明寓身学习如何在学校教育实践中扎根与落实。

第五章 寓身学习的实现路径

在哲学、心理学、社会学等理论思想基础上,寓身学习形成了对学习的独特认识。作为一种学习理念,寓身学习要在教育实践之中扎根和落实,仍需要现实载体和现实条件的支持。本章即对实现寓身学习的路径进行分析,并采用教育实践中的案例来加以具体说明。

第一节 寓身学习环境的建构

一般意义上,人们将学习环境分为三类:虚拟学习环境,现实世界与虚拟世界融合的学习环境,物理性学习环境。[①] 完全的虚拟学习环境在学校教育实践中很难实现,因此,本节将从混合现实的学习环境和物理性学习环境出发,来论述寓身学习实现所需要的环境支持。

一、建构寓身性的混合现实学习环境

建构寓身性的混合现实学习环境,即是通过混合现实技术(mixed reality technology)来使学习环境寓身化。混合现实这一术语,最早是由 Milgram 和 Kishino 提出来的,用于描述居于完全虚拟环境和完全现实环境之间的空间。[②] 混合现实技术现在正被广泛地应用于教育领域,例如,有研究者尝试用定位移动设备,在真实世界之上建立一个拓展探究空间的虚拟层,以此来转变课堂教

---

① 杨进中.虚实融合的研究性学习环境设计[J].电化教育研究,2014(12).

② Milgram P, Kishino A F. Taxonomy of Mixed Reality Visual Displays[J]. IEICE Transactions on Information and Systems,1994, E77-D(12):1321-1329.

学实践。① 还有研究者利用混合现实技术拓展传统的学校实践,或者拓展动手学习的经验,如机器人技术利用合成环境从而使学习活动背景化、促进学生理解。② 还有研究者基于射频识别、增强现实技术、网络、普适计算、嵌入式系统、数据库技术为学生的室外学习提供无处不在的教育资源。③ 在这些研究者看来,混合现实技术所创造的学习环境,能够使学生在学校中的学习更好地与自身先前具有的知识与经验结合起来,同时也能更好地促进知识迁移和应用到学校之外的情境。

虽然混合现实技术为教育创造了众多有利的条件,但其最突出的地方在于,它创造了能够引发寓身学习过程的混合现实环境。这种学习环境有两个基本特征:①它将学生放置于身临其境般的学习环境之中,甚至使学生成为模拟环境的一部分。这种经验,类似于 Colella 所说的"参与式模拟",使学习者投入到真人大小、计算机支持的模拟中,为科学理解创造新路径。④ 也可以说类似于 Moher 所说的"嵌入式现象",即一种学习技术框架,在这个框架中模拟科学现象映射到教室的物理空间之上。学生通过放置在教室中的分布式媒体来调节和控制模拟的局部状态,从而解决或回答与现象有关的问题。⑤ ②它包含了一些以某些方式回应学生自然运动和身体运动的界面,如捕捉学生的姿态并记录下来,传送给计算机或者跨越广阔的空间追踪学生的位置。引发寓身学习的混合现实学习环境包含了许多不同的设备,包括移动设备、大型的和嵌入式的电子展示设备、投影设备以及能够捕捉大范围的动作的设备等。虽然产生寓身学习经验并不是一定需要混合现实技术,但是混合现实技术的应用却能够真正地促进寓身学习的实现。

① Dunleavy M, Dede C, Mitchelle R. Affordances and Limitations of Immersive Participatory Augmented Reality Simulations for Teaching and Learning[J]. Journal of Science Education and Technology, 2009(18):7-22.

② Chang C W, Lee J H, Wang C Y, et al. Improving the Authentic Learning Experience by Integrating Robots into the Mixed-Reality Environment [J]. Computers and Education, 2010,55(4): 1572-1578.

③ Liu T Y, Tan T H,Chu Y L. Outdoor Natural Science Learning with an RFID-supported Immersive Ubiquitous Learning Environment [J]. Educational Technology and Society, 2009, 12(4): 161-175.

④ Colella V. Participatory Simulations: Building Collaborative Understanding through Immersive Dynamic Modeling [J]. Journal of the Learning Sciences,2000, 9(4): 471-500.

⑤ Moher T. Embedded Phenomena: Supporting Science Learning with Classroom-sized Distributed Simulations[C]. New York, NY: ACM. In Proceedings of the SIGCHI Conference on Human Factors in Computing Systems, 2006: 691-700.

美国亚利桑那州立大学开发的 SMALLab,就是一种典型的寓身性的混合现实学习环境。SMALLab 是 Situated Multimedia Arts Learning Lab(情境性的多媒体艺术学习实验室)的首字母缩写,它是由媒体研究团队开发的一种半浸润式的学习环境。SMALLab 在身体参与这一方面向更大的环境敞开,参与者可以自由地进入和退出这一空间。SMALLab 学习环境利用 3D 物体追踪、实时图像、环绕立体声去促进寓身学习。[①]　目前,SMALLab 作为一种寓身性的混合现实学习环境,已经被广泛地应用于 K-12 教育活动之中,尤其是以物理、生物、化学、地球科学等为代表的科学探究中。它能够将抽象的、不可触摸的科学知识转化成为学生可以用身体感知的具体而又形象的知识,从而使学生通过寓身体验来理解和体会抽象知识的发生与发展过程。下面将呈现美国亚利桑那州的一个 SMALLab 创造寓身性混合现实学习环境的案例,这个案例很好地说明了 SMALLab 是如何促进寓身学习实现的。[②]

SMALLab 中的地质演化学习

1. 为何用 SMALLab 来学习地质演化

(1)传统教育技术的一些缺陷

传统教育技术,如邮件、电子公告板、聊天室等虽然创造了一种知识分享与交流的新形式,但是这些传统的技术却仍然不能为学生之间直接的、面对面的互动与交流提供机会。而近些年来出现的虚拟技术在教育中的应用,虽然超越了传统技术,为学生之间的互动与合作带来希望,但是虚拟学习经验与真实情景中的经验之间仍然存在着难以逾越的鸿沟。因此,采用一种混合了现实与虚拟环境的混合现实技术来促进学生学习过程中的合作与交流。

(2)传统地球科学学习的弊端

地质演化这一主题是中学生学习的一个重要领域,也是地球科学中的一个

---

①　David B, Colleen M R. Earth Science Learning in SMALLab:A Design for Mixed Reality [J]. Computer- Supported Collaborative Learning,2009,4:403-421.

②　David B, Colleen M R. Earth Science Learning in SMALLab:A Design for Mixed Reality [J]. Computer-Supported Collaborative Learning,2009,4:403-421;Johnson-Glenberg M C,Birchfield D,Usyal S. SMALLab:Virtual Geology Studies Using Embodied Learning with Motion, Sound, and Graphics [J]. Educational Media International,2009,46(4):267-280.

重要主题,地质演化具有复杂性、动态性等特征。但是传统的地球科学学习(当然包括地质演化学习),却通常以一种静态的方式进行。例如,在地质演化这一主题的学习中,通常是给学生呈现一些地壳横截面的图像。学生在图片上标注岩石层的名字,根据沉积的先后顺序整理地质分层,辨别地球的隆起和侵蚀部分。学习过程大多是以个体的方式进行,学生偶尔有机会聚集起来讨论答案,但也主要依据教材等文本知识,学习过程缺少了动手操作以及能够反映地质演化的动态学习经验。这种传统的学习地质科学的方式,很难让学生将地质演化理解为一个动态的、时间性的、生成性的过程,因而学生无法理解"所谓的地球横截面是复杂的动态系统运动而产生的结果"。

(3)SMALLab 的优势所在

针对传统教育技术不可忽略的缺陷,以及传统的地球科学学习方式所存在的弊端,SMALLab 首先能够支持学习环境中的参与者进行直接的、面对面的互动。它提供了多样化的输入设备,而不像传统技术中的一个人只能对应一台电脑,它可以同时捕捉多个学生的身体姿态等,多个学生也可以同时操作这些输入设备。其次,SMALLab 为学生提供了一个动手操作和实践的计算机环境,使学生能够更形象地体验抽象知识。

2. SMALLab 地质演化学习实验参与者的基本情况

(1)亚利桑那州凤凰城一所城区公立中学;

(2)72 个 9 年级学生。

这些学生经济条件多样,民族多样,50%的高加索人,38%的拉美裔,6%的美国土著人,4%的非裔,2%的其他种族。

与此同时,这些学生都是"处在危险之中的学生",因为在教师和辅导员看来,他们实际比所读的年级低 2 个水平(即这些 9 年级的学生实际水平只有 7 年级)。

3. SMALLab 地质演化学习实验的目的

(1)促进学生理解地质演化;

(2)证明 SMALLab 可以作为中学生科学探究的一个平台。

4. SMALLab 地质演化学习环境的设计及实施

(1)沉积环境(depositional environment)

用一个标准的无线手柄控制器,从五个沉积环境选项中选择一个。当学生选择了一个沉积环境时,他们会看到环境的图像,并且会听到相应环境发出的声效。例如,如果一个学生选择了一个快速流动的小溪,那么学生就能听到湍急水流的声音。

(2)化石(fossil)

学生的第二个滚球用来控制 10 个化石选项,选中之后放置到地质结构中。这个行动将化石嵌入当前的沉积物层(sediment layer)中。

(3)时间与张力(time and tension)

在图 4 的左下角,学生可以看到一个交互式时钟,这个交互时钟增加到一定程度就变成了一个新的地质时期。在一个无线指针设备上有三个按钮,分别用来暂停、开始、重设地质时间。除了时钟,还有一个条状图,展示了实时的断层张力值。学生利用 wii 游戏控制器以及嵌入式加速器,去制造断层。使用者越是用力地晃动设备,断层张力就越大。而如果静止地拿着设备,那么断层张力就会减小。当超过张力临界值,断层(地震)就会发生,就会引发"夹心蛋糕层结构"①隆起。断层可以在建构过程中的任何时间发生,随后,侵蚀就发生在结构隆起的部分。图 4 显示了断层发生时的投影图。

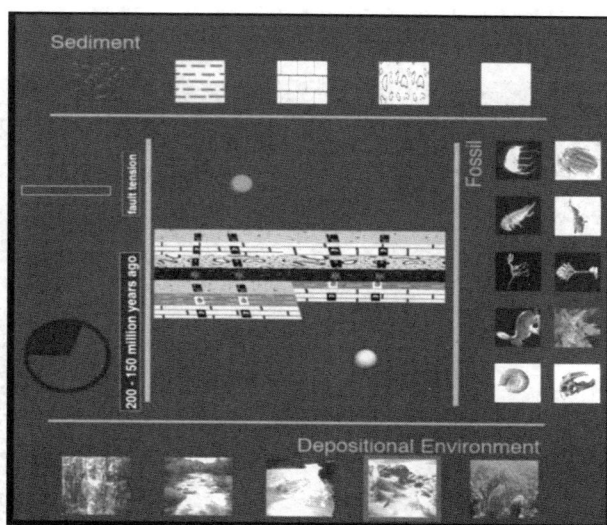

图 4　断层发生时"夹心蛋糕层"在地板上的投影

---

① 地球上的岩石层级结构形态,有时被形象地比喻成地质层蛋糕。

(4)学生参与框架

建构夹心蛋糕层的过程包括了学生的四个主要作用:①沉积环境选择者使用手柄控制器;②沉积层选择者使用一个滚球;③化石记录选择者使用第二个滚球;④断层制造者使用 wii 控制器。教师主要是利用无线指针设备,承担地质时间控制者的角色。电脑界面明确界定了各个参与者的任务,他们的成功取决于仔细的时间安排以及行动的协作编排。

在教室中,大约 15~20 个学生被分成 4 组,每组 4~5 个人。三个小组在建构"夹心蛋糕层"的过程中,在每一轮地质时钟周期内,轮流充当行动领导者。这些小组是:①沉积环境组和断层小组;②沉积物层小组;③化石小组。其余的学生构成了评价小组。这些评价者主要是控制建构过程,记录行动领导者的活动,在反思过程中控制讨论。每个小组的学生都被鼓励去口头指导他们的小组团队成员。因此,所有的学生都通过角色扮演投入到学习活动中。

学生被要求通过"组合"岩石层建构图像,根据沉积的先后顺序去给岩石层排序,然后将适当的标志性化石置入岩石层中。每一个图像都是互动的结果,由学生选择,然后由学生插入"夹心蛋糕层结构"中。这些图像是一些形象的形式,是学生可以在 SMALLab 环境之外遇到的形式。详情如图 5 所示。

图 5 学生合作建构的"夹心蛋糕层结构"

5. SMALLab 地质演化学习环境的效果

（1）学生知识掌握程度的提高

在整个研究过程中，学生总共组成了 15 个"夹心蛋糕层"。其中的 11 个是完全正确的，或者误差是在目标可容许范围之内的（例如，在断层强度上稍有偏差或者只有不超过 1 个的错误沉积层），所以学生对知识的掌握度达到 73%。

为了评价个体学生的学习内容掌握程度而设计了一个纸质的测试。这份测试包含了与地质演化相关的 10 个地球科学知识问题。每个问题包括多项选择概念问题，以及随后能够引发学生解释或者判断的开放式问题。在实验几周前的传统教学模式的课堂中，也包括了所有的测试概念。因此，在前测中，所有的学生已经接触过这些测试材料。前测的主要功能实际上是衡量学生在传统教学模式后学到了什么。为期 3 天的 SMALLab 经验并没有介绍任何新概念，而是回顾和巩固了先前的学习主题。实施概念测试是在干预的前一天以及干预的后一天。因为在地球科学班级的所有学生都在同一时间参与了这一实验，所以这项研究并没有设置一个未经干预的控制组。实验研究表明，参与者在多项选择题得分中实现了 23% 的增长，参与者在判断或者解释问题中，实现了总共 48% 的增长。这个结果表明大多数学生在知识掌握上取得了显著的进步。

（2）学生与学生之间的互动明显增多

在 SMALLab 地质演化学习环境实验进行的第一天，研究者发现互动与交流大多数是单个学生与教师之间的，而学生与学生之间的互动几乎没有。在 SMALLab 地质演化学习环境实验进行的第二天与第三天，研究者发现学生主导的互动明显增多，只有偶尔的教师插话。尤其是在 SMALLab 动手操作实践活动层面，学生与学生之间的互动交流最多。

从这个 SMALLab 地质演化学习环境设计的案例中，我们可以看到，通过 SMALLab 而设计的混合现实学习环境，为学生提供了用身体感知地质结构的机会。例如，当学生选择一项沉积环境时，就会产生相应的声音。通过倾听与沉积环境相对应的不同的水流声，一些记忆痕迹就印刻在学生的身体与头脑中，这就会促进学生相关概念的学习。当学生摇动 wii 控制器以及嵌入加速器时，就会出现断层，地面投影的图像会发生剧烈的震动，这种震动影响学生内耳的前庭系统，前庭系统监测身体移动并且帮助控制身体的平衡。因此学生在用身体感知什么是断层。SMALLab 中的多种技术能够给予学生行动以及时的反馈,从而使学生能够协调合作。在这个案例中,学生是用身体来选择沉积环境或者化石,是用身体与同伴进行着互动、协作和实践,也是用身体来感受地质变化是一种什么样的感觉。也就是说,学生可以将自己的身体运动与抽象的、遥远的地质运动联系起来。因此,相对于传统的课堂学习,SMALLab 环境下的学习,对于学生来说更加具体、情境化,是一件"离自己并不遥远、与自身相关"的事情。

我们以 SMALLab 地质演化学习环境设计案例,来说明如何创造一个能使寓身学习得以扎根和落实的混合现实学习环境。可以说,混合现实技术是寓身学习实现的一个重要手段,但它绝不是学生学习的一个目的。混合现实技术如果在学生的学习过程中得不到合理利用,那么,它非但不能促进寓身学习的实现,反而有可能加剧现有的离身式学习,使儿童成为一种过度地依赖电子技术或者计算机技术、被技术奴役的电子人(cyborg)。因此,为了实现寓身学习的价值理念,混合现实技术的使用也应该注意以下几个方面。

首先,混合现实技术应该对文化、身体、学生类型之间的差异保持敏感性。[①] 人类学、社会学以及其他领域的研究都证实了,不同文化背景下身体姿势的意义也是不同的。另外,还有身体能力或身体机能上的差异,如身体有残疾的儿童,混合现实技术就应该考虑到这种可能存在的差异,为特殊儿童设计一些可替代产品。

其次,混合现实技术要尽可能地体现最高程度的寓身性。有学者曾对混合现实技术的寓身程度进行了划分:感觉运动激活,动作姿态和学习内容之间保持一致;浸润式感知,运用移动设备等支持情感浸润式的感知。[②] 混合现实技术创造学习环境切忌只是让学生操作电子产品,因为这种简单的操作只是一种最低程度的寓身性,它并不具有高级寓身体验的持续性。高级寓身体验结合了核心身体参与、强大的神经肌肉活动、身临其境般的演示。因此,混合现实技术

---

① Rose D H, Meyer A. Teaching Every Student in the Digital Age: Universal Design for Learning [M]. Alexandria, VA: Association for Supervision and Curriculum Development, 2002.

② Johnson-Glenberg M C, Birchfield D, Megowan-Romanowicz C, et al. If the Gear Fits, Spin It!: Embodied Education and in-Game Assessments[J]. International Journal of Gaming and Computer-Mediated Simulations, 2015(7):40-65.

应该体现最高程度的寓身性，为学生学习创造一种持续的、浸润式的体验情境。

再次，混合现实技术应为合作交流创造机会。混合现实技术并不只是简单地让学生与电子产品进行互动，相反，它更应该强调学生与学生之间的互动，以及学生与模拟环境之间的互动。因此，混合现实技术不能仅局限于"一人对应一机器"的人机互动，更应该充分利用所具有的大型追踪设备、成像技术等，面向群体性的学生。即便是不在"地面投影"这一空间中的学生，也并不是被排除在学习过程之外，而是与在场的学生保持着互动。例如，在地质演化学习这一个案例当中，第四组即评价小组，虽然不在"地面投影"这一空间之中，但是他们仍然记录着行动者的活动，在反思的过程中领导着学生之间的讨论。所有的学生都投入到学习活动中，彼此之间是互动的关系。

最后，利用混合现实技术实现评价方式的寓身性。游戏过程中的儿童兴趣、动机、感知体验都是学习的重要因素，而这些非认知因素很难通过纸笔测验得以测量，因此需要一种过程性的、情境性的评价方式，如过程性评价、表现性评价。而混合现实技术需要为新评价方式做的便是，即时记录儿童在游戏学习过程中的反应、活动轨迹，为教师的及时回应以及相应调整提供一个便捷的方式。

二、建构寓身性的物理学习环境

通过混合现实技术能够为学生的学习创造一个寓身性环境。在经济发达、有技术条件支持的地区，很容易通过混合现实技术创造寓身性学习环境。而在一些没有条件创设混合现实的寓身学习环境的学校教育中，是否就无法实现寓身学习呢？答案是否定的。如前所说，混合现实技术只是其中的一个手段，而混合现实技术所创造的学习环境也只是学习环境中的一种。根据本章开始对学习环境的划分，我们可以从物理环境这一维度出发来探讨寓身性学习环境的建构，这主要包括两方面的内容：进入自然环境或者设计富含自然元素的环境，以及根据寓身性原则来设计学校建筑环境。

（一）进入自然环境或者设计富含自然元素的环境

寓身学习思想的先驱卢梭，其自然主义教育理论中的一个重要内容是儿童在 12 岁以前不进行智力的教育，而是在大自然中求知和学习，进行感觉的训练与培养。因为大自然本身就是一部真实的、有用的、易于理解的书。近年来的许多研究都形成了一个基本的共识，即自然环境能够为儿童提供经验丰富的运动、听觉、视觉和触觉刺激，这些感官经验形成了一系列广泛的适应性反应，这些适应性反应会引发儿童对事物的好奇心，对问题的观察、怀疑、探索和解决。[①] 例如，当儿童沉浸在感官和信息丰富、富有动态特征的森林、沙滩、草地中时，儿童会产生一些基本的学习反应，如识别、辨识、分析、评价的能力。儿童在建立"堤坝"或者挖掘洞穴的过程中，就理解了梯度、材料、水、木头的特性，以及当地的自然环境。

但是随着近些年城市化进程的加快，围绕在学生身边的是一些高度工业化的环境，这些高度工业化的环境充斥着理性、符号化、科学的精神，剥夺了学生进行直接感官体验的机会。美国、澳大利亚等国家的相关研究表明，儿童与自然环境之间的割裂会导致儿童学习和发展过程中身体上、情绪上、智力上的缺陷。因此，在自然环境缺乏的背景下，需要学习环境设计的新范式，即生态设计范式。也就是说设计富含自然元素的学习环境。例如，在设计学习环境时，既要充分考虑自然环境、采光、温度、湿度、地势等，也要充分利用自然材料，如植物、湿地、动物等。这些包含生态设计元素的环境，同样能够为学生提供丰富的、直接的、去符号化的感官知觉刺激，从而促进寓身学习的实现。

（二）创设寓身性的建筑环境

如前所述，福柯曾分析空间对人的规训，主要是通过空间封闭、空间割裂、空间分类等技术手段来实现的。在学校场域中，学校建筑对于学生的学习与发展起着重要的作用，如一种"全景敞视"的学校建筑，约束学生的身体活动，使学生像被囚禁者，并且在"被囚禁者身上造成一种有意识的和持续的可见状态，从而确保权力可以自动地发挥作用"[②]，学生学习因而陷入一种无自主性和创造性、缺乏亲身体验的境遇。从建筑设计的角度来看，人的身体体验与身体感受已经成为建筑环境设计的一个重要标准。[③] 而从教育学的视角来看，调动学生身体在学习中的积极参与、为学生提供身体互动所需要的空间环境，是学校建

---

① Kellert S. Build Nature into Education[J]. Nature，2015，523(16)：288-289.

② 福柯. 规训与惩罚——监狱的诞生[M]. 刘北成、杨远婴，译. 北京：生活·读书·新知三联出版社，1999.

③ 有研究者曾指出，身体与建筑之间的关联，对于建筑人性化具有重要的价值。参阅：李若星. 试论具身设计[D]. 北京：清华大学，2014.

筑环境设计所要处理的重要问题。为此,学校建筑环境设计需要遵循以下几个原则。

(1)互动性原则。互动性原则是指,学校建筑环境需要保持与学生身体整体进行互动的可能性。工业革命之后的现代建筑具有超尺度、抽象性和同一性等特征[①],排斥与身体之间的互动。因而,人与建筑之间是割裂的。从教育学的视角看,学校建筑不应该成为学生"仰望"和"观赏"的对象,而应该对学校场域中的学生的生命特性有所关照。具体来说,学校建筑环境应该是"学生本位的",能够调动学生身体活动并且能够吸引学生融入其中的。如此,才能满足学生生理、安全、归属、尊重以及自我实现的需要。

(2)常尺度原则。常尺度原则是指,学校建筑环境需要与学校场域中的人体尺寸保持着紧密的联系。工业革命之后的现代建筑超越了尺寸的限制,呈现出了超越或者脱离人身体尺度的特征。而从教育学的视角来看,学校建筑如果以超尺度为建构标准,就容易使建筑物高高在上,脱离学生,学校建筑就无法与学生身体进行真正的互动。因此,学校建筑应该与学校场域中的人体尺寸保持紧密联系,与人的身体活动相融合,让学生在其中体会到自己的存在感。

(3)具体性原则。具体性原则是指,学校建筑环境应该是学生能够直接感知的或者有实际内容和明显功能的环境。由于人们对身体的贬低以及对精神和理性的永恒追求,现代建筑多呈现出一种脱离现实生活以及个体的风格。但是学校建筑环境作为学生学习的主要环境,应该与学生这一特定的、特殊的群体紧密相关,与学生的真实现实生活以及身体体验相关。具体来说,具体的建筑环境"形式应该具有引发身体感受的形态和材料,具体的空间应以不同的属性应对不同行为的需求"[②]。

(4)差异性原则。差异性原则是指,学校建筑环境应该注重引发学生多样化的身体感受。工业革命后的现代建筑在材料的利用、空间的设计,以及标准化的建造方式上呈现出单一的特质,这种单一性导致的一个后果是无法引发身体的感知,或者说引发的身体感知具有单一性。学校建筑环境应该打破身体麻木、单一的感受,创造不同的信息,引发学生多样化的身体感知。

---

① 李若星.试论具身设计[D].北京:清华大学,2014:27.
② 李若星.试论具身设计[D].北京:清华大学,2014:34.

（5）一体性原则。一体性原则是指，学校建筑环境应该与学生形成亲密的一体关系。有人将人与建筑之间的关系，看作一种类似于婴儿与母亲的关系。对于这种关系有两种完全不同的观点：一是母亲的怀抱给予婴儿持续的和保护性的亲密体验，因此，建筑对于人是一种庇护和包容；二是母亲与婴儿都分别属于不同的、独立的个体，因此，建筑对于人是一种外在的独立的存在物。在建筑学家看来，好的建筑环境应该是两种极端观点的折中，即人既被建筑环境庇护，又与建筑环境相互独立。但是现代建筑环境多注重两者之间相互独立的关系，而忽略了人与建筑的一体关系。从教育学视角来看，学校建筑只有为学生提供一种保护性的、持续性的亲密体验环境，才能够引发学生积极的身体活动以及身体感知。

本小节采用著名建筑设计师华黎设计的学校建筑环境案例[①]，来具体说明学校建筑环境对于寓身学习实现的重要作用。

"德阳孝泉民族小学寓身性学校建筑环境"设计案例

1. 学校建筑环境设计的背景

德阳孝泉民族小学（以下简称"民小"）所处的孝泉镇是四川西部平原的一个历史古镇。在 2008 年 5 月 12 日汶川大地震后成为一片废墟，华黎的迹·建筑事务所（Trace Architecture Office，TAO）承担了民小的灾后重建工作。

关于民小的灾后重建，华黎的设计理念主要有两个：一是从学生个性角度出发，创造多样的、分散的和有趣的建筑空间，从而鼓励学生的互动和多元行为模式；二是学校建筑环境要延续民小所处空间（即孝泉古镇）的历史记忆。

2. 学校建筑环境的整体布局

学校建筑的布局有三个主要组成部分：东侧部分、西侧部分，以及东侧与西侧之间的连廊（见图 6）。

具体来说，东侧部分主要是教师办公楼和教学楼。设计师遵循常规尺度原则，将建筑高度设计为三层，避免建筑过高而带给学生的疏远感。而两栋教学楼之间的空间与校园主入口正对，形成了一个具有仪式感的空间，以举行比较正式的集体活动，如升旗、做操等。

---

① 华黎. 微缩城市——四川德阳孝泉民族小学灾后重建设计[J]. 建筑学报，2011(7).

图 6　民小的建筑布局

　　西侧部分主要是多功能教室群,包括美术教室、音乐教室、自然实验室、社团活动室、计算机教室、游戏廊等。这些高低错落的建筑,形成了如小巷、檐廊、庭院等多样的空间类型,并且这些建筑的屋顶有一些平台,从而延伸和拓展了学生的活动空间(见图 7)。

图 7　民小的平台

　　在校园中,有一个大台阶,这个大台阶成了联结教学楼、操场、食堂的通道,也是学生活动,如游戏、读书、拍集体照的主要场所。学校之中还有许多游戏廊,其内部有许多大小不同的角落,这些小角落被学生称为"石屋"。学生在这些小角落里会做各种各样的活动:写作业,游戏,等等。在阶梯教室墙面有一些窗洞,这些窗洞被设计成了嵌入墙内的"儿童家具",可以容纳许多偶发的学生游戏活动(见图8)。

图8 民小的窗洞

东侧与西侧之间的连廊,被称为"脊椎"(见图9)。这条脊椎是通过立柱而形成的大概三层楼高的柱廊空间,其中,联系上下楼层的是三个直跑楼梯,将二、三层的走廊与多功能教室、屋顶平台连接起来的是"连桥"。而在连廊的一层与楼梯之间是"鱼池"(见图10)。

图9 民小的"脊椎"

图 10　民小的鱼池

3. 学校建筑环境设计的评价

本书主要从"民小新建筑是否推动了寓身学习的实现"这一维度来对民小建筑环境进行评价。

（1）民小新建筑创造了有利于学生发挥主体性的空间。

传统的学校建筑，多是边沁所说的"全景敞视建筑"，它是福柯所说的权力能够潜移默化地、时时刻刻地发挥作用的重要手段，因此是把学生放在被监视和管理的被动位置上。但是华黎设计的民小建筑，却是将学生视为学校的主体，视为有主动性和创造性的主体。因而，学校建筑总体上是从学生的角度出发而设计和建设的。具体来说，它首先打破了类似于工厂车间的现代建筑形式，依据不同的功能将建筑拆分为多个建筑单体，并且以一种聚落的方式将它们组合在一起，从而形成了丰富的空间关系。这种丰富多样的空间，使置身于其中的学生能够产生变化性的空间感受。有研究者曾对建筑的使用者（即民小的学生）做过实地调研，通过研究发现，学生对于新学校建筑的一个很大感受是"好玩"。[①] 这正是因为学校建筑所形成的多样空间，形成了一种"类似迷宫"的空间。例如，连接东侧与西侧的"脊椎"连廊，其中的扁柱变换着角度，遮挡着学生前面的视线，学生在身体移动的过程中才能逐渐地绕过扁柱把视线打开，看到进一步的光景。在这种遮遮掩掩、虚虚实实、进进退退的状态中，学生被勾起了探索欲望，引发了身体活动。"好玩"除了因为"像迷宫"之外，还有一个原因

---

① 李若星. 试论具身设计[D]. 北京：清华大学，2014：106.

是学校建筑为学生提供了一个"原型空间",这种"原型空间"是根据人的行为与身体活动提炼出来的。例如,学校中的窗洞、曲折廊子等角落,都是与学生身体活动和行为相关的,这些空间由于不受成人的打扰和监视,因此,学生可以自由地活动,自由地体验,自由地与同伴们玩耍互动交流。另外,学校建筑中有许多可以攀登上去的平台,这些平台可以为学生提供远景观察的机会,增加了学生从不同角度观察世界的经验。同时,学生身体在攀登平台的过程中,可以感受到自身身体和自身视野的变化。[①] 因此可以说,民小建筑的设计者拥有"儿童视角",也拥有"对他者的关怀",更拥有一个从学生身体出发的"寓身视角"。

(2)民小建筑环境融合了学生以往的生活经验、身体体验。

民小由于地处历史古镇,学生长期生活于其中,因而有许多关于古镇的美好记忆与生活体验。而地震后古镇损坏严重,民小新建筑环境的建设则延续了古镇所具有的历史感,将学校作为一个微缩的城市来建造。在研究者探索学生是否喜欢民小建筑以及为什么喜欢或不喜欢的过程中发现,民小学生认为学校建筑环境很漂亮,而很漂亮的其中一个重要原因是感觉很古老,以及材料颜色很漂亮。[②]"感觉很古老",用学生的话来解释是因为有一种"弯弯曲曲"的感觉,这种感觉类似于他们在历史古镇的生活体验,因为历史古镇有着许多弯弯曲曲的小道。"感觉很古老"的另一个解释是"感觉砖很古老""混凝土很古老",这种对古老的解释,也是源自他们对材料的一种身体感觉体验,如摸起来很舒服、颜色显得很古老等。学校建筑环境的这一"古老"特征,体现的是对学生以往生活体验的再现或重构,会让学生对学校产生一种"熟悉感"和"亲近感",这对于学生是否愿意在学校中学习、是否积极地参与到学习中是至关重要的。

(3)民小建筑环境融合了自然环境,引发了学生的身体探索。

如我们在"回归自然环境或者创造富含自然元素的环境"这一小节中所说的,自然环境能够为学生提供丰富的身体感觉刺激,并且引发学生的探究活动和学习反应。学生对学校建筑环境中的木头和竹子等自然材料的使用,产生了一种"很天然""很自然"的感受。通过这些自然材料的融入,学生产生了一些基本的学习探究行为,如"学生能够细致地体察到木头和竹子这两种材料并不只是一种颜色,而是包含着许多种颜色"[③]。学生喜欢的地方中,有一个是鱼池。

---

① Beltzig G. Learn to Play, Play to Learn[J]. Nature,2015,523(16):287-288.
② 李若星.试论具身设计[D].北京:清华大学,2014:103.
③ 李若星.试论具身设计[D].北京:清华大学,2014:106.

学生喜欢的事情就是在鱼池边或者楼梯上观察小鱼儿,游动的小鱼儿和流动的水,以及鱼池映在建筑物上的波动光影作为自然之物都被融入学校建筑环境之中,引发着学生身体的感知、体验和探索。

4. 学校建筑环境的反思

在对民小建筑环境的分析中,我们发现,民小建筑环境是能够支持寓身学习实现的。因为它的设计者所持有的设计理念以及最后形成的建筑环境,都具有"儿童视角",也拥有"对他者的关怀",或者说拥有一个从学生身体出发的"寓身视角"。但是,这只是课堂之外的寓身学习环境,那么具体到教室之中,又是否具备"寓身学习"的整体环境呢? 从现有的一些资料来看,我们看到课堂中仍是一排排的桌椅,属于传统的秧田式结构(见图 11)。[1] 这并不利于寓身学习的实现。因为,支持寓身学习的教室环境应该是一种能够促进学生交互作用、相互合作、身体移动、社会参与的开放性环境。要真正实现教室内环境的寓身性,在实践中会受到很多要素的制约。不过,仍可以通过一些具体的措施来改变传统的教室环境。例如,配置一些移动的、多功能的教室设备促进学生积极地参与;改变学生座位结构的形式,以确保学生与同伴、与教师的互动;改变让教师高高在上的三尺讲台,以确保学生与教师之间的平等交流。

图 11 民小的秧田式座位结构

① 华黎.城市记忆重塑——四川德阳孝泉镇民族小学"5·12"地震灾后重建[J].广西城镇建设,2013(5).

第二节　寓身课程的建设

课程与学习存在着十分紧密的联系,"课程的性质决定学习的品质与方式,有什么样的课程,就有什么样的学习,重建课程是重建学习的重要基础"。[①] 因此,实现寓身学习,也需要依赖于寓身课程的建构。

对于什么是寓身课程,有学者曾经下过一个定义:寓身课程是由人类体验塑造和形成的一种课程,这种课程最终会成为人类鲜活体验的一部分。寓身课程重视身体,将身体视为感知、理解世界和环境的核心。[②] 寓身课程的演化呈现出了历史意义,因为它使人领会课程这个术语的内涵变化,即课程从一种独立于人之生活体验的严密知识体系,转变成为知识与现实交互作用,不断建构和重建的过程,也转变成为"现实是什么"和"现实如何被体验到"之间不断相互协商的过程。

从寓身课程的定义来看,身体体验是其核心特征。因此,围绕学生的身体体验建构课程体系是实现寓身学习的重要基础。新课程改革确立了由学科课程、综合实践活动课程组成的国家课程结构。学科课程又可以细分为两种:一种是本身包含了身体的学科课程,如体育、音乐、舞蹈、美术等;一种是传统观点所认为的以认知发展为主的学科课程,如数学、语文、物理、生物、历史等。为了区别于本身包含身体的学科课程,我们将这一类课程称为"认知学科课程"。[③]在学科课程、综合实践活动课程这些国家课程之外,还存在着区域课程或地方课程以及校本课程,即根据区域特点、学校发展特点以及学生需求而开设的课程。这类课程具有比较大的自主性以及动态性。因此可以根据实际情况建立比较灵活的、动态的、专门的身体教育课程。

---

① 郝德永.快乐学习:愿景与路径[J].全球教育展望,2006(7).

② Christodoulou N. Embodied Curriculum [J]. Encyclopedia of Curriculum Studies,2010:331-332.

③ 传统观点认为"这类学科课程是以心智或者认知发展为主的",这是错误的。因此,我们批判这种错误观点,强调学生身体体验的融入。

一、融入身体体验的认知学科课程建设

学科课程中,占比重最大、最受重视的无疑是那些被认为与心智发展或者考试成绩高度有关的课程,如语数外等。这类传统意义上的课程,由于种种现实因素的制约,一直在学校课程体系中占据着牢不可破的地位。因此,传统的认知学科课程现在无法完全突破学科界限,走向一种以学生身体体验为核心,以主题或者问题形式呈现的综合课程。即便是在儿童经验还未完全分化的小学阶段,传统的学科课程仍然有着明确和清晰的学科界限。虽然传统学科课程的地位与形式迄今为止很难撼动,但仍可以通过一些具体的措施,在一定程度上改变传统学科课程完全以心智训练为主的局面,从而将学生的身体体验融入其中,使之呈现寓身化的特征。使传统学科课程寓身化的措施,主要包括以下几个方面。

(一)重视学科课程的体验性目标的设定

传统学科课程往往过于重视认知目标的设定,忽视情、意、行等目标的设定。体验性课程目标的缺乏,在某种程度上不利于学生寓身学习的实现。新课程改革提出,每个学科的课程标准,应该结合学科自身的特点,重视过程性目标与体验性目标,从而促进学生的主动参与和亲身实践。而义务教育课程标准将课程目标划分为知识与技能、过程与方法、情感态度和价值观三类,并且每类课程目标都是用行为动词来表述的,如探索、操作、执行、组织、参与、接触、回应、表现、仿效等行为动词。教育改革的推进作用,使得体验性课程目标开始登上舞台。在传统的学科课程目标的设定过程中,增加并且强调体验性目标,是使课程寓身化的重要前提。

(二)增设体验性的学科课程内容

为了支持体验性的学科课程目标的实现,学科课程的内容也应该注意增设一些体验性的课程内容。这可以从两个方面获得支持:一方面,学科内部的课程内容整合。按照一定的主题对学科内部的课程内容进行整合,能够优化学科结构,促进学生的整体学习,使学生建构一个比较整体的知识体系;更重要的是通过优化学科结构,避免学生的重复学习,给学生留下时间去探索和体验。另一方面,教材增加一些引导学生体验和探索的问题。作为呈现课程内容的形式之一,教材需要为学生的体验、探索、想象增加一些机会。这些能够引导学生体验和探索的问题,包括了:①情境性的问题。设定一定的情境,让学生去寻找或创造这一情境,在情境中体验问题、解决问题;例如,语文课中有《悉尼歌剧院》一文,可给学生留下能够通过参观本地歌剧院获得体会和认识的问题。②开放性的问题。教材中给学生留有的问题,不设定标准答案或者固定答案,让学生利用自身独特的生活体验、感悟经历去体验问题和解决问题。③需要动手操作的问题。那些需要动手操作才能获得知识的问题能够激发学生的探究欲望和体验欲望。例如,物理教材中给学生留的问题是:学生在家里制作一个陀螺,然后在陀螺上画上蓝红绿三个等份的颜色,并在转动陀螺后记录陀螺颜色的变化。诸如此类的问题,学生只有通过亲身体验和实践才能获得知识。

(三)实施表现性的学科课程评价

学科课程评价通常是通过纸笔测验来实现的。纸笔测验在很大程度上导向了一种不关注学生身体体验的学科课程。因此,将身体体验融入传统学科课程,其中一个重要的步骤就是改变评价方式,实施表现性课程评价。

课程评价中的表现性评价,是指在真实的或者模拟真实的情境中,考查学生知识的掌握程度,以及学生解决问题、合作交流、批判性思考等能力。表现性评价,由于强调一种真实的情境,或者一种模拟真实的情境,因此又被称为真实性评价。表现性评价所强调的这种真实情境或者模拟的真实情境,能够让学生在其中结合自己的生活体验解决现实问题,与实际生活中的人进行互动和交流。因而,表现性评价是一种寓身性的评价方式。接下来,我们将以上海市一所小学开展的表现性评价,来说明传统认知学科课程是如何实现寓身学习的。[①]

"上海某小学表现性评价"案例

为了深化课程改革,减轻小学生尤其是低年级小学生的学业负担,上海市某区自 2013 年开始推进小学一、二年级基于课程标准的课程评价工作,取消小学一、二年级的期中、期末等各类考试。在此背景之下,上海某小学开始着力于改变以甄别

---

① 节选自上海市一所小学数学期末综合表现性评价方案。

选拔为主的评价理念,以及以纸笔测验为主的评价方式,谋求一种注重学生长远发展的评价理念,形成以表现性评价为主的评价方式。为此,他们制订了学生表现性评价方案,包括三个方面的模块:日常表现性评价,单元表现性评价,期末综合表现性评价。其中,期末综合表现性评价的实施尤其能够反映如何使传统认知学科课程评价寓身化,从而促进学生寓身学习的落实。

以小学一年级数学的期末综合性表现评价为例,该小学数学组设置了真实的情境来评价学生的数学水平。具体来说,数学组在期末综合性表现评价中,设置了一个迎接新年的数学课程表现性评价方案。在这个"一砖一瓦迎新年"的方案中,设置了三个表现性任务,分别为"巧思猜形状""数墙砌暖炉""讲算贺新年"。在"巧思猜形状"表现性任务中,一个学生用自己的语言描述一个物体的形状,另一个学生根据第一个学生的描述用手摸出该形状的模具,在这个任务中,学生感知、倾听、交流的能力得到综合性的评价;在"数墙砌暖炉"这个表现性任务中,学生观察数墙上缺失的数字,然后用跑或者跳的方式到达指定地点,找到数字后,返回到数字墙并将数字砌上去;在"讲算贺新年"中,学生观察那些富有年味的图片,如窗花、福字等,将图片上的应用题内容用自己的语言进行描述,在这个过程中评价学生的应用能力与表达能力。三个表现性任务内容紧凑,富有趣味,易于操作和评价,学生能够在体验、互动、交流中将平日里学到的数学知识运用于其中。表3是上海某小学制订的一年级数学期末综合表现性评价方案。

对小学数学期末表现性评价方案的评价反思:

这一数学期末综合表现性评价方案,告别了传统的纸笔测验,而设置了一个比较真实的情境,也为学生设置了许多体验性的任务,让学生在这个真实的情境中体验、参与、动手操作、互动交流。这是学科课程评价的重大进步。但是,在这个评价方案中,仍然带有一些机械的、应试的色彩,例如,让学生必须列出正确的算式;又如设定了许多计划,评价方案的实施完全按照既定的计划,对于实施过程的情境方面重视还有所欠缺;又如教师在这个表现性评价方案中代替学生做了许多工作,对于学生自主性探索和行动的重视不够充分。因此,这一数学期末表现性评价方案,还可以从以上所说的几个方面着手改进,能够更加重视问题的开放性与多样性,更加重视过程的情境性和生成性,更加重视学生自主性的体验与问题解决。

在现有的学科框架之内,可以通过设置体验性的课程目标、增添体验性的课程内容、实施表现性课程评价等方式来推动学科课程寓身化,进而推动学生寓身学习的实现。

表3 上海某小学的一年级数学期末综合表现性评价方案

《教学课程标准》(一年级)	项目		表现性任务		评定规则(三级标准)		
	项目名称	环节名称	实施过程	评价维度	A 三朵小兰花	B 两朵小兰花	C 一朵小兰花
能识别正方体、长方体、圆柱体、球,初步描述不同形状的特点	一砖一瓦迎新年	巧思猜形状	给孩子准备四种形状的物体,放在不透明的袋中,两个孩子互相合作,一人描述一种物体的形状特点,另一人从袋中摸出这样的物体并说出形状名称。之后,两人交换任务	感知能力	能正确找出需要的物体	摸出错误的物体后能及时改正	无法正确摸出需要的物体
				倾听能力	能认真倾听并理解对方的描述,猜出物体的形状	能认真倾听,但猜不出物体的形状	无法倾听别人的讲话
				交流能力	能准确、快速描述物体形状的特点	能描述清楚部分物体的形状特点	语言表达不清,无法和同伴交流
正确计算20以内数的加减法		数墙砌暖炉	老师搭好最底层的几块数砖,或者教师先搭好最上面的数砖及部分下面的数砖,学生补充其中缺少的数砖。学生计算好需要的数砖迅速跑到对面的桌子上找需要的数砖卡,再跑回来搭好数砖墙。限时2分钟	观察能力	能准确快速地寻找数墙所含信息,并快速取出需要的数卡	能正确找出数墙所含信息,但取数卡速度较慢	无法正确地找出数墙所包含的信息,也不能顺利取出全部需要的数卡
				计算能力	能理解数墙的意义,放对3张数卡	能理解数墙的意义,但放错1或2张	无法理解数墙的意义,全放错
				记忆能力	能摆对,能记对数字,并能一次往返跑就取回	能摆对,但是数字记错了需要往返多次取得数卡	无法摆对,数字也多次拿错
运用数学知识解决日常生活中的简单问题,并将自己的观点表达出来		一砖一瓦迎新年	准备一些与春节有关的图卡,让学生抽取其中一幅,根据图意编一道加法或减法题,列式解答	表达能力	能说出图的含义、提出问题并解答,能流畅、正确地与教师交流	能说出或部分说出图的含义但不能正确提出问题,在教师的提示下能正确说出图意,列出算式	有一些想法,但是语言表达不清,在教师提示后仍然不能表达清楚,也不能正确列出算式
				计算能力	能正确理解要求,列出算式并计算正确	用对加减法和数字,但是计算错误	用错误的算式,并且计算也错误
				仪态	倾听教师的要求时注意力集中,表达自己的想法时非常自信	倾听教师的要求时注意力比较集中,表达自己的想法时有一定的自信心	倾听教师要求时注意力不够集中,表达自己的想法时没有自信心

二、本身包含身体的学科课程建设

寓身课程,尤其是与美学、艺术等有关的课程,我们需要从对身体哲学的理解出发来建设,而不是从心智哲学去设想。[①] 在我们现有的课程体系中,本身就包含了身体的学科课程,就是指那些需要通过身体操作、身体行动来完成的课程,例如,体育、音乐、舞蹈等课程,它们都与美学和艺术相关。

这类课程在当今的课程结构中主要存在三种问题:一是本身包含身体的学科课程缺乏。正如我们在本研究开始时指出的,它们没有在课程表上占据一席之地。二是这类课程被传统学科课程占用,尤其是被语数外等所谓的主科占用。三是沦为机械的身体训练,如体育课成为学生准确练习某个身体动作的课程。不管出现了哪一种问题,都不能使学生实现寓身学习。

这类课程出现的三种问题,主要原因是人们对这类课程价值的忽视,并且由于这种忽视,现行的评价体制中缺少了对这类课程的评价。因此,重新认识这类课程的价值并且建立相应的评价制度,才能够为学生寓身学习的实现提供课程支撑。

其实,这些与美学、艺术相关的学科课程,虽然都是包含身体的课程,但是它们所具有的价值却不仅仅局限于生物学意义上的身体健康、身体的技能或者身体的机械训练,它们的价值还体现在思维的发展、情绪情感的表达上。例如,体育除了对身体健康有益之外,还会发展身体运动智力和空间智力,如身体完成某项运动、身体与他人进行的互动交流,以及通过身体感受到的时空关系。而音乐除了会调动学生身体活动外,还因为音乐经验是自然的也是文化的,因此其旋律充满了感情的、情绪的表达,会使人产生一种自我和文化的归属感,这种通过身体活动而建构的认同是长久的和持续的。舞蹈同样也有巨大的作用,"舞蹈是一种感知方式,是一种身体的知识,是个人和社会经验,舞蹈是一个了解自我、了解他人、了解世界的方式。舞蹈教育以一种不同于写或者说的方式,甚至不同于可见的或者听觉符号的方式,让个体与其他人交流……","舞蹈不

---

① Bresler L. Knowing Bodies, Moving Minds [M]. Dordrecht/ Boston/ London:Kluwer Academic Publishers,2004:25.

是一种盲目的行为,而是包含了探索、感知、专注、规划和承诺。这是记忆、转化、解释、应用、分析、综合和评价的积极作用。创造舞蹈的过程,是个人参与的过程,是找到新的运动或者组织运动,以新的方式利用个人资源的过程"。① 由此可见,本身包含身体的学科课程,并不能只重视身体技能或者身体动作的训练,也不能忽略身体运动本身伴随着的思维,它必须关注的是身体与心智的一体发展或者融合发展。在明确了这些本身包含身体的学科课程的价值基础上,我们需要为这类学科课程的发展提供一些制度、师资等方面的保障。具体来说,包括以下几个方面:

(1)使这类学科课程作为一种正式的课程在课程标准、学校课程中占据坚实的位置。体育、音乐在我国基础教育课程中大都已经出现在了课程标准以及学校课程设置之中,而舞蹈等学科的地位还没有被确定下来,或者说只是作为音乐的附属而存在。而在 20 世纪 90 年代的美国,舞蹈课程已经在全国课程标准以及州标准中占据了稳固的位置。在课程标准中明确规定这类课程,能够为这类课程获得重视提供制度和政策方面的依据与保障。

(2)这类课程的比重与其他学科课程之间的比例应该维持基本的均衡。这意味着这些课程应该有基本的课时保障,与此同时,这类课程实施应该得到完善的监管,保证不被传统学科课程所占用。例如,美国加州艺术教育课程的设计与实施,都有艺术学监与学区管理者的专门监督和管理。②

(3)这类课程应该有专职的教师来承担。专职的教师意味着教师既需要有教育学知识,能够了解教育、课程、学生;也要有这类学科的专业知识。只有融合了教育学知识与学科专业知识,教师才能够在教学过程中与学生共同建构和创造寓身课程。

(4)这类课程应该具有专门的活动室等硬件设施。例如,为了保证在体育、音乐、舞蹈课程中,教师与学生的身体活动有充分舒展和活动的空间,并且保证师生身体互动、生生身体互动有自由和充分的空间,应该建设配套的活动室或者多功能教室。

(5)建立这些课程的相应评价制度。这类课程的评价不应该以专业知识的

---

① Bresler L. Knowing Bodies, Moving Minds [M]. Dordrecht/ Boston/London: Kluwer Academic Publishers, 2004: 139-140.

② http://www.cde.ca.gov/ci/cr/cf/documents/vpaframewrk.pdf.

识记或者身体动作技能的准确操作为评价标准，而应该制定一种融合了身心整体发展的具体评价标准。并且在评价学生之前，将其告知学生。而评价方式也需要更加灵活、多样。例如，美国加州中小学艺术教育的评价中，学生的演出、作品展览等是一个重要的评价方式。同时，其还建立了学生作品的档案袋，包括学生的作品档案袋、评估任务档案袋、优秀作品档案袋、比赛作品档案袋等。同时，自我的评价以及集体的评价也是加州中小学艺术教育课程评价的重要方式。[①]

三、本身包含身体的综合实践活动课程建设

新课程改革将综合实践活动课程设置为与学科课程并列的一种国家课程。综合实践活动课程包括研究性学习、信息技术教育、劳动技术教育、社区服务与社会实践等。它"旨在加强学生创新精神和实践能力的培养，加强学校教育与社会发展的联系，改变封闭办学、脱离社会的不良倾向，培养学生的社会责任感"[②]。由此可见，综合实践活动作为一种"指向学生实践能力"的课程，比传统的学科课程更能够集中地体现和依赖于"身体行动与身体体验"。与此同时，由于综合实践活动课程并不受严格学科界限的制约，以学生的生活世界、生活体验为其基本内容和课程资源，从而给学生提供了体验和实践的更广阔空间。由此可以说，学生的"以身体之""身体力行"，是综合实践活动课程本质的重要体现。如果缺少了学生的"以身体之""身体力行"，综合实践活动课程就失去了存在的根基。

本身就包含身体的综合实践活动课程，依照其本质，可以说是学生寓身学习实现的一个重要课程载体。不过，由于原有知识观、课程观、学生观、教材观等的约束和限制，综合实践活动课程的建设很容易成为一种传授理性知识的过程。为此，综合实践活动课程的建设，需要注意以下几点才能够促进学生寓身学习的实现。

(一)从学生生活体验中形成研究主题

学科课程有着严密的学科知识体系，这意味着学生的"以身体之"大都在学

---

① http://www.cde.ca.gov/ci/cr/cf/documents/vpaframewrk.pdf.

② 钟启泉，崔允漷，张华.为了中华民族的复兴，为了每位学生的发展——《基础教育课程改革纲要(试行)》解读[M].上海：华东师范大学出版社，2001：7.

科逻辑框架内进行。但是综合实践活动课程面向学生的生活世界,学生在与生活世界的相遇和互动中探索和体验着世界。"无论山川湖泊、花鸟虫鱼等自然界中的事物,还是雷雨闪电、霁月风光等自然现象,抑或世态炎凉、人际交往、社会关系等人类社会生活或人为世界",①都是学生选择综合实践活动研究主题的来源。学生从自身的生活体验中选择综合实践活动的研究主题,关注生活本身对于自身的价值与意义,保证了综合实践活动课程的寓身本质,从而使综合实践活动课程成为寓身学习实现的课程载体。与此同时,学生从自身生活体验、实践经验中选择研究主题的过程,本身就是学生不断地观察、尝试、体验、思考、验证、行动的过程,选题过程本身便是一个"以身体之"的寓身学习过程。

(二)在学生生活中开展主题研究

学生从自身生活中确定研究主题后,需要回归到生活中进行主题的研究。综合实践活动由于其研究主题、研究内容都来源于丰富和广阔的生活世界,因此,开展主题研究的过程也应该深入到生活中。例如,要解决盲人实际生活的困难,就需要让学生设计合理的访谈提纲去访谈现实生活中的真正盲人,在真实的生活情境中蒙住眼睛去体会盲人的日常生活,有针对性地考察盲人生活的困难并加以解决。综合实践活动课程只有在生活中开展和实施,才会有鲜活的生命力,才可以为学生的寓身学习提供支撑。学生在生活中开展综合实践活动课程,需要家长、学校、社会等力量的协同支持。

(三)在生活实践中检验和应用研究成果

综合实践活动课程内容来自学生的生活世界,需要在学生的生活世界中开展,更需要在生活中检验、应用。在生活中检验综合实践活动的研究成果,并且根据具体的情境去应用研究成果,这个检验与应用的过程就是学生"以身体之"的过程。例如,有学生研究垃圾分类的问题,经过在生活中的调查研究后发现,生活中人们对垃圾不进行分类的一个重要原因是,人们对垃圾分类的标识识别不够清楚,或者说垃圾分类标识并没有给人们非常清楚的标识。因此,学生便开始针对这一问题进行垃圾分类新标识的设计,在设计完成之后又将其应用到学校、社区的垃圾桶上,并且再进行新一轮的调查研究,实验新标识的明确性和有效性。因此,只有在生活中不断地检验和应用综合实践活动课程的研究成

---

① 张华.综合实践活动课程研究[M].上海:上海科技教育出版社,2009:XII.

果,才能产生中国传统儒家思想中所说的"身体力行""知行合一",才能真正实现寓身学习。

综上所述,本身包含身体的综合实践活动课程,指向学生实践能力,是一种寓身性课程。明确了综合实践活动课程的这一特质,只要从学生生活中选取主题、在学生生活中开展研究,并在生活实践中检验和应用研究成果,那么,综合实践活动课程就能为学生寓身学习的实现提供课程载体。

四、专门的身体教育课程建设

与学科课程、综合实践活动课程等国家课程有所不同,专门的身体教育课程可以是根据区域特征、学校发展特色、学生发展需求而建设的区域课程或校本课程。这类专门的身体教育课程与包含身体的学科课程(如体育等)有所不同。最大的不同在于,专门的身体教育课程包含了更深层次的伦理与价值考虑。

在我国某些地方的基础教育课程中,心理健康课程占据了一席之地(如第一章中的课程表所示)。但仅从心理健康的角度来考虑学生的成长与发展,是远远不够的。并且,心理主义的课程取向在分析学生的心理世界时,已经把整体的、活生生的、具体的学生化约成了抽象的学生概念。而我们在本研究最开始就认为,身体是一个融合了身心、感性与理性的生命整体。因此,本研究试图从这一整体身体观出发,去建构专门的身体教育课程。下面将列举几个专门的身体教育课程,来说明这些课程在实现学生寓身学习中所发挥的作用。

(一)家庭生活教育课程

家庭是每个学生生活和接受教育的第一场所,在这个场所中涉及了儿童的身心健康、对自我的认识、与家庭成员的关系等具体内容。因此,开设家庭生活教育课程是十分必要的。家庭生活教育课程即是一种"通过向家庭成员提供信息、技术、经验或资源,增强、改善和丰富他们的家庭经验,改善家庭生活质量"[1]的课程。美国弗吉尼亚州曾在 1987 年制定了 K-12 不同学段学生的家庭生活教育课程标准,这个标准大体上涉及了以下内容:①学生的成长与发展,包

---

① 夏岩.美国家庭生活教育导论[M]//史秋琴.城市变迁与家庭教育.上海:上海文化出版社,2006:211.

括对于身体、认知、情感、社会、道德、个性等方面的发展;②学生对于性行为的认识,包括了解不同生命阶段生理、心理、文化等因素对性的影响,对性行为有正确的态度,对积极的身体接触和消极的身体接触有明确的区分,对消极的身体接触有回应策略,等等;③学生对自我的认识,包括学生对成功的体验与积极感受,了解自己的优势与短处,形成归属感,确定自己在家庭中的角色,意识到自身行为的逻辑后果,对自己的教育、职业制定一定的目标,等等;④学生对家庭关系的理解和处理,包括如何通过一定的行为或身体活动表达感情,协调和处理家庭成员之间的关系,如何解决困难和矛盾,等等;⑤学生对家庭资源的管理,包括意识到广告如何利用情绪使我们购买商品,物质的过度使用对于身体的影响,等等;⑥学生对家庭与外界关系的理解,包括利用社区资源满足家庭需要等。弗吉尼亚州的家庭生活教育课程标准还为要教授家庭生活教育的教师提供指导(包括教育部门为家庭生活教育教师提供培训和电话会议,汇集多方力量制定教师发展计划,为全州教师夏季培训会议提供工作坊),并且鼓励家庭与社区参与到家庭生活教育之中。

由此可见,家庭生活教育课程,建立了以家庭生活为中心的课程标准和内容。家庭生活围绕着学生的身心整体发展而展开,并且因为每个学生都具有家庭生活,因此每个学生都能够通过身体力行、实践交往等获得个体化的知识与体验。因此,家庭生活教育课程可以作为专门的身体教育课程来开展。

(二)健康教育课程

健康教育课程不同于我们平时所说的体育课,它的内涵与范围远远超出了体育。健康教育涉及身体,但是对于影响身体的社会、文化、历史等因素更加重视。我们从美国制定的 K-12 健康教育标准中就可以体会到这一点。健康教育标准有 8 条。[①] ①学生可以理解与健康发展、疾病防治相关的概念,从而促进健康。这个标准包括建立在健康行为理论和模型基础上的关键概念,聚焦于健康促进和健康危机减弱的概念。②学生可以分析家庭、同伴、文化、媒体、技术以及其他因素对于健康行为的影响。这个标准聚焦于影响健康实践和行为的内外因素,包括个人价值、信念、感知标准。③学生可以有能力接触到有效信息、产品和服务去增进健康。这个标准聚焦于辨别有效的健康资源以及去除未被

---

① National Health Education Standards PreK-12[R]. Second Edition. American Caner Society. 2007.

证实的资源。对于健康资源的分析、比较、评价等能力的运用能够帮助学生形成健康文化。④学生可以运用人际沟通技巧去增强健康，避免或者减少健康威胁。这个标准聚焦于学生如何使用语言，或者非语言的技能去形成和保持健康的人际关系。组织和传递信息、感受的能力是加强人际互动、减少或者避免冲突的基础。⑤学生可以运用做决定的技能去增强健康。这个标准包括做健康决定时采取的关键步骤。当解决健康问题时，做决定的过程可以让学生去与别人合作，从而提高生活质量。⑥学生可以有能力去运用目标设定技能增强健康。这个标准包括达成短期目标和长期目标的关键步骤。这些技能让学生对于未来有动力和计划。⑦学生可以有能力去践行增强健康的行为，减少或者避免健康威胁。实践健康行为有助于生活的健康质量，并且许多疾病和伤害可以通过减少危险行为来避免。这个标准促进个人对于健康责任的接纳以及健康行为的实践。⑧学生可以有能力倡导个人、家庭、社区健康。这个标准帮助学生发展重要的技能去聚焦于获取健康信息以及鼓励别人采取健康行为。

围绕着身体以及影响身体的社会、文化、历史因素而展开的健康教育课程，可以作为一种专门的身体教育课程来展开。虽然，国家健康教育标准是一种国家标准，但是在建设富有区域特点或者学校特点的专门的身体教育课程时，仍然可以作为一个重要的课程资源。

(三)生命教育课程

生命的开始、发展与结束，可以说是身体的开始、发展与结束。但生命开始、发展与结束，还涉及一段关系的开始、发展与结束。因而，生命教育涉及身心、社会关系、人的角色转变等多方面。生命教育课程可以说是围绕身体而展开的一个全方位的整体课程，它可以作为一种专门的身体教育课程而存在。生命教育其中的一个重要内容是死亡教育，而香港在死亡教育上有着比较成熟的研究和实践，可以为专门的身体教育课程建设提供一些启发。香港死亡教育强调认知、情感、行为、价值层面的目标，肯定了学生作为一种整体的存在。从认知层面上来说，为学生提供有关死亡事件的资讯，能帮助学生了解这些事件，并且为学生提供讨论机会，使学生能统整这些信息和资讯。从情感层面上来说，学生学会了面对死亡的情感情绪，也就学会处理悲伤的情绪。从行为层面上来说，学生应该学会如何帮助和照顾逝者的亲属。从价值层面上来说，是通过死亡的必然性来反省生命的意义与价值。由此可见，生命教育课程关注的是学生身体、行为、认知、情感等方面的整体发展。因此,生命教育课程可以作为一种专门的身体教育课程来开展。

(四)性教育课程

性教育不仅仅关涉生物学意义上的身体,更关涉与身体相关的社会、文化、历史、道德因素。因此,性教育可以作为一种融合了学生身心发展的、专门的身体教育课程来建构和开展。美国根据学生的年龄特征以及性教育相关的理论资源,从解剖学和生理学、青春期青少年发展、身份认同、妊娠和生殖、性传播疾病、健康的关系、个人的安全七个模块出发,制定了不同年级的性教育标准。①区域或者学校可以借鉴国家制定的性教育课程标准,并结合区域特征、学校特色,以及学生发展需求,建设相应的性教育课程。

下面一个案例描述了一种专门的身体教育课程,可以为我们建设专门的身体教育课程提供一些借鉴和启发。上海市某中学为了培养学生尊重生命、珍惜生命的意识,开设了生命教育课程。其中的一个片段可以较好地说明生命教育课程如何能够促进寓身学习的实现:

生命教育课程的这一案例,包括了两个板块的内容:一是我们为什么要尊重生命,二是我们怎样尊重生命。

"我们为什么要尊重生命"这一板块囊括了三个方面的内容:①了解受精过程,体会生命的独特性。了解精子与卵子结合并降临人世的概率是 2 亿到 3 亿分之一,体会生命诞生的难得。②了解自身的生命成长过程,体会生命成长的不易。学生与家长交流,去体会父母生育、养育自己的艰辛。③了解生命的短暂,体会生命的珍贵。通过讲述自己身边的故事、自己亲身经历的故事,体会生命的有限与珍贵。

第二个板块"我们怎样尊重生命",也包括了三个部分:①学生结合自身的经历探讨,尊重生命不仅是活着,更是有意义地活着。例如,有学生就通过自己沉迷于游戏的经历,说明打游戏之后产生的巨大空虚感,从而意识到宝贵的生命不能浪费在让人产生空虚的事情上,而要做有意义的事情。②分享他人的故事,学习他人尊重生命的方式。了解尼克·胡哲的人生,体会一个无四肢的人是如何用实际行动来尊重生命、活出精彩的。③结合自身的经历,讨论如何让

---

① Sorace D. National Sexuality Education Standards[R]. Encyclopedia of School Health,2012:1-44.

自己的生命充满意义。有学生结合自身在生活中的观察与体验，认为在生活中遵守规则，如交通规则等，是尊重自己的生命也是尊重别人生命的重要体现。通过两大板块的生命教育课程内容，学生结合自己在生活中的体验，对于生命有了更深的感悟。①

　　我们在此列举了几种"专门的身体教育课程"。在这些专门的身体教育课程中，所列举的任何一个领域，都直接地关涉到生物学上的身体，同时也关涉到社会、文化、历史、道德、伦理等方面的身体。专门的身体教育课程，意味着身体在学校课程体系中的直接出场，意味着身体在课程体系中占有一席之地，这使得教师和学生有更多的机会去理解身体、从丰富的身体资源中获得学习资源，也可以有更多的机会运用身体学习，因而它们可以作为学生寓身学习实现的载体。不过，建设专门的身体教育课程仍需要注意以下几个问题：①避免随意性，注意课程的连续性。不同于学科课程按照严格的学科知识逻辑来组织、建设与实施，专门的身体教育课程有时会陷入一些零散和随意建设的境况。为了避免此类情况的产生，需要注意学生发展的阶段性和连续性，在建设专门的身体教育课程时，应该注意使各个学段的课程内容保持连贯性和一体化。例如，在建构性教育课程时，因为学生在不同的年龄段有着不同的发展特征，因此小学阶段、中学阶段的性教育内容应该有不同的侧重；与此同时，学生的发展又有一定的连续性，因此小学阶段和中学阶段的性教育内容需要保持内在的联系，形成一个小学、中学甚至大学一体化的性教育课程体系。②汇聚各种资源要素和发展力量的协同支持。专门的身体教育课程建设，需要家庭、社区、学校等多方力量的支持。例如，健康教育课程、生死教育课程、性教育课程等都是与医院无法分开的，医院能够为这些课程建设提供资源、场地、专业人员等方面的支持。专门的身体教育课程应该充分利用这些校外场地与资源。诸如此类的场地还有博物馆、科技馆、体验馆等。

　　以上所列举的几个领域可以作为专门的身体教育课程来实施，但是专门的身体教育课程也并不仅仅限于这些领域，随着研究的深入、时代的发展，还会出现更多的专门的身体教育课程。例如，根据哲学、社会学、人类学等方面的研究，在基础教育课程中，建构政治中的身体、跨文化中的身体、消费中的身体等课程。总之，身体课程资源是丰富的、广阔的，有待于进一步的挖掘与思考。

---

　　①　摘自上海市一所中学的生命教育课程开发案例。

第三节　教师"寓身于教"的素养与能力

寓身学习的实现,除了学习环境的寓身化,以及课程的寓身化以外,还需要教师拥有"寓身于教"的素养与能力。因此,本节主要从教师"寓身于教"的素养和能力来考查学生寓身学习实现的可能性。笔者认为,教师"寓身于教"的素养与能力,主要包括以下几个方面:首先,教师对寓身学习价值的体认;其次,教师对学生身体活动的判断与解读;再次,教师需要对自身的身体活动有所关注;最后,教师的教学形式要实现寓身化,而游戏教学作为一种教学形式具有内在的寓身性,可以作为寓身学习的实现路径。

一、教师对寓身学习价值的体认

教师对寓身学习价值的体认,是教师"寓身于教"得以形成的内在驱动机制,也是教师能够落实和践行寓身教学的根本前提。在教育实践中,教师对寓身学习的价值有何认识呢?笔者曾经把寓身学习介绍给一线教师,试图探察教师对寓身学习的态度。

有一部分教师比较认可寓身学习的理念及其价值,他们支持寓身学习的理由主要有:

教师1:我觉得你说的这个"寓身学习"很有意思啊……寓身学习能够让学生得到整体的发展,这一点我是很认可的,现在学生的问题就是光知道某个知识,遇到问题不会解决,成了名副其实的"书呆子"。这样的孩子到了社会后肯定是不行的……①

教师2:注重学生的身体体验,能够比较快地进入到学习情境中。学生比较喜欢这种学习方式,尤其是那些年龄比较小的孩子是坐不住的,只有让他们

---

① 摘自笔者在 2015 年 5 月 16 日与苏州市一位高中教师的交谈记录。

动起来,他们才喜欢……①

教师3:这种学习方式能让学生亲身体验,只有亲身体验了才能有深刻的领悟,才能对他们今后的人生真正有影响。如果只让他们记忆、背诵,考完试就把知识全还给老师了……②

但是,有些教师对于寓身学习或者寓身的学习方式持有怀疑或者观望态度,其中有几位教师的观点比较典型地代表了他们的态度,详细摘录如下:

教师4:我觉得寓身学习不能保证课堂的效率,光让学生去做,一节课的时间很快就过去了,老师该讲的知识点讲不了,最后教学任务完成不了,怎么跟家长、领导交代?

教师5:确实有点浪费时间,如果让孩子去体验、去做的话,老师也不能保证他们到底在做什么,是不是真的在学习? 感觉整个课堂很难把握,很难控制。

教师6:我也有同样的感觉,寓身学习对老师的要求可能比较高。如果按原来的方式教的话,老师只要备好课,然后把知识点教给学生就行了,你要是让学生去体验、去做,我觉得老师的压力蛮大的。

教师7:我比较同意这个观点。我觉得这个寓身学习对于一些教龄很长的老师来说,可能是比较困难的,因为已经习惯了原来的教学方式,很难改变。而且,老教师可能很难有精力和体力去应付那么大的"场面"……

教师8:我觉得有些知识就是死的,尤其是我们数学上的许多定理啊,像乘法表、两点之间直线最短、勾股定理这类的知识,都是死的知识,怎么让学生去体验呢? 直接告诉他们记住这些公式,可能是最方便、最牢固的方法了。我们这个数学学科不像文科的东西,文科有很多不确定的答案,文科多给学生体验和经历的机会可能更容易……

教师9:我以前读书的时候,我们老师大多讲的是教学法。从来没有讲学生身体价值是什么样子的? 好像有一门课叫生理解剖课,有讲过人体。但是好像也只是生理学方面的知识。至于如何才能让学生更好地去体验,如何让学生动用自己的身体,不太清楚……③

在有关寓身学习价值的交谈中,很巧合的是,认同寓身学习价值的三位老

①　摘自笔者在2015年5月16日与烟台市一位小学教师的交谈记录。
②　摘自笔者在2015年5月17日与上海市一位高中教师的交谈记录。
③　摘自笔者在2015年5月19日在上海市一所小学的会议记录。

师,都是师范大学硕士毕业后担任教师的,教师 1 和教师 2 都有比较深厚的教育学知识,对于教育学新理论的接受度比较高;教师 3 虽无教育学背景,但是视野比较开阔,性格比较开放,有积极的学习心态。而教师 4 到教师 9,他们普遍来说年龄较大,教龄较长,已经形成了自己的教学习惯,因此,对于新事物或者新理念有些迟疑。这种态度或多或少地代表了很大部分教师的观念,也反映出教师"寓身于教"的意识不强,并且也没有"寓身于教"的习惯。正如这些教师所说:教师最担心学生体验的过程干扰教学的进度;他们更在乎能否在有限的课堂教学时间内传递完预设的知识;教师不愿意放弃已经习惯了的传统教学方式。教师对寓身学习价值所持有的怀疑态度,以及缺乏"寓身于教"的习惯,都使得寓身学习的理念难以真正落实。

因此,寓身学习理念要得到落实,首先需要教师体认寓身学习的价值。那么,如何使教师转变对寓身学习价值的怀疑态度,而体认寓身学习的价值呢?笔者认为需要从外部和内部两个方面着手去促进教师对寓身学习价值的体认:从外部来讲,构建教师"寓身于教"的外部环境;从内部来讲,教师需要不断地学习、反省、实践。具体阐述如下。

(一)构建教师"寓身于教"的外部环境

构建教师"寓身于教"的外部环境,可以从以下三个方面入手。

其一,改变"效率和分数优先"的评价观,形成"注重学生体验"的过程评价观。从笔者与教师之间的谈话可以看出,教师怀疑寓身学习价值的一个重要原因是,教师担心教与学的效率问题,更担心"完不成教学、学习成绩下滑之后的家长、领导所带来的诘问"。这种结果导向的评价观,使得教师缩手缩脚,不敢越雷池一步。只有"分数至上、效率优先"的评价观有所改变,才能给予教师足够的空间和时间去体悟寓身学习给学生以及教师自身带来的益处。因此,改变现行的考试标准,向更加注重促进学生个性发展、增强学生选择性的方向转变,并且改变依据学生成绩评价教师的评价体系,为教师发挥创造性、增加学生身体体验提供一个宽松的环境。

其二,改变控制型的学校文化,营造寓身性的学校文化。学校文化是由学校场域的成员,如校长、教师、学生共同创造和建构的。笔者在教育实践中做调研时发现,外在的考试标准控制着校长,校长又以行政权力控制着教师,教师又迫于考试成绩以及领导压力控制着学生,因此形成了一种自上而下的控制型学校文化。在控制型的学校文化中,教师不敢让学生在教室里太"闹腾",学校和教师都崇尚一种"安静"的学校和教室氛围。要使教师能够真正地体认寓身学习的价值,就必须使教师处在一种"对他者持有关切、对差异持有尊重和欣赏"的学校文化中。这意味着校长与教师、教师与教师之间的交往遵循着平等、尊重差异的寓身价值理念,沉浸在这种寓身性的学校文化中,教师对寓身价值的理解无形之中会进一步深刻化。因为,浸润在尊重、欣赏氛围中的教师,很容易对学生持有包容的态度,也更加容易允许学生在课堂中大胆地表达、尝试、体验、行动。

其三,教师教育课程的改革。在笔者与教师的交谈中,教师向我透露出来,他们在师范教育中获得的多是教学法知识,而有关儿童的知识、有关学生学习的知识并不多。这也基本上反映了许多教育专家对我国教师教育课程现实状况的基本判断:课程结构过于简单,以老三门为主;课程内容陈旧、缺少统整、脱离实践;教学形式以抽象地讲授为主。[①] 要使教师能够对寓身学习价值有深刻的体认,那么就需要教师从职前教育开始接受一种寓身性的、实践性的课程以及教学方式。丹麦柯灵大学对于学前教师教育课程的设置能够给予我们一定启示:柯灵大学设置了体育、自然,以及其他与身体经验相关的课程。[②] 教师教育课程的这种设置形式,使教师在职前、在作为学生时有了用身体探索世界、探索教育的实践机会。这对于职后教师体认寓身学习的价值、给予学生身体活动充分的空间都有重要的作用。

(二)教师的不断学习、反思与实践

为教师建构"寓身于教"的外部环境,对于教师体认寓身学习的价值来说是十分必要且重要的。然而,任何观念上的转变都不能完全依赖于外界环境的变化。笔者认为,教师体认寓身学习的价值并形成"寓身于教"的习惯,更需要教师自身进行不断的学习、反思、实践。如果教师能够勤于学习寓身学习的相关理念、善于反思寓身教学中的问题、勇于进行寓身教学的实践探索,那么教师对寓身学习价值的体认将会有进一步的深化。

其一,教师需要注重寓身学习理论的学习。寓身学习本身是在哲学、心理

---

① 教师教育课程标准专家组.关于我国教师教育课程现状的研究[J].全球教育展望,2008(9).
② 张静静.学前教育男女教师比例失衡的根源及对策分析——基于对身心二元论的批判与反思[J].全球教育展望,2015(8).

学、社会学等多门学科基础上产生的,并且受到近年来一些神经科学、生理学上新发现的支持,因此,寓身学习本身的理解对于理论研究者来说也是有难度的。而笔者通过与教师的交谈发现,教师很容易将寓身学习理解为身体器官的训练,所以教师经常产生一些疑问:"我们读书、写字、解数学题,哪个不需要眼睛、耳朵?平时的练习、训练,我觉得其实也是寓身学习。"教师的观点,反映出他们对寓身学习的误解。因为,在寓身学习看来,身体器官不仅是经验进入学生心智的通道,更重要的是使学生获得经验的积极参与者。传统学习一方面更注重与理智思维相关的身体器官的训练,如视觉、听觉等,而忽视触觉、嗅觉等一些与理智思维发展较少关联的感觉器官;另一方面更注重小肌肉动作的训练,即有限空间内的有限活动,而忽视大肌肉运动。因而传统的学习不是真正意义上的寓身学习。因此,教师所说的强化训练,其实只是一种行为主义学习观的体现。为了减少这种认识上的误区,教师应该加强寓身学习理论的学习。这就意味着,教师需要走出原有的狭隘视野,加强对学生以及学生学习的理解,并且以开放的心态去思考、理解寓身学习的相关理论主张,借以澄清自己对寓身学习认识的误区,并在此基础上结合自身的教学实践,对寓身学习理论有批判性的和创造性的改进与发展。例如,教师通过学习寓身学习的核心理念,诸如强调学生身心一体参与的寓身学习本质观,强调学生成为完人的寓身学习目的观,身体经验以及身体建构的寓身学习内容观与方式观,尊重和欣赏差异的寓身学习评价观,将寓身学习理念逐渐地融入自己的教学生活中,在教育实践中创造情境让学生体验,尊重学生体验的差异性,促进学生的整体发展。

其二,教师需要加强反思。要体认寓身学习的价值,同时需要教师不断地对自己所从事的教育实践进行追问和反思。因为,如果教师缺乏反思,教师原有的、习以为常的对待学生的态度,以及灌输式的教学方式便会重新出现在课堂教学之中,并且会让教师遗忘自己所学习和接受的寓身学习理念。因此,教师在教学实践当中,需要不断地追问自己:自己的教学是否能够促进学生的整体发展?自己的教学是否让学生主动地去以身体之、建构知识?自己的教学是否尊重了学生身体上的差异呢?……对这些问题的追问与反思,可以使教师在教育教学实践中时常回忆起寓身学习的核心理念,保证自身不会再次陷落于传统教学的惯习之中。正如布迪厄所说：惯习是一种开放的性情倾向系统,[①]需要借助自觉意识,行动者可以经过反复思量,让他们的性情倾向发作,或是相反压制住这些性情倾向。[②]

其三,教师需要勇于实践。寓身学习发展到现在,更多的是理论的探讨。作为一种新型的学习理念要在教育实践中扎根和发展,对实践产生实际的影响,迫切需要的是教师的积极探索。而教师对于寓身学习价值的体认,实际上与教师探索实践的效果有着紧密的关系。因为,我们研究寓身学习,并不是将寓身学习简化成一套具体的操作程序,从而使寓身学习成为教师可以直接消费的产品;也并不是将寓身学习的价值理念灌输给教师。相反,我们是为教师提供一种思考与解决问题的视角。因此,寓身学习的价值理念仍需要教师在不断的探索中去体悟。教师的实践之路是"基于日常研究性教学实践,以自主学习与合作研讨为基本内容的自我培育和发展的过程"。[③] 所以,教师实践寓身学习的过程需要注意两个方面:①教师需要结合具体的情境、个人经验以及学生特征,创造出富有个人特征的寓身学习,只有如此,才能够切身体会到寓身学习给自身以及学生所带来的益处;②教师除了需要创造富有个人特征的寓身学习,也应该加强与其他教师之间的交流与分享,这样,个体性知识可以转变成集体性知识,同样,集体性知识又会促进教师个体知识的进一步创造。

二、教师对学生身体活动的解读

教师对学生身体活动的解读,包括两个重要的方面:一是通过学生的身体活动识别与激发学生的学习情绪;二是通过学生的身体活动判断学生的默会性知识。

(一)通过学生的身体活动识别与激发学生的学习情绪

1.有关情绪的基本观点

情绪是日常生活中十分常见的一个词语。但是哲学界以及心理学界对这

---

① 布迪厄.实践与反思[M].李猛,译.北京:中央编译出版社,1998:178.
② 布迪厄.实践与反思[M].李猛,译.北京:中央编译出版社,1998:182.
③ 杨小微.课堂变革中教师智慧的成长[J].中国教育学刊,2006(6).

个看似寻常的词汇,却有着各自不同的理解。对于情绪理解的不同,将影响本节的基本观点。因此,笔者首先梳理了传统哲学以及心理学家对于情绪的理解。基本上有以下几种观点:①

(1)感觉理论(sensorial theory)。这种理论认为,情绪是一种实际的感觉(feel),而且这种感觉只是心理层面上的,也就是说,人们是怎样体验自己的情绪。情绪的感觉理论,最重要的一个代表人物是休谟(Hume)。在休谟看来,情绪不同于身体的疼痛或者快乐,因为情绪不需要伴随着精确的、有准确位置的身体感觉。与身体波动的感觉相反,这种对心理或者精神感觉的关注,允许感觉理论者去区分温和的情绪(如审美乐趣)和激烈的情绪(如愤怒)。温和情绪只会产生心理的感觉,而激烈的情绪则会产生生理上的波动,这种温和情绪与激烈情绪的区分是休谟情绪划分的核心。

(2)生理学理论(physiological theory)。这种理论也认为,情绪是一种感觉。但是这种感觉主要是情绪体验的生理性基础,例如,当我们生气时,我们的感觉是身体上、生理上的变化以及波动。这一理论的代表人物是威廉·詹姆士(William James)。詹姆士做了一系列隐藏于情绪之下的生理波动研究。他认为情绪的感觉不是别的(如心理层面的感觉),而是生理性波动的感觉。在他看来,除去出汗、颤抖、脸红等,情绪就所剩无几了。

(3)行为理论(behavioral theory)。这种理论认为,情绪是行为的一种表现或者性情。这种观点的代表人物是达尔文(Darwin)以及吉尔伯特·赖尔(Gilbert Ryle)。达尔文对于情绪的论述并不多,但是他很明显地认同感觉理论和生理学理论对于情绪的认识,即"情绪是私人的、先天的体验",他认为正是这种体验,才使得人仅仅有一个外显的标志(即情绪行为)。也就是说,情绪引发了情绪行为。吉尔伯特·赖尔也认为所有的心理现象(如生气、相信、怀疑等)都可以在行为术语中被定义,所有对心理状态的描述都需要通过诉诸一个人的行为或者行为表现来向自我和他人证明。

(4)评价理论(evaluative theory)。这种理论认为,情绪是一种价值判断或者信念。例如,一般意义上,我们对于某个人产生的情绪体现出我们如何评价

---

① Calhoun C, Solomon R C. What Is an Emotion? Classic Readings in Philosophical Psychology[M]. New York: Oxford University Press, 1984.

或者判断他们。情绪和评价信念之间存在着一种逻辑上的联结。例如,一个人持有做错事就应该产生羞耻的信念,他才会产生羞耻感这一情绪。

（5）认知理论(cognitive theory)。这种理论认为,情绪完全是或者大部分是认知;或者说情绪取决于认知。这里的认知不是认识的行为,而是对一个事情或一个状态的信念或解释。斯坦尼·沙赫特(Stanley Schachter)认为,情绪有两个必要的因素:一是个体体验到生理反应,二是个体需要对这些生理反应或者变化进行认知解释。

2.情绪的寓身性

上述五种情绪理论都容易产生异议,因为每一种理论都忽略了某种或者某些要素,而忽略的这些要素对于情绪体验来说可能是本质的东西。正如 Goldie 所说,情绪是一个复杂的状态、实践和过程,它包括了以上所有情绪理论所强调的要素(感觉、身体反应、行为、信念、认知等)。情绪通常与情绪体验的多样经历相关,并且与思考、感受、行动的倾向相关。因而,情绪是动态的:情绪的要素可以减少也可以增加,可以消失也可以加强。情绪的多种因素通常是通过个人历史或者叙述而综合作用的。因此,不能与一个人的性格、生活分开而去理解情绪体验。[①]

虽然情绪通常会有一个核心的要素,但是我们还是应该以一个整体的视野去理解情绪,而不是将其简化成唯一要素来理解。而现在,越来越多的研究者认为,情绪体验中的一个重要或者核心的组成部分是意愿(desire)。例如,Frijda 认为,情绪是行动意愿的改变,情绪产生有动机的行动。行动倾向或者行动意愿的改变因而是情绪经验中的核心组成部分,行动倾向或行动意愿将经验与运动表达结合起来。[②]他发现,建立、保持、改变与环境关系的意愿,是与脸部表情表达一致的。而现在许多研究表明,不仅仅是脸部表情和语言能够反映人的情绪、行动意愿,而且身体整体的运动感知与人的情绪、行动意愿是紧紧

①　Maiese M. Embodiment, Emotion, and Cognition [M]. Basingstoke, Hampshire; New York; Palgrave Macmillan, 2011:51.

②　Dael N, Mortillaro M, Scherer K R. Emotion Expression in Body Action and Posture[J]. Emotion, 2012, 12(5):1085-1101. 原文献为:Frijda N H. The Emotions[M]. Cambridge: Cambridge University Press, 1986;Frijda N H. The Laws of Emotion[M]. Mahwah, NJ: Erlbaum, 2007.

联系在一起的。[①] Michelle Maiese 也同样认为情绪的核心特征是有意识的意愿,他认为,情绪实质上是有心智思想的人是如何在意(care)的过程——在意各种各样的物体,在意物体的性能,在意事件和过程的状态,在意彼此,在意他们自己的生活。正是由于我们在意,我们才能将世界理解为一个有意义的整体和有目标的舞台。在意也捕捉了我们活生生的身体动态性的固有时间性。因为在意包括了我们的过去的、现在的、未来的感觉。在意的核心组成部分是有意愿的身体协调,正是这种有意愿的身体协调让我们存在于世界,并且凭借着我们的在意,使我们遇到的物体和环境成为可理解的。基于这种"有意愿的身体协调",Michelle Maiese 认为,以意愿为基础的情绪,是寓身的。[②] 这表明身体的变化、情感、行动倾向等都是情绪的一部分。正是这些情感的、愿望的、身体的维度,使得我们对自我的感知,以及拥有其他认知能力成为可能。这与梅洛-庞蒂的观点不谋而合,梅洛-庞蒂将情绪视为身体的现象,是一种身体表达和言语。情绪是"生活意义的连接点",隐藏在主体间性的交往中,包含了身体意向性以及身体姿势。[③]

透过学者们对于情绪核心组成部分的论述,我们至少可以得出以下几个结论:①情绪是身体行动的意向或者倾向,因此,我们可以通过身体活动来识别人的情绪。在教学活动中,教师可以依据学生身体的活动来判断和识别学生学习时的情绪,学生也可以用自己的身体表达和姿势来传递自己的情绪。②情绪可以由身体活动而引发。这不仅仅是情绪的生理理论所强调的身体变化或生理反应,更是身体处于特定情境之中时而产生的体验、倾向和意愿。因此,在教学活动中,教师可以借助自身的教学智慧来调动学生的身体,从而激发学生的学习情绪。

3.情绪与学习的关系

许多证据表明了,情绪与学习、认知存在着紧密的关系。例如,认知神经科

---

① Gelder B D. Emotions and the Body[M]. New York: Oxford University Press,2016. ;Meijer, M D. The Contribution of General Features of Body Movement to the Attribution of Emotions[J]. Journal of Non-verbal Behavior, 1989, 13:247-268.

② Maiese M. Embodiment, Emotion, and Cognition[M]. Basingstoke, Hampshire ; New York: Palgrave Macmillan, 2011:53.

③ Marjorie O'Loughin. Paying Attention to Bodies in Education: Theoretical Resources and Practical Suggestions[J]. Educational Philosophy and Theory, 1998,30(3):275-297.

学的证据表明,情绪直接影响着以注意、记忆、执行控制等为基础的认知活动。① 一般来说,消极情绪会阻碍学生的学习活动,而积极的情绪则能够促进学生的学习。积极情绪对于学生学习的促进作用,具体表现在以下几个方面:

(1)积极情绪有助于学生良好学习态度的养成。积极的学习情绪,可以让学生对学校产生强烈的归属感,从而使学生愿意去学校学习;积极的学习情绪,可以让学生产生较强的学习动机,从而使学生有继续学习和提升的动力;积极的学习情绪,可以让学生对自身已经取得的成绩以及未来的发展有一个正确的理解。例如,积极的学习情绪可以使学生将成绩的取得归因于自身的努力程度,也可以使学生对自己未来的发展持有一个"能力动态发展观",而非"能力静止观",从而给自己制定适宜的目标;积极的学习情绪能够让学生正确地看待学习压力,不至于使学生面对压力而产生逃避、逆反甚至极端行为。

(2)积极情绪有助于学生良好学习行为的养成。积极的学习情绪,可以让学生在学习活动中更倾向于采纳合作性学习策略,更具有共情的能力,能够尊重和理解同伴的情绪,关心、鼓励、帮助同伴学习;积极的学习情绪,可以让学生在学习活动中采取更加积极和主动的学习策略;积极的学习情绪,能够促进学生进行不断的自我评价,使学生养成自我反思的学习习惯。

(3)积极的情绪能够促进学生达到较高的学业成就。积极的学习情绪通过对学习态度与行为的影响,能够使学生获得较好的学习成绩;积极的学习情绪,能够让学生保持平稳的学习状态,而获得一个相对稳定的学习成绩;积极的学习情绪,能够使学生冷静和集中注意力去分析问题情境,从而获得较好的问题解决能力,例如,有学者通过研究发现,积极的情绪确实能够提高学生的选择性注意能力和持续性注意能力。②

4.通过学生的身体活动识别与激发学生的学习情绪

如前所述,身体活动或者姿态能够反映学生的情绪状态,也能够体现学生的意愿或倾向。因此,教师通过对学生身体活动、表情的观察,可以及时地捕捉他们当下的情绪,从而适时调整自身的教学活动,给予学生一定的引导。教师通过身体活动识别学生学习情绪的方式有很多,例如,在本章第一节所讲的"混

① 毛梦钗,黄宇霞.情绪与学习——来自认知神经科学的证据[J].教育发展研究,2013(Z3).
② 俞国良,董妍.情绪对学习不良青少年选择性注意和持续性注意的影响[J].心理学报,2007(4).

合现实技术创造的寓身学习环境"中,SMALLab 学习环境中利用摄像头、投影仪等技术,捕捉和记录学生的身体活动。这种混合现实技术是教师通过身体活动识别学生学习情绪状态的一个重要的方式。除去这种技术性的方式,最重要的是需要教师对学生的观察。

卢梭极其重视观察儿童,他本身即是一个优秀的儿童观察者,他对儿童的判断,都来自他对爱弥儿的观察。他曾说:"我不仅不刻板地抱着一套方式,而且还尽可能地不按理论而按我实际观察的情况去做。我所根据的,不是我的想象而是我所看到的事实。"①而这种观察,不是教师迫于外部压力不得已而进行的,它源自教师与儿童相处时所产生的愉悦感以及教师发自内心的关爱。下面一个案例可以说明,教师通过身体活动对学生情绪的识别。

这是外地老师给烟台小学生上的一次绘本展示课。因此,这是吴老师第一次与这些学生见面,相互之间并不熟悉。加上大教室里坐了近百位听课的教师,所以,还没开始上课,学生们就已经在自己的座位上坐好了,他们坐姿笔直,两腿并拢,两个手臂交叠端正地放在课桌上,身体都有些僵硬。学生身上透着拘谨和紧张。

学生们的紧张和拘谨,吴老师也觉察到了,她脸上一直挂着微笑。上课前,吴老师微笑着问学生:同学们,你们猜猜看,吴老师有没有来过烟台? 吴老师的这一问,打开了学生们的话匣子。有的说:我猜老师肯定来过烟台,因为像您这样的名师,一定去过很多很多地方。有的说:我猜老师来过烟台,夏天的时候,很多人来我们这里度假。几位学生回答完之后,吴老师走近学生,非常亲切地大声说:你们真聪明! 和聪明的学生上课真是老师的幸福啊!

吴老师接着说:我们都知道烟台是一个非常著名的旅游城市。烟台最著名的应该是大海了吧? 同学们,你们平时在海滩上都玩些什么? 能不能用身体动作做出来? 于是,学生们有的说,喜欢在水里游泳,一边做出游泳的动作;有的说喜欢晒太阳,一边做出身体往后躺的姿势;还有的说喜欢堆沙子,一边做出捧沙子的动作……

此时,很多学生的身体向前倾了一下,他们的身体不那么僵硬了,神情也放

---

① 卢梭.爱弥儿:论教育(上卷)[M].李平沤,译.北京:人民教育出版社,2001:95.

松了许多,眼睛里开始闪现出光芒!他们的身体已经跟着吴老师进入上课状态……①

　　以上描述了吴老师在绘本展示课开始时的教学片断。吴老师在观察到学生身体僵硬、表情不自然的紧张情绪后,用"猜老师有没有来过烟台"来导入。通过学生最熟悉的家乡烟台使学生打开了话匣子,以此缓解学生的紧张情绪。并且通过结合学生以往在海滩上的身体体验,来调动学生的身体活动,最终放松学生的身体和情绪,调动学生上课和学习的积极性。吴老师对学生的细致观察以及所采取的相应措施,并不是一蹴而就的,而是基于对教学的热爱、对学生的热情,以及对于自己的严格要求。

　　上述案例中的吴老师是课前通过学生的身体判断学生的学习情绪,这是缓解上课前学生紧张的一个重要措施;而如果让学生在教学活动中一直保持学习的情绪,就需要教师将教学内容与学生身体融合起来,通过在整个教学过程中调动身体活动一步步激发学生的学习情绪。我们用一个形象的比喻来说,前者是开胃菜,而后者相当于主菜,两者都是十分必要和重要的。下面是一个四年级的艺术课堂教学案例,就是后者的一个典型代表。②

　　教室的黑板上写着几组词语:时间,慢—快;重量,重—轻;空间,直接—间接。

　　到了热身时间,Jenny老师开始指导学生做热身活动:请用你的胳膊尖叫;请用你的背部怒吼;请用你的胃咯咯地笑;请用你的膝盖大笑;请用你的手指哭泣。

　　Jenny老师开始让学生感受"慢—快"。她让学生躺在地上,然后数5个数让学生起立,再数5个数让学生躺下。这个过程中,她要求学生用"均匀的力量"去做每一个动作,平稳地起立,然后再平稳地躺下。Jenny要求学生按照"均匀、平稳"这个要求做了两次。紧接着,她让学生再用剧烈的节奏去做这些动作,她加快了她数1—2—3—4—5的速度,学生按照加快的速度去做动作。然后她利用平缓和急促的语调,让学生将平缓的运动和剧烈的运动结合起来。

　　然后,Jenny老师开始让学生关注"重、轻、直接、间接"的特性。在"直接"上,她建议学生在运动中拥有一个目的;在"间接"上,她建议学生"无目的","间

---

①　本案例节选自2016年11月10日烟台市一位小学教师的听课日记,已征得本人同意。

②　Bresler L. Knowing Bodies, Moving Minds[M]. Dordrecht/ Boston/London: Kluwer Academic Publishers,2004:132-135.

接"像蜿蜒曲折的一条路，"你好像并不知道你要去往哪里，直到你到达终点，你才知道你要去往哪里"。然后 Jenny 继续为学生"起来—躺下"数着 5 个数字，她要求学生使用结合运动的形式（"慢—快"结合，"间接—直接"结合），去自由地释放能量。并且激励学生：想象它是真实的环境，集中精力去做！

在练习过"慢—快"、"间接—直接"这些特性之后，Jenny 老师为儿童行走提供了一系列的环境，然后将这些环境写在黑板上，"就像行走在一个充满了花生酱的房间一样行走"。然后有些学生就开始小心翼翼地行走，就像走在薄薄的冰层之上。Jenny 老师问学生：行走在冰雪上跟行走在花生酱上有什么不同吗？学生回答：是的。Jenny 老师说：好的，那你们展示给我看。然后学生就开始以一种更加明显的方式来表现这种不同。然后 Jenny 老师说：在爆米花堆里踩脚，但是不要发出任何声音。学生在无声地用力踩脚的同时也在咯咯地笑。Jenny 老师接着说：穿着月球服在月球上行走。学生开始假装行走在月球上。其中一个学生 Gary 和其他几个学生使用了很慢的运动，而其他学生则使用了与在爆米花上一样的行走方式。Jenny 老师接着说：行走着穿过一片带刺的森林。Jenny 老师同时对学生强调，应该展示他们不同的运动方式，这个过程中不能使用语言来表达（学生可能很容易说：痛死我了！）。Jenny 老师专心地观察着学生，并给予他们欣赏的笑容。突然，Jenny 老师说：冻住！穿过森林后是海洋，我不想让你们游过海洋，而是让海水推着你们走。

接下来，Jenny 老师建议学生，"把一个精致的物体藏起来，我不想知道这个物体是什么，只要把这个物体想象成易碎的、非常昂贵的就可以了（Jenny 老师用语气强调了易碎和昂贵两个词）"。然后 Jenny 说：不能把这个易碎昂贵的物体藏在真实的地方，比如说椅子底下或者电脑桌下面，而是藏在一个想象的位置中，你不想别人知道你把它藏在了哪里。然后大多数学生都用手拿着这件物体，弯腰然后把它藏在想象的空间中。Jenny 老师的最后一个任务是：在世界大赛的最后一场比赛中打了一个本垒打。很多学生很明显享受这个任务，他们像蝙蝠一样在飞。

然后 Jenny 老师"冻结"了学生，让他们开始坐下讨论。Jenny 开始询问学生：当你们走在花生酱上的时候，你们做了哪些努力？为什么？她在黑板上的花生酱附近写下学生的答案：受约束、很慢、很重。然后又问学生：你们走在冰上的时候做了哪些努力？学生回答：感受到了间接，因为我也不知道会往哪里去。Jenny 老师继续问学生:你们在爆米花上踩脚的时候做了哪些努力? 然后在爆米花旁边写下学生的答案:轻、自由、直接。Jenny 老师在强调他们为什么会轻轻地运动时说:你们重重地抬脚,然后再把力量抽出来,轻轻地落脚,因为你们不能发出噪音。

Jenny 老师问 Gary 为什么他要在月球上那样行走,Gary 回答说:我感觉移动不了,我感觉到了"间接",因为我也不知道我要去往哪里。在讨论"轻"时,Jenny 说:如果我说是木星上,那可能就是完全不同的情况了。在课堂最后,Jenny 告诉学生们他们的表现很好,他们能够识别环境、判断他们运动的特性。等解散学生之后,Jenny 回到自己的书桌前,记下了那些给她留下深刻印象、真正理解了运动特性的学生的名字。

Jenny 老师的艺术课堂教学案例,有以下几点可供借鉴的地方:

(1)将运动特性的词汇建立在学生身体感觉经验基础之上,即将学习内容与身体融合起来。通过先前对于寓身学习理论的分析,我们知道概念、词汇等理智知识的发展是与动觉经验和探索紧密相关、同步发展的。在 Jenny 的这节艺术课堂中,她不断地提出问题,让学生去探索自己的经验,从而将这种经验(如我不知道去往哪里)与动觉词汇(如行走)、概念(如间接)联系起来,使这些关于运动特性的词汇和概念建立在自身感觉经验的基础之上。与此同时,Jenny 老师不断地提出问题,并且给予学生回应,使得学生的探索扩大了,观察超越了表面层次。她鼓励学生去寻找不同运动之间的差异,提醒学生走在月球上和走在木星上的差异,体会推动水和被水推动之间的差异,并且让学生通过身体的运动表现出来,学生所获得的经验在范围上就扩大了。有关运动特性的词汇以及心智发展在舞蹈或者戏剧课程中都是非常重要的。有关运动特性的词汇通常是与分析学生创造性,以及观察他人过程中的直接经验相关的。传统教育通常希望学生能够用语言来展现自己的理解和学习,但是更重要的是通过运动或者他们创造的形体来展示自己的理解和学习。在这个案例中,对于快、慢、重、轻、间接、直接等的理解,Jenny 老师通过身体运动来培养学生身体感觉的敏感性。在注意培养身体敏感性的同时,Jenny 老师鼓励学生集中精神,进行自我的管理和控制,而不是自上而下、自外而内的纪律控制。Jenny 将这种专注、集中精神与内外在相互作用的身体意识联系了起来,因此,她在教学过程中所做的"冻结"学生,并非一种控制学生、维持纪律的手段,而是给学生提供了一种"倾听内在""倾听自我"的机会。

（2）培养与不同身体状态相关的情绪情感意识。在教育理论研究以及艺术教育目标当中，已经强调了表达的重要性。但是在教学实践之中却很少提及用身体去表达情绪情感。在 Jenny 老师的这节艺术课堂中，她让学生用身体部位去表达和交流自己的情绪情感，如用胳膊尖叫，用背部怒吼，用手指哭泣……当讨论行走在多刺的森林中时，Jenny 对学生 Joe 阐明：所以，自由对你来说是一种情绪上的感受。在讨论"间接"时，Jenny 追问为什么这么做，学生 David 进一步说明：他感觉到了"间接"，因为他感到紧张。因此，Jenny 老师通过培养与身体相关的不同情绪情感，来弥补传统教学实践中忽视身体也忽视学生情绪情感的现实。Jenny 老师认为，我们要去感受情绪情感，而不能被情绪情感压倒："教育目标是要你去探索艺术的表达性特征，这意味着你需要探讨你所获得的情感，以及所产生的情绪。如果你想参与进这些情感情绪，你必须首先感受到它们。也就是说，你必须承认一些存在的反应。我们每天都会有一些诸如悲伤、开心、生气等基本的表面情绪，我们不需要用事情来验证这些情绪，但是却会思考你是怎样感觉的，思考你身体的表现方式，思考你如何回应，思考你的胃怎样，接下来怎样，你的身体处在哪里等问题。"[1]Jenny 老师也提到在教学生活中，可能会遇到学生情绪崩溃大哭的场景。她认为，教师首先就是需要有移情的能力，"这种事就像发生在你身上一样"，然后教师再去劝慰学生，使学生对教师产生信任，"相信我，在事情变坏之前，我会把你带回去……让我们坐下来，冷静下来，换一种情绪"[2]。

Jenny 老师在艺术课堂中，让学生用身体活动去学习和理解运动的特性，并且有意识地去培养与身体状态相关的情绪情感。Jenny 老师所创造的这个寓身教学过程并不是一个自发的过程，也非一蹴而就的事情，而是需要教师的专业知识、对学生的细致关注，以及锲而不舍的主动探索。Jenny 老师获得了MFA（艺术硕士）学位，因而作为舞蹈教育者拥有了一种更加广阔的经验，也拥有了艺术创造和艺术热情等品质。在 Jenny 老师的课堂中，艺术、舞蹈是一种

---

① Bresler L. Knowing Bodies, Moving Minds[M]. Dordrecht/ Boston/London：Kluwer Academic Publishers,2004:135.

② Bresler L. Knowing Bodies, Moving Minds[M]. Dordrecht/ Boston/London：Kluwer Academic Publishers,2004:135.

了解自我、了解他人、了解世界的方式。学生通过舞蹈的身体动作、身体活动来表达和交流自己的情绪。这种学习过程已经超越了传统的、刻板化的方式,而成为一种更加复杂的身体感知、问题解决与创造的寓身学习过程。

(二)通过学生的身体活动判断学生的知识状态

1. 为什么通过身体活动判断学生的知识状态

教师通过学生的身体活动、身体姿态判断学生的知识状态,主要原因有两个方面:一是学生的身体活动、身体姿态能够反映知识;二是身体活动、身体姿态能够改变知识。具体来说:

(1)学生的身体活动、身体姿态能够反映知识。

学生的身体活动与身体姿态能够反映知识,一方面是能够反映学生的默会性知识;另一方面是能够反映学生知识发展和形成的过程。

学生的身体活动、身体姿势反映学生不能言说的默会性知识。如前所述,传统认识论认为,所有知识都可以用语言陈述和表达出来的。波兰尼反对传统认识论的这一观点,认为知识中还存在一种不可言说的默会性成分。因而,波兰尼提出了默会性知识。而这种难以言传的默会性知识,通常会通过身体活动、身体姿势等表现出来。因此,在教学活动中,身体活动与身体姿势就成为一种洞察学生不能言说思想的手段。身体活动、身体姿势反映不能言说的默会性知识,主要是由于伴随说话的姿势与说话编码意义的方式不同。在讲话或者话语表达过程中产生的身体姿势依赖于视觉、模拟图像去传达一个观点,但是讲话或者话语表达则是依赖于词语汇编和语法手段去离散地传达意义。[①]

学生身体活动、身体姿势反映学生的知识发展过程。学生在学习过程中,在未完全形成对这个知识点的理解时,即会用身体姿势或者身体活动来表达这种未能完全理解的知识。有关儿童语言发展的研究表明,儿童在未学会使用词语之前,常常使用身体姿势去表达自己。这些姿势不仅仅是领先于语言发展,而且从根本上说是与语言发展紧紧联系在一起的。例如,儿童在由一个词向两个词汇合起来转变的过程中,就会产生一定的身体姿势,这种姿势与儿童词汇和语法的发展有着紧密的联系。例如,儿童在不会说"小鸟打盹儿"这种多个词

---

① Goldin-Meadow S. How Gesture Promotes Learning Throughout Childhood [J]. Child Development Perspectives,2009,3(2):106-111.

汇组成的短句时,最先产生的是身体姿势方面用手指着小鸟,然后嘴里说出"打盹儿"一个词语,最终传递出一个句子中的两个要素:"小鸟＋打盹儿"。[1] 因此,学生学习过程中产生的身体姿态、身体活动,即是原有知识水平发展到高一级知识水平的一个中间环节,换句话说,身体姿态、身体活动是学生知识状态改变的一个重要标志。

言而总之,学生的身体姿势、身体活动是一个窗口,透过这扇窗口可以了解儿童的默会性知识以及知识发展过程。这个窗口十分有益,主要有两个原因:首先,身体姿势通常揭示了儿童知道的但是却不能通过讲话而表达出的东西,即波兰尼所说的默会性知识;第二,身体姿势通常是语言学习以及其他认知任务即将发生改变的第一标志。[2]

(2)学生的身体活动、身体姿态能够改变知识。

身体活动以及身体姿态不仅仅揭示儿童的默会性知识以及知识改变,更重要的是它们能够为学生知识发生改变铺就道路。这主要是通过两个方面来实现的:一是通过身体活动、身体姿势的沟通功能实现知识的改变;二是通过身体活动、身体姿势的认知作用改变知识。

首先,身体活动、身体姿势通过其所具有的沟通功能而促进知识的改变。身体活动、身体姿势具有强大的沟通和交流功能,人能够通过自己的身体姿势向别人传达一定的信息,当别人捕捉到这种姿势时,会给予一定的反馈,从而促进做出姿势的人的认知发展。有关儿童语言发展的研究就曾举例说,一个语言发展还不够成熟和完善的儿童,用手摸着母亲的帽子或者用手指着母亲的帽子,同时嘴中说着"帽子",母亲看到儿童的身体姿势以及听到儿童口中的"帽子"时回答:这是妈妈的帽子。这时,母亲将儿童的身体姿势以及词汇联合并且转化成为一个简单的句子,母亲用自己的语言调整了儿童当下的状态,这种回应对于教会儿童怎样把观点用语言表达出来是非常有用和必要的。同样,在学校教育实践当中,教师通过对学生身体活动、身体姿态的观察,而调整或者转变他们的教学策略,从而改变学生的认知发展策略,促进知识的转变。总而言之,

---

[1] Goldin-Meadow S. How Gesture Promotes Learning Throughout Childhood [J]. Child Development Perspectives,2009,3(2):106-111.

[2] Goldin-Meadow S. How Gesture Promotes Learning Throughout Childhood [J]. Child Development Perspectives,2009, 3(2):106-111.

学生的身体姿态可以充当交流、沟通的催化剂，为共同注意和无误交流提供更好的机会，它能够为儿童的那些不能表达的思想提供线索，也能够使听众或者观众更容易捕捉到学生的意图和观点，从而校正或者改变学生的认知，促进学生的学习。

其次，身体活动、身体姿态通过其所具有的认知作用而促进知识的改变。身体活动、身体姿势除了能够通过沟通和交流来间接地促进学生认知的改变，还能够通过它所具有的认知作用直接促进学生认知的改变。我们在本研究前面的理论部分，已经详细地阐述了知识与学习起源于身体经验的观点。因此可以说，身体对于学生的认知有着深入而又直接的影响。有研究者曾经对学生身体姿势通过它的认知作用促进学生认知改变，做过相关的实证研究。为了证明身体姿势对学习所起的因果作用，他们利用实验控制学生的身体姿势。当学生对于数学问题有不正确的解答时，研究者要求学生做出姿势去解释他们的答案。当学生在解释他们的错误答案过程中，他们用身体姿势，而不是用语言表达，开始产生新的和正确的问题解决策略。随后再给学生上一节数学课，那么学生就比那些没有被要求做身体姿势解释答案的学生，从数学课中获得的更多，也能够更加正确地解决问题。[1] 又有研究者进一步确认了这一研究结果，在学习一个新的数学概念时，他们明确地告诉学生做出一系列特定的姿势，这会有助于保持他们在数学课上所获得的知识。而要求学生用语言而不用身体姿势去学习同样的概念，则对于巩固学习没有任何作用。[2] 概而言之，身体活动、身体姿势，一方面是通过其所具有的沟通和交流功能而间接促进学生认知的发展与变化，另一方面是通过其所具有的认知作用而直接地促进学生认知的发展与变化。

综上所述，学生身体活动、身体姿势能够反映学生的知识或认知状态，同时也能够改变学生的知识或认知。那么，教师通过观察、识别学生的身体活动，并且据此来调整自身的教学策略，从而促进学生的学习，变得十分必要且重要。

---

[1]　Broaders S, Cook S W, Mitchell Z, et al. Making Children Gesture Brings Out Implicit Knowledge and Leads to Learning[J]. Journal of Experimental Psychology: General, 2007, 136(4): 539-550.

[2]　Cook S W, Mitchell Z, Goldin-Meadow S. Gesturing Makes Learning Last [J]. Cognition, 2008, 106: 1047-1058.

2.如何通过学生身体活动判断和促进学生认知发展

那么,教师该如何识别和判断学生的身体姿势、身体活动,以便判断学生的知识或认知状态呢?下面的案例可以给予我们一些启示。[①]

黑板上写着一道数学题:6+3+4=( )+4。一个学生得出了一个答案:17。教师问他为什么得出的答案是17,学生给出了他的解释:6 加 3 是 9,再加4 是 13,再加……13 再加 4 是 17。他挨个指着问题中的每一个数字。值得注意的是,他用他的左手去指着等号左边的 6,3,4,然后右手指着等号右边的 4,因此答案是 17。图 12 展示了学生用身体姿势来描述他得出答案的过程。

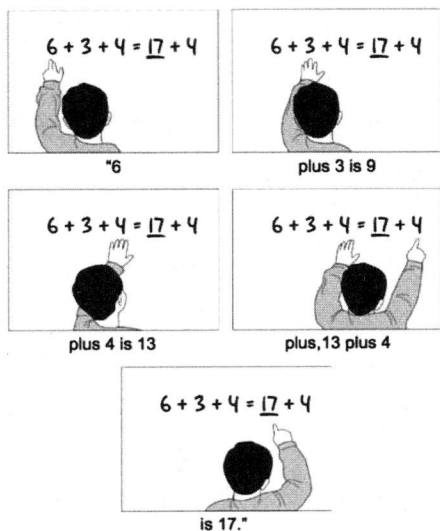

图 12 学生运用身体姿势描述得出数学答案的过程

从学生描述得出答案的过程图来看,学生的身体姿势表明他已经意识到等式有左边与右边,但是他在语言表述的过程中却没有意识到等式有两边,这种身体姿势揭示了我们前面所说的学生学习过程,知识将要发生改变的前奏,它是知识的"前缘(leading edge)"。学生的身体姿势具象化地呈现了他未能正确表达的观点,这为教师和其他学生提供了更容易捕捉他的意图和观点的机会。如此,教师便能够校正或者改变学生的认知,促进学生的学习。

① Alibali M W, Nathan M J. Embodiment in Mathematics Teaching and Learning: Evidence From Learners' and Teachers' Gestures [J]. Journal of the Learning Sciences, 2012,21(2): 247-286.

由此可以看出,这个案例给予教师两点重要的启示:

首先,教师不仅要听其言,更要观其行。如案例所描述的,学生的言语与身体行动产生了不一致的情况。而正如前文所述,学生身体活动、身体姿态能够反映学生的默会性知识,也能够反映学生知识或认知状态发生改变的过程。因此,在教学活动中,教师不仅需要听学生如何说,更需要观看学生如何行动。教师只有对学生身体行动进行细致的观察,才有可能发现学生在言语表达与身体行动上的不一致,才能理解学生的知识发展状态,才有可能挖掘出学生观点上的缺憾与错误。

其次,教师要给予学生解释的机会。在这个案例中,学生得出了一个错误的答案。教师首先做的,并不是让其他学生评判这个学生的答案是否正确,也不是自身对这个学生的答案做出修正性的解答,而是首先追问学生为什么会得出这个答案。因为教师的追问,所以学生才有机会用言语以及自己的身体姿势去解释答案的由来。而这个解释的过程,就是反映学生言语与身体行动不一致的过程,也才能让教师以及其他学生有机会捕捉他的观点和意图,并且有针对性地校正他原有的观点。

三、教师对自身身体活动的关注

教师自身的身体活动、身体姿态等无时无刻不在影响着学生的学习。这种影响主要体现在两个方面:一是教师的身体活动、身体姿态影响着学生学习过程中的学习情绪以及身体参与。二是教师的身体活动、身体姿态能够促进学生对于知识的理解和掌握。基于教师身体活动、身体姿态对学生学习的重要影响,教师需要做到以下两点:一是教师应该注意管理自身的身体活动;二是教师在教学过程中应该加强对自身身体活动、身体姿势的运用。

(一)教师的身体活动、身体姿态影响着学生的学习情绪以及身体参与

前文我们分析了情绪的核心组成部分,得出情绪是身体行动的意向,并且可以由身体活动引发的结论。因此,教师的身体活动、身体姿态等体现着教师的情绪状态,并且教师的身体活动、身体姿态等也在引发着教师的情绪状态。教师的身体活动、身体姿态,以及身体体现出的情绪状态又潜移默化学生的学习情绪和身体参与状况。Salzberger-Wittenberg 等人采用心理分析的研究方

法所得出的研究结果表明:教师的情绪反应直接影响他们所教学生的情绪发展。① 来自镜像神经元的证据也证明了这一观点:当个体注意到别人的情绪表情时,通常会不自觉地通过镜像神经系统来模仿别人的情绪,从而产生类似的情绪体验。②

笔者在教育实践中也证实了这一点,在课堂教学中,教师若是能弯腰观察学生、倾听学生,学生就会产生一种被倾听、被重视的感受,他们就会更加积极地参与学习活动;教师若是对教学有着深切的热爱之情,那么教师很容易产生许多情不自禁的身体姿势,学生也会感同身受地体会到蕴藏于知识之中的快乐,更加积极主动地去探究;教师若是能够给予学生肯定的微笑、满意的点头等表达积极情绪的身体姿势,学生也会受到教师身体姿势和情绪的鼓舞而积极地参与学习活动。这与教师的感受基本一致:

"在我带的班中,有一个女生有点胖,她不爱跑。每次上课,我都站在操场旁边,像热情的粉丝一样给她加油呐喊。如果她跑下来全程,我都会抱抱她。我对她的鼓励都是我身体力行地去表达,不是光言语上给她支持。所以每次体育课,她还都在坚持。"一位中学女体育老师在一次有关赏识教育的座谈会上这样说。③

"我刚毕业教一年级那会,一年级的小孩儿都很小(矮),有的学生说话也怯生生的,你要是不靠近他们或者不去弯腰听,你根本听不到他们声音的。所以我就靠近他们,弯下腰来倾听他们,表扬的时候轻拍一下他们的背或头,这样我们的距离会慢慢拉近,他们才信任我,也才能勇敢一点,敢于去表达自己。"④

"每节课40分钟,我最起码有20分钟是在学生中间的。站在过道中间,可以左右看学生。如果老师老在讲台上讲的话,会跟学生有距离感。如果走下去,学生会觉得你不是高高在上的,你是关心他们的。"⑤

"如果班里有某个学生犯错了,你不能站在讲台上很严肃地跟他讲高考形势多么严峻,这是不管用的。你要走到他跟前,说话声音一定要轻柔,不能太

---

① 孙俊才,卢家楣. 国外教师情绪研究的视角转换与启示[J]. 外国教育研究,2007(7).
② Effron D A, Niedenthal P M, Gil S,et al. Embodied Temporal Perception of Emotion [J]. Emotion, 2006, 6(1):1-9.
③ 摘自笔者2014年5月8日在合肥市一所中学调研时的教师座谈会议记录。
④ 摘自笔者在2017年1月7日与烟台市一位小学教师的交谈记录。
⑤ 摘自笔者在2017年1月7日与上海市一位高中教师的交谈记录。

凶,耐心跟他们讲道理,他们才会听。我们班的学生有点顺毛驴,哈哈(宠溺的笑声)……"①

同样,教师的身体活动、身体姿态能够影响学生的学习,也与学生的观点相一致。在长期的教育实践调查研究中,我们发现学生最喜欢的老师通常是那些"和蔼可亲""平易近人"的老师,而"和蔼可亲""平易近人"等反映在教师身上,通常便是愿意弯下腰来倾听,脸上时常挂着微笑,上课富有感情、富有激情。因此,在课堂教学过程中,教师需要充分利用自己的身体活动、身体姿态来表达自己的情绪,以自己的情绪来带动学生在学习过程中的整体参与,包括身体行动、情绪情感、心智等的一体参与。下面一个课堂教学片段,可以说明教师是如何用自己的身体来表达情绪,从而调动学生身体积极参与的。②

在《水乡歌儿多》这一音乐课堂教学的最开始,赵老师设计了一个"看图配乐"的小游戏。在教室的大屏幕上出现了一个图片,是有着小桥流水的江南古镇;另一个图片是一望无际的内蒙古大草原。然后赵老师开始放第一段音乐:一首典型的内蒙古歌曲,曲调极其舒缓、粗犷、悠扬。当放第一首音乐时,赵老师开始模仿蒙古族男性粗犷与豪放的舞蹈。她一开始舞蹈,学生的情绪就开始高昂起来,有的学生忍不住说:这是蒙古族舞蹈。然后,第二首音乐开始奏起,是一首典型的江南小调,曲调细腻圆润,柔和妩媚,赵老师接着开始模仿柔美温婉的江南舞蹈。学生们笑得更加开心了,他们迫不及待地说,第一个图片对应的是第二个曲子,第二个图片对应的是第一个曲子。

然后,赵老师让学生分析江南古镇的特点,同时播放江南水乡的视频。待学生总结了江南鱼多、水多、船多的特点后,赵老师说:哎,你们划过船吗? 划船是什么感觉? 学生说:轻飘飘的感觉。赵老师追问:轻飘飘是什么样的感觉?用你的身体做出来。学生们开始做出划船的摆臂姿势,并且身体开始轻轻摇晃。赵老师也跟着做动作,一个学生举手说:老师,我觉得你划船的感觉像是喝醉了。赵老师大笑:哈哈,我还没有喝醉过,但是我感觉喝醉可能跟划船有点像。视频里传来了小船上一位小姑娘的声音,赵老师说:让我们来回应她吧。我们一起唱:哟啰喂……

---

① 摘自笔者在 2017 年 1 月 7 日与上海市一位高中教师的交谈记录。
② 摘自笔者 2014 年 11 月 28 日在苏州一所小学调研时的音乐听课日记。

赵老师让学生感受《水乡歌儿多》中的八三拍,她开始演唱其中的八三拍,追问学生:八三拍带给你什么感觉? 学生说:感觉很欢快、很轻快……赵老师接着说:那用你们的肢体语言告诉我八三拍怎么表示。学生积极地响应打节拍。有的用手拍着自己的腿,有的用两只手拍。赵老师就跟着学生的节奏一边唱,一边打节拍……在学生唱这首歌时,赵老师发现学生有一个休止符并没有唱出来。她说:如果我们把那个休止符(见图13)去掉,我们试试有什么不一样? 我们来试一下。按照没有休止符的唱法唱了一遍,一位女生说:没有休止符不太好听。赵老师说:嗯,那到底是哪里不好听了呢? 我们再唱一遍。最后学生们发现,缺少了休止符,曲子就不那么婉转了。赵老师接着提醒学生:江南水乡,小河弯弯(用手臂和手腕做出弯弯向前流动的姿势),我们的这个休止符就是要帮我们把婉转唱出来。学生听了赵老师形象的讲解,都纷纷点头。

图 13 休止符号

这个案例用语言文字描述出来显得有些僵硬,但是这个案例在实际的教学过程中带给人的是生动、活泼的感觉。在这个案例中,最开始赵老师以自身的身体活动突出对比了蒙古歌曲与江南小调,以一种强烈的、直观的方式影响和调动了学生,同时也使得学生更加形象地理解两者之间的不同。而在赵老师让学生找江南水乡划船感觉的时候,她又让学生借助于自己的身体感受与身体表达去寻找自己以往的生活经验,并且以划船的身体动作来体会江南水乡悠缓轻柔的音乐。而在休止符这一音乐知识上,她没有直接讲解休止符的作用,而是先让学生对比有休止符与没有休止符的不同,继而以自己的身体姿态将休止符与江南水乡的弯弯小河联系起来,从而说明休止符在歌曲中的作用。在这个过程中,赵老师以自己的身体动作表达着对音乐和音乐教学的热爱,因此,在这堂课中,我们看到了学生学习的热情。相比于练习唱法、学习各种音乐符号和乐理知识的音乐课堂来说,它是一节学生深入体验、深度参与的课。

(二)教师的身体活动、身体姿态能够促进学生对知识的理解和掌握

教师在教学过程中,单纯的语言讲解容易让学生产生枯燥和乏味的感觉,而身体动作、身体姿势的加入,则让学习变得更加具象化,从而有助于学生有意或无意地模拟教师的身体反馈,而增进对学习的体悟和理解。在教师的身体姿势中,能促进学生理解和体悟学习的最常用的身体姿势是手势。McNeill 曾提出手势的类型学,因为其灵活性而被广泛地应用。McNeill 的手势类型学描绘了手势的四种类型:①指示手势(deictic gesture),它通常用来指示某个物体或者某个位置,通常是伸出食指或者整个手来指示;②图标性手势(iconic gesture),是通过手的形状或者手的运动线路来直接描绘语义内容(如用手在空中画个三角形来指代三角形);③隐喻性手势(metaphoric gesture),是通过隐喻来描述语义内容(如把手弄成杯状,就好像手里"握住"了一个观点);④拍打手势(beat gesture),动作简单,是一种不表达语义内容,但是结合了语音韵律的有节奏的手势。① 而有些学者将图标性手势与隐喻性手势合为一体,组成了更广泛的表征性手势(representational gesture)。②

这些身体姿势有助于学生理解和体悟知识,具体来说,指示性手势揭示了认知的基础。它们表明了讲话者将讲话内容与物理环境中的物体、位置以及描述联系起来。指示性姿势将讲话、与之相关的认知过程与物理环境,以身体的方式结合起来。同样,指示性姿势也是 Goodwin 所描述的"环境耦合手势",指示性手势将物理世界中用语言表达的信息落定在具体物体上,通过指示性手势,证明了语言在物理世界中的基础。因此,指示性手势为"认知是存在于真实世界环境""环境是认知的一部分"等主张提供了支持。表征性的手势(即图标性手势和隐喻性手势)来自模拟行动和知觉,表征性手势的发生,是因为思维建立在知觉和行动基础之上。而其中又有一些隐喻性手势反映了以身体为基础的概念隐喻。正如 Lakoff 和 Johnson 所说,隐喻是概念系统的基础,我们所知道的许多隐喻概念建立在有关空间、运动、力量、其他人类经验的图像图式基础之上。③ 隐喻性手势反映了空间结构的根本图像,因此,包含了空间和行动的隐喻很容易在隐喻手势中表达出来。例如,数是空间中的位置(如接近 0),算

① McNeill D. Hand and Mind:What Gestures Reveal about Thought [M]. Chicago,IL:University of Chicago Press,1992.

② Alibali M W,Heath D C,Myers H J. Effects of Visibility between Speaker and Listener on Gesture Production:Some Gestures Are Meant to Be Seen[J]. Journal of Memory & Language,2001,44:169-188.

③ Lakoff G,Johnson M. Metaphors We Live by [M]. Chicago,IL:University of Chicago Press,1980.

数是集合物体(如 2 加上 2)。^① 而拍打手势会有助于教师突出语言重点,帮助学生集中注意力。

从上述的理论分析我们可以看出,教师身体姿势尤其是手势对于学生理解和体悟学习具有极其重要的作用。为此,教师需要在教学过程中,注意运用自身的身体姿势,尤其是 McNeill 所说的几种手势,使自己的指向更加明确、更加具象,才有可能使学生在理解学习时更加清楚和具象。下面的几个案例可以给予教师一些具体的启发。^②

在一个有关几何图形相似性的数学教学过程中,教师就充分地运用了"指示性手势"去帮助学生理解几何图形之间的相似性:

教师用投影仪呈现和突出了几个矩形(见图 14),然后教师让其中一个学生说明为什么其中的两个图形是相似的。

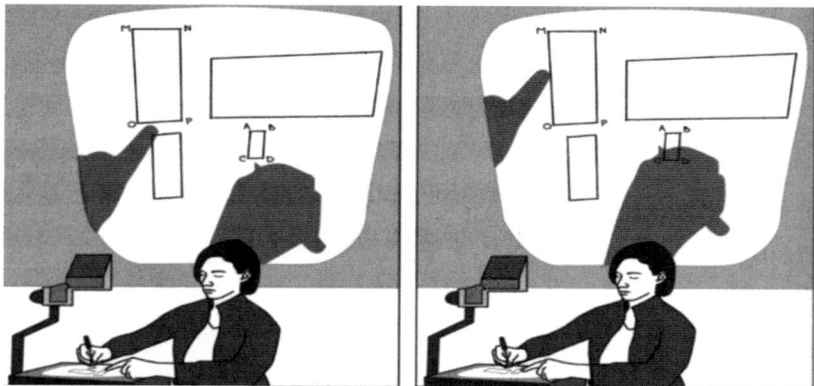

图 14　教师通过指示性手势强调相似矩形的对应边

教师:为什么你认为它们两个是相似的?

学生:因为如果你加的话,我的意思是如果将 ABCD 乘以 3,那么它就跟那个大矩形相等了。

教师:哦,所以你看到了这个事实,这条边是它的三倍长。(右手用笔指着

①　Alibali M W, Nathan M J. Embodiment in Mathematics Teaching and Learning: Evidence From Learners' and Teachers' Gestures[J]. Journal of the Learning Sciences, 2012, 21(2): 247-286.

②　Alibali M W, Nathan M J. Embodiment in Mathematics Teaching and Learning: Evidence From Learners' and Teachers' Gestures [J]. Journal of the Learning Sciences, 2012, 21(2): 247-286.

小矩形的短边,左手食指指着大矩形的短边。)

学生(同时说):是的。

教师:然后这条边是它的三倍长。(右手用笔指着小矩形的长边,左手食指指着大矩形的长边。)

在这个案例中,教师的做法有两点值得学习和借鉴。

(1)教师的手势补充了学生的语言表述。在前文所述的"学生解释等式答案"案例中,主要是学生用指示性手势去解释自己的观点,教师因而不仅需要听其言,而且更需要观其行。从"学生解释等式答案"的图示中,我们看到学生站在黑板前,学生的身体姿势、手势可以清楚而明显地指向黑板上的数字。但是,在"相似矩形"的这个案例中,学生距离演示屏幕比较远,他的语言表述无法通过自己的身体姿势、手势清楚地指向屏幕上的矩形,这时,就需要教师身体姿势与手势的运用。教师按照学生的表述来指向屏幕上的矩形,有人将其称为"收件人姿势"。[①] 此时教师手势的运用,不仅可以帮助回答问题的学生进行思路的梳理,也有助于教室内其他学生明确地指向和清楚地理解。

(2)在"相似矩形"这个案例中,教师利用手势同时指向两个图形的对应要素。一般情况下,教师通常是利用相继的指示性姿势指向对应的要素,即首先指向一个图形的要素,然后再指向另一个图形的对应要素(如用一个手势先指向小矩形的短边,然后用同样的手势再指向大矩形的短边)。但在"相似矩形"这个案例中,教师不是以相继的顺序先后指向两个图形,而是两个手势同时指向两个图形的对应要素,这种做法的最大优势在于,教师可以通过更加明确和清楚的方式表明两个图形之间的联系。教师指示性姿势的这种"同时性",避免了"注意力分散效应(split-attention effect)"。因为当学习者以一种连续的方式去整合不同的信息时,就容易分散自身的精力,增加自身的认知负荷。而当教师以一种同时性的手势指向这些不同的信息时,很大程度上整合了这些分散的信息,而减少了学生注意力的分散。因此,有学者指出,身体姿势、手势的运用,"有利于节省认知力气,然后这些节省下来的力气可以应用于其他地方"。[②]

① Nathan M J. An Embodied Cognition Perspective on Symbols, Grounding, and Instructional Gesture [C]// DeVega M, Glenberg A M, Graesser A C. Symbols and Embodiment: Debates on Meaning and Cognition. Oxford, England: Oxford University Press, 2008:375-396.

② Clark A. An Embodied Cognitive Science? [J] Trends in Cognitive Science, 1999(3): 345-351.

这位教师还运用"表征性手势"来强调两个相似三角形的底边。因此,她用表征性手势模拟了三角形的视觉图像以及学生课本上的两个三角形(见图 15)。

教师:嗯,他们说这两个三角形(呈杯状的手举起来描述两个三角形)的"底边"(两只手从中心开始分开,画出一个三角形的底边)是相互对应的。(两只手交替地上下移动。)

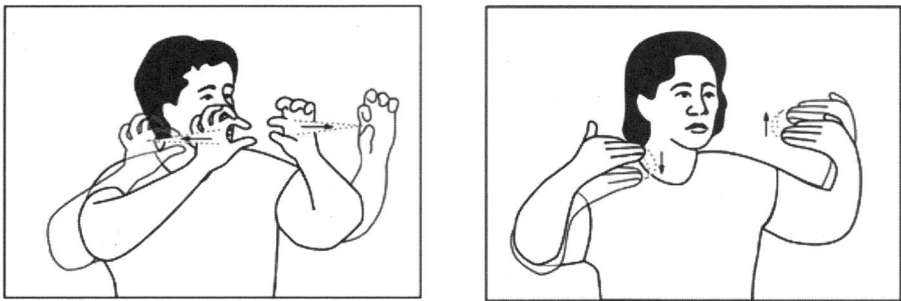

图 15　教师用表征性手势模拟三角形视觉图像

教师还能够利用表征性手势模拟真实世界的物体,例如,教师用学生熟悉的物体来演示"角"的概念。当两个手掌完全张开的时候就代表钝角,当两个手掌张开垂直的时候就代表直角,而当两个手掌慢慢内合的时候就代表锐角。又如在教"厘米、分米、米"等长度单位时,为了让学生能够更加直观地和形象地体会这些长度单位所代表的意义,教师将这些长度单位与自己身体联系起来,并用身体姿势、身体活动来描述这些长度单位。例如,一个指甲盖大概 1 厘米,大拇指与食指张开的距离大概是 1 分米,一大步的距离大概是 1 米。这些抽象概念(如角、长度单位等)与真实世界中的物体的联系,不仅由身体姿势来描述,而且是由身体姿势来创造的。而对于那些无法用身体姿势来描述的、完全属于想象的或者无法体验的事情,教师需要利用学生过去已有的经验,为学生创造一个模拟的问题情境模型,并且用身体姿势来表达这种模拟。通过吸收学生已有的真实存在的经验,并且通过类比等方式,确实能够模拟这些无法体验的事情。例如,教师让学生理解跳伞这一运动,而在现实情况的约束下,学生并没有办法真正体验跳伞。但是教师却可以利用学生从跳水板跳入游泳池的肌肉运动知识以及坐在飞机上从窗口向外看的视觉空间知识，去建构跳伞的经验。虽然这种模拟和类比是不完善的，但是这种模拟却在一定程度上能够帮助学生理解和体会问题。

而教师除了能够用指示性姿势、表征性姿势来促进学生学习以外，隐喻性姿势也能够促进学生的理解与学习。有学者认为，数学观点的基础——概念隐喻都依赖于认知机制，也就是想象运动，这允许人用动态术语去概念化静止实体。[①] 例如，利用想象运动去理解"算数是物体的集合"这一数学概念隐喻，总共有六个桃子，(拿出)送给别人两个，自己还剩四个桃子。数学概念隐喻就通过身体动作(拿走两个桃子的过程)被理解了。下面是一个教师用隐喻性姿势来解释"算数是物体集合"这一数学概念隐喻。[②]

在这个案例中，这位中学教师利用等式模拟了一个天平两边平等的结构。她利用投影仪，呈现了一个平衡的天平，一边是两个球体，一边是两个圆筒和一个球体。

因此，产生了一个等式：$S+S=C+C+S$。

教师：我要移除两边相同的物体，两边各移走一个球体。

(说完，她做出了一个握紧的手势。)

教师：我不是从天平的盘子中移走这个球体，而是从这个等式中移走。

(说完，她首先从模拟天平一边的盘子中拿走了一个球体，然后又握紧手从等式中拿走了 S 符号。)

在这个例子中，教师用平衡的天平来模拟等式，从而使等式具有一个更加直观和形象的说明。而在讲解的过程中，教师用身体姿势表达了拿走物体的隐喻，这即是 Lakoff 所说的通过"想象运动"理解数学概念隐喻，就如同爱因斯坦将自己想象为一个穿梭在时光中的粒子来理解相对论。这个"拿走一个物体"的身体姿势，反映了"算数是物体集合的隐喻"，为从等式两边减去同等量的规则赋予意义。

概而言之，首先，教师的身体姿势体现着教师自身的情绪，进而影响着学生

---

①　Lakoff G，Núñez R. Where Mathematics Comes from：How the Embodied Mind Brings Mathematics into Being[M]. New York：Basic Books，2001.

②　Alibali M W，Nathan M J. Embodiment in Mathematics Teaching and Learning：Evidence From Learners' and Teachers' Gestures [J]. Journal of the Learning Sciences，2012，21(2)：247-286.

的学习情绪,并影响着学生在学习中的身体参与。其次,教师的身体姿势,尤其是手势,包括指示性手势、表征性手势、隐喻性手势等,深刻地影响着学生对学习的理解和体悟。为此,教师首先需要用身体来表达自身对教学、学生的热爱之情,从而调动学生的学习情绪以及学生身体的积极参与。其次教师要将身体与教学内容结合起来,运用多种身体姿势(包括手势)来使自身的语言指向更加明确,使抽象的教学内容更加具象化,从而使学生对教学内容的理解更加简单和方便。

四、教学形式的寓身化:游戏教学作为实现路径

教学形式系统包括了三个层级:教学风格;教学策略、教学模式;教学手段、教学方法等。[①] 而游戏教学既是一种民主型教学风格,也是一种教学策略与模式,更是一种教学手段与方式。因此,我们把游戏教学作为一种教学形式来加以论述。要实现寓身学习,教师的教学形式必须是寓身性的。通过对游戏理论的分析发现游戏本身具有内在的寓身意蕴,因此,游戏教学可以作为教学形式寓身化,继而实现学生寓身学习的一种可能路径。

(一)游戏的基本理论

"游戏是一个难以界定的词,一本系统的学术专著也不可能将其囊括,因为游戏跨越了所有学科。"[②]在不同的时代背景、不同的哲学取向下研究游戏,对游戏内涵的理解都是不同的。游戏所承载的社会的、道德的、伦理的内涵,使得定义游戏更加困难。[③] 游戏的内涵虽然很难界定,但是通过游戏被归属为某个派别的方式,我们可以管中窥豹,对其做一分析。大概来讲,游戏的基本理论主要有以下几个。

(1)游戏作为剩余能量的释放。席勒(Friedrich Schiller)持此观点,人类的游戏在他看来就像是狮子的吼叫,是"剩余的能量为自己创造了一个对象",是

---

① 蔡伟.论教学形式系统[J].课程·教材·教法,2005(5).

② Spariosu M I. Dionysus Reborn: Play and the Aesthetic Dimension in Modern Philosophical and Scientific Discourse [M]. Ithaca, NY: Cornell University Press, 1989: ix.

③ Eberle S G. The Elements of Play: Toward a Philosophy and a Definition of Play[J]. American Journal of Play, 2014, 6(2): 214-233.

"在无目的的展示中享受过程"。席勒设想了一种游戏冲动的存在,认为这种冲动能够支撑愉悦的和创造性的探索。席勒的观点影响了赫伊津哈(Huizinga),他也坚信愉悦感在游戏过程中的重要作用。另一个代表人物是斯宾塞,他认为更高级的动物,具有更高效、更多的能量,除了满足直接需要外,还有一种剩余能量,这种剩余能量让人去探索一些更高级的行为和关系。

(2)游戏作为生物体的生存路径。这种观点强调游戏的生物学原因和生物学功能。一些生物学家认为人类的活动或者动物的活动都是为了生存或繁衍。例如,幼小狮子在游戏中学会捕猎,获得生存的技能;猴子在游戏中学会抚养群体。而推动人类游戏的愿望(尤其是对愉快体验的期望)存在于人类的大脑回路中,受到多巴胺和其他刺激物的调节。[①]

(3)游戏作为一种情绪调整方式。这种观点认为,游戏充当了一种引发情绪、正视情绪和管理情绪的方式。例如,弗洛伊德就相信,游戏的本质是通过释放紧张、焦虑等不愉快情绪,从而获得精神满足的过程。很多心理学家因此将游戏作为一种治疗方式。Sutton-Smith 认为,游戏并不仅仅只是释放情绪,游戏还能够挖掘深埋于心底或者潜在的情绪或者情感。游戏并不只是为了体验情绪,而是通过游戏挑战和重新认识自己,以此超越那些凌驾于我们之上的情绪力量。[②]

(4)游戏是一种社会交往。埃里克森和维果茨基等是这种观点的代表人物。埃里克森认为游戏是自我的一种功能,是一个将身体、社会过程与自我同步协调的过程。他提出了"人格的社会心理发展阶段理论",认为人在某一人生阶段面临着不同的困扰或问题,当形成了某一阶段问题解决的能力时,便会步入下一个发展阶段。随着儿童的不断成熟,游戏让儿童对身体和心智的控制转向了儿童对物体的控制,继而转向了对个体与外界关系的关注。维果茨基赋予了游戏更深远的社会意义,他认为游戏不是个体单独进行的活动,而是一个创造了交互作用的对话性活动。游戏的过程体现了人与他人的依恋与分离、竞争

---

① Panksepp J. Cross-Species Affective Neuroscience Decoding of the Primal Affective Experiences of Humans and Related Animals[J] Plos One,2011,6(9):1-15.

② Sutton-Smith B. Play theory: A Personal Journey and New Oughts [J] American Journal of Play, 2008,1(1):80-123.

与合作、身份的建立与破碎。[1]

（5）游戏作为参与某种情境的过程。这种观点认为，游戏就是人搁置外部关注，进入一个情境的过程。它可以是对某一个实际问题的深度参与，也可以是一个想象性的探索之旅。席克真特米哈依（Csikszentmihalyi）研究了在参与情境中深层感受和体验的支持性条件，他将其称为"心流（flow）"，[2]即是一种愉悦状态和陶醉状态，这种状态会激励人参与游戏。而当一个游戏情境的技术性挑战与实践者的技术水平相匹配时，人才能产生这种愉悦感，才能最充分地参与游戏。

（6）游戏作为螺旋式的涌现过程。Eberle 反对对游戏的线性和确定性描述，他将游戏视为激发个体兴趣的活动，认为参与者在进入游戏后，以满足自己好奇心的方式展现自己。在游戏过程中，参与者很快会产生新的经验，对未来的游戏情境又产生新的好奇心，因此游戏是一种螺旋式的涌现过程。他描述了游戏经验的六个要素：期望，惊奇，愉悦，理解，优势，镇定。Eberle 认为游戏经验的每个要素都可以是引发下一个要素的原因，也可以是上一个要素引发的结果，它们作为一个整体螺旋式地向前推进游戏。这一观点让我们看到游戏更多的可能性、更少的线性和确定性。游戏随着时间、地点、文化、个体成熟程度、个体经验的变化而发生变化。[3]

（7）游戏作为一种体验路径。Henricks 将游戏理解为一种体验路径。在游戏中人拥有在世界中行动的多种可能性，会根据情境变化而不断修正和改进自己的行动。他强调了游戏这种行为在自我实现中的价值与作用，认为游戏的本质在于拓展和巩固人们创造性地构建和管理生活能力的意识。人们在游戏中体验和培养了一系列情绪和情感（如好奇、乐趣、兴奋、满意等情绪）。游戏通过建立事件的内在连续性从而为情绪情感体验提供了一个积极的色彩和外衣。[4]

---

[1] Meares R. The Metaphor of Play：Origin and Breakdown of Personal Being[M]. London；New-York：Routledge，2005.

[2] Csikszentmihalyi M. Beyond Boredom and Anxiety：Experiencing Flow in Work and Play[M]. San Francisco：Jossey-Bass，2000.

[3] Scott G. Eberle S G. The Elements of Play：Toward a Philosophy and a Definition of Play[J]. Journal of Play，2014,6(2)：214：233.

[4] Henricks T S. Play as Experience[J]. American Journal of Play,2015，8(1)：18-49.

(二)游戏的寓身意蕴

从以上对游戏理论的描述与分析可以看出,游戏本身具有内在的寓身意蕴。具体来说,这种寓身意蕴体现在以下几个方面。

(1)身体是游戏最基本的活动单位和组成部分。不管是将游戏视为剩余能量的释放,还是将游戏视为情境的参与过程,又或者是将游戏视为体验路径,不可否认的一点是,游戏为物理空间意义上的身体运动提供了机会。在游戏中所产生的身体运动,与传统学习范式下的身体运动有所不同。在游戏中,儿童的身体运动是自主的,可以按照自己的意愿、根据环境变化不断地调整;而在传统学习中,儿童的身体处于被控制状态,身体运动并不是自主的。因此,游戏实质上改变了身体活动被排斥和被压抑的现实。杜威也认可游戏能够调动身体活动,他为了改变学校教育忽视身体活动的现实,主张"学校在游戏和工作中采用与儿童、青年在校外所从事的活动类似的活动形式,让儿童有机会从事各种调动他们的自然冲动的身体活动"。主动作业(既包括工作,也包括游戏)是"积极的或机动的,它们通过身体器官——眼、手等表现出来"。① 游戏除了从物理空间意义上调动了身体活动,还促进了儿童身体的健康发展。蒙台梭利曾对此做了说明,她认为"每个人都应该进行足够的锻炼,使他的肌肉处于一种健康状态。当他们处于这种状态时,就可能促使某些肌肉发达以供特殊的活动之用。但如果肌肉普遍地未得到足够的使用,他的生命力就衰弱了"。② 有一些研究证实了游戏对儿童身体健康的影响。例如,Fjørtoft 讨论了室外游戏活动对儿童运动技能发展的作用。他认为,一些室外环境下的基础游戏,例如大肌肉活动或者基本技能(如跑、跳、扔、爬、滚、滑行等),对于儿童身体健康以及身体锻炼是非常重要的。③

(2)游戏使身体活动成为理智思维发展的基础。游戏的基本理论,强调了身体参与基础之上的理智或能力的发展,或是生存能力,或是情绪智力等。不同于传统的学习将身体活动视为理智思维发展的干扰,游戏使身体活动成为理

---

① 杜威.民主主义与教育[M].王承绪,译.北京:人民教育出版社,1990:207.
② 蒙台梭利.童年的秘密[M].马荣根,译.北京:人民教育出版社,2004:105.
③ Fjørtoft I. Landscape and Playscape. Learning Effects from Playing in a Natural Environment on Motor Development in Children[D]. Norway Oslo:Norwegian School of Sport Science, 2000.

智思维发展的基础。可以说,儿童的身与心在游戏中恢复了原本的同一(identity)状态。20 世纪早期的教育创新者和改革者很早就意识到了身体对智力发展的作用。蒙台梭利观察到认知与运动是紧密相关的,她认为"儿童正是通过得到的感官印象的力量而形成自己的智慧,发展自己的理性","运动或身体的活动比看和听的智力感觉更重要"①,因而,她强调以游戏和材料为基础的教育。蒙台梭利的幼儿园教室曾被比喻为大学的实验室。在"实验室"般的环境中,儿童以自己的节奏管理自己的工作,利用为多层面实验设计的材料,与他们自己选择的"同事"一起工作。例如,三岁儿童,可以从不同角度处理和分类圆柱木头,在这个过程中,他们学习处理好材料所需的"钳柄",以及推理和比较的技能,以及有关数学的基础知识。杜威也同样认为,学校采用游戏和主动作业,并使之在课程中占有明确的位置,不仅仅因为游戏和主动作业是能够将身体调动起来,成为解除"正规的"学校功课沉闷与劳累的愉快消遣;而且是理智和社会方面的原因,即游戏和主动作业中"探索、操作工具和材料、建造、表现欢乐情绪等先天的倾向,具有基本的价值"②。游戏通过身体器官表现出来,同时,游戏"也包含了对材料的持续不断地观察、不断制定计划和反省,以便使实践的或行动的东西得以成功进行下去"③。美国国家游戏研究所的创始人Brown 认为,运动是一种认知的方式。确切地说:"我们正是通过运动和游戏来进行思考。正如那些倡导动觉学习的学者所说,运动使大脑加入,从而促进学习,运动是创造性、灵活性、适应性和复原力的根源。"④因此,游戏调动了身体并使之成为儿童理智思维发展的基础。

(3)游戏过程中产生的情绪是通过身体活动表达的。以上所述的游戏理论,对游戏的理解有不同的视野,但其中有一个共同点,即都认为游戏与情绪有关。①儿童在游戏中通过身体活动体验情绪。最近的一系列研究表明大脑可以感知与我们身体中的情绪体验相关的不同神经状态。情绪不仅仅只被我们

---

① 蒙台梭利.童年的秘密[M].马荣根,译.北京:人民教育出版社,2004:104-108.
② 杜威.民主主义与教育[M].王承绪,译.北京:人民教育出版社,1990:207.
③ 杜威.学校与社会[M].赵祥麟,等译.北京:人民教育出版社,2001:91.
④ Brown S. The National Institute for Play[EB/OL]. http:// www.nifplay.org,2009.

的思维所感知,也被身体感知。① 这体现在许多表演游戏或者戏剧游戏中,因为它们设计了一种直接的、去符号化的感知觉体验,如一种具有视觉冲击力的布景或者激情高昂的音乐,让处于其中的儿童体验所扮演角色的情绪状态。除了体会角色的情绪外,儿童身体力行地参与到游戏情境中,也是在新情境中观看和体验自我情绪的一次机会,可以观察和体验到自身隐藏的或者潜在的情绪。著名的儿童戏剧学家格里塔·费恩(Greta Fein)通过研究儿童的社会戏剧,发现让儿童身处游戏的场景能够将儿童隐藏的深层情绪和焦虑紧张等挖掘出来。通过社会戏剧,儿童可以产生一些情绪体验,这些情绪体验又成了个性的组成部分,为生活创造了新的可能性。② ②儿童在游戏中通过身体活动表现情绪。例如,表演性游戏或模仿性游戏,儿童身体进入到模拟的某些特定场景或者想象之中,身体因而成为表现情绪经验的媒介:儿童运用身体动作、身体姿势来表达自身的情绪与情感,并且通过身体动作、身体姿势更深刻地理解情绪所代表的意义。当儿童的身体参与到游戏情境中时,就会激发起思维和认知的活跃性,经过在游戏中体验角色所经历的冲突和升华,从而获得自我的丰富与拓展。

(4)游戏为儿童创造了一个以身体互动为基础的"之间体"。如前所述,西方哲学传统常把人理解为在时间性上有自我意识的个体。在传统的学习中,儿童主要是与教师之间建立起了一种以接受知识和传递知识为主的单向、线性关系,这种关系也主要是以心智和思维为基础的,它否认"人是一种以身体为基础的关系性存在"。而游戏则创造了日本哲学家和辻哲郎所说的"借助于肉体的之间体",为儿童创造了以身体经验为基础的社会交往情境。首先,游戏在物理空间意义上为儿童的交往创造了自由的环境。其不同于传统学习将儿童身体固定在特定空间单元之中,以严格纪律、教师权威隔离儿童与儿童之间、儿童与教师之间的身体接触和互动。游戏打破了严密的空间设计和纪律设置对儿童身体的规训,以一种松散的、自由的方式将不同的儿童聚集在一起,使得儿童与

---

① Jeremiah W B. Sensing the Moment: Acting with the Mind, Body and Emotion[D]. Ann Arbor, Michigan: ProQuest LLC, 2013.

② Fein G G. Mind, Meaning, and Affect: Proposals for a theory of Pretense[J]. Developmental Review, 1989, 9(4): 345-363.

儿童之间、儿童与教师之间建立起更加多样化的、生成性的互动关系。其次，游戏中的儿童身体活动为儿童关联感和归属感的建立提供了平台。一般来说，所有的个体都有从属于某个群体或某种文化的需求，即每个人都需要关联感和归属感。而这种关联感和归属感能够通过儿童的游戏很好地建立起来。[①] 具体说来，是因为游戏打破了物理空间意义上的身体隔离，儿童可以更加自由地观察与模仿同伴、教师的身体行为，并且按照同伴、教师所认可的方式调整自己的行为。这种身体行为上的一致性，能够让儿童更容易地建立伙伴关系，形成社会认同，形成对某个群体的关联感和归属感。

(三)如何通过游戏实现寓身学习

通过对游戏理论的分析与描述，我们发现游戏本身具有内在的寓身意蕴，因此，将游戏教学作为一种寓身学习的实现路径，具有了理论上的可能性。那么，在教育实践中能否通过以及如何通过游戏实现寓身学习？笔者试图呈现一些案例来加以说明。笔者根据 Conklin 对于游戏的三个基本维度的划分，即幽默与无压力的环境，选择与自我指导，想象性创造[②]，来论述如何通过游戏实现寓身学习。

(1)教师为学生创造幽默、无压力的寓身性游戏环境。一个幽默与无压力的环境代表了教师对学生宽容、爱护的态度。同样，也是学生身体能够充分参与进游戏学习的前提。一次在合肥市一所初中调研时，笔者在一个初一的班级中听了一天课。每逢课间，笔者就与学生进行交谈，谈话的内容涉及课业负担、学习兴趣、喜欢的老师等多个话题。其中的一个片段或许能够说明学生对于游戏以及宽松环境的渴求。[③]

笔者：你最喜欢哪个老师？为什么？

学生1：我最喜欢英语老师。因为英语老师很搞笑。

笔者：英语老师怎么搞笑啦？

学生1：就比如说，英语老师会在说问句的时候，把最后的问号用很好笑的

---

① Lillemyr O F，Søbstad F，Marder K，et al. A Multicultural Perspective on Play and Learning in Primary School [J]. International Journal of Early Childhood，2011，43(1):43-65.

② Conklin H G. Toward More Joyful Learning: Integrating Play Into Frameworks of Middle Grades Teaching[J]. American Educational Research Journal，2014，51(6): 1227-1255.

③ 摘自 2014 年 5 月 8 日笔者在合肥市一所中学调研时所做的调研记录。

声音说出来。然后她很多表情很搞笑……

学生 2：我也最喜欢英语老师。因为英语老师上课的时候，经常让我们做一些游戏。

笔者：都做些什么游戏啊？

学生 2：很多，像单词接龙、情景剧、"我演你猜"……

通过这种随意的交谈，笔者发现，在这个班级里，有相当多的学生最喜欢的教师是英语老师，最喜欢上的课是英语课。按照他们的说法是因为英语老师"幽默""好玩"，能让他们做游戏。而笔者在听英语课的时候，真的感觉到英语老师十分有趣，她所创造的课堂教学环境确实十分轻松、自在、不拘谨，学生兴致也很高。例如，她在讲 the more the better 这一短句时，会将这一句式与具体的情境联系起来。"你回家跟你妈妈要零花钱，妈妈特别凶地说：昨天不是刚给你零花钱，今天又要零花钱！要多少？你可怜巴巴又有点小得意、做着数钱的手势说：the more the better。"她创造这个对话情境时的语言、表情、动作逗得学生开怀大笑。等英语课结束之后，学生口中所说的"搞笑英语老师"，走到笔者面前，特别谦虚地跟笔者说：你觉得我上课有哪些问题吗？请你们专家多给我们一些指导。笔者如实转述学生们对她的评价。她爽朗一笑，就开始陈述她对教育的看法："我觉得好老师啊，就是得让学生对学习产生热情，有热情了学生才能学好。所以，我就时常跟学生开开玩笑，让学生做点小游戏，让学生开开心心地学习。"英语老师的说法也证明了 Gray 的观点：一种游戏性的心理状态，会促进学生的学习、创造力的发展与问题解决能力的提升。①

因此，为学生创造一个幽默、轻松、宽容的游戏环境，对于实现寓身学习来说是至关重要的。德国儿童游戏环境设计学者 Beltzig 提出了游戏环境设计的理念，为游戏环境走向"寓身"指明了一个总体方向。他认为游戏环境的设计者应该像人类学家一样，应该有对"他者"的关切，通过反思性的观察发现儿童的需要、能力、目标。具体来说，他认为游戏环境设计应该遵循六条基本原则②：①游戏场地应是一个消磨时间的地方，它既不是一个训练场地，也不是一个顺

① Gray P. Free to learn：Why Unleashing the Instinct to Play Will Make Our Children Happier，More Self-Reliant，and Better Students for Life [M]. New York：Basic Books，2013：139.

② Beltzig G. Learn to Play, Play to Learn[J]. Nature，2015，523：287-288.

应成人审美的、展示性的区域结构;②允许儿童对事物进行主动发现和探究,如探索一个篱笆围成的角落;③给予儿童进行自我掌控、管理风险的机会,如爬到不同高度的机会;④允许不同的小组根据自己的情绪、兴趣和需要去寻找自己喜欢的环境;⑤提供一个能避免风、噪音、他人监管的庇护所;⑥避免过多的禁令。总之,游戏环境必须是自由的、轻松的、包容的,这是激发学生情绪、促进学生积极参与的最根本前提。

(2)选择与自我指导。如前所述,从理论上来讲,游戏为学生创造了以身体互动为基础的"之间体"。游戏能够从物理空间意义上打破学生身体之间的隔离,也能够通过游戏过程中的身体互动为学生形成关联感和归属感奠定基础。若使理论上的假设得到落实,关键在于让学生对游戏中的自我身体拥有自我指导与调整的权利。如前所述,东方文化尤其是中国传统文化从哲学意义上的本体论出发去强调"我是身体",身体是一种"本身具足"的身体,因而有充分的主动性、创造性、动态性、开放性。而西方传统哲学则从科学意义上的物体论出发去强调"我有一个身体",身体是一种"非自足的身体",因而具有了被动性、干扰性等特征。西方身体观反映到教育之中,就产生了福柯所说的"身体被规训"的教育现实,学生要么是被教师制定的种种纪律牢牢地控制住,要么是将教师制定的纪律内化成规训自我的纪律。如果学生在游戏过程中被教师所制定的种种规则控制,没有权利掌控自己的身体,感受不到被尊重和被重视,那么他们就容易产生逆反心理,就会不断地与教师进行权利的争夺或者干脆自己做自己的事情。因此,教师在游戏教学过程中应该确立"学生是身体",而不是"学生有一个身体"的观念,即学生在游戏过程中对自身的身体有着充分的自我指导与自我管理的权利。下面一个作文游戏教学案例,可以使我们思考和反省教师如何能够让学生身体积极地参与进游戏以及进行有效的自我指导和调节,从而实现寓身学习。[①]

吴老师在硕士毕业之后进入一所小学当语文老师。在教学实践中,她有感于学生写作文时无话可说的现实,决定让学生通过游戏产生真实的体验,从而让学生在作文中有话可说。在一次三年级的作文课上,她设计了《大胃王比赛》

---

① 摘自笔者在 2015 年 3 月 26 日在上海市一所小学的听课日记。

这个游戏。作文课开始前,吴老师首先给学生们讲解了一番夸张这种修辞手法的具体应用以及注意事项。她首先列举几个夸张修辞手法的例子,也告诫学生不能简单地用数字来表示夸张,诸如那蚁群中有一万只蚂蚁,有一千万只蚂蚁,有一亿只蚂蚁等是非常低级的夸张用法。

待吴老师讲完夸张的用法之后,她按照班级的小组划分,让每一个小组选择一个代表到讲台上参与大胃王比赛。等五个小组的代表都站到教室前面时,有一个小组却没有选出一个代表。吴老师对他们说:为什么你们小组没有代表呢?笔者看到,在这个小组的成员中,有个女生有些腼腆地笑着;有个男生仿佛置身事外,没有任何反应;然后还有个学生指着同桌说"她,我们选她"。被指着的女生却执拗着不肯上讲台。吴老师也催促他们小组快选出一个代表,但是他们小组仍无动于衷。吴老师这时有些着急,也有些生气:你们都这么不主动怎么能行。到以后你们进入了社会,你们这样被动地等着,谁都不会主动给你们机会的。到时你们就知道这么被动是多么愚蠢了!今天你们小组如果不派代表上来,那你们小组就不要参与这个游戏了。在吴老师的"威胁"下,这个小组仍然不为所动,谁都不愿意上台参加游戏。吴老师愤愤地说:好,那你们就不要参加了。

五个小组的代表在教师设置的情景之中开始"激烈"地比赛,他们动用自己的胳膊和手狂揽着桌子上的"食物",他们张开大嘴使劲地往嘴里塞着"面包",他们抱着"西瓜"埋头大啃,他们转头用眼瞟一下身边的对手再继续埋头"吃"……在他们"比赛"的过程中,吴老师经常大喊一声"停",让"比赛选手"停住,然后让学生观察他们的动作、表情,并且用语言将其描述出来。然后再喊"开始","比赛选手"接着比赛……当比赛结束后,吴老师追问"比赛选手"在比赛过程中的感受。然后再换一组"比赛选手"上台比赛……

大多数学生通过吴老师设置的游戏情境参与进了游戏,"观众"通过细致的观察、情境的融入来获得"比赛"的直观感受;而"比赛选手"更是通过参与"比赛",动用各种身体姿态来刻画自己的"比赛状态"。因此,不论从哪一角度入手写作文,他们都是有话可说的……

笔者在听课过程中,也一直观察着那个未"参赛"的小组,他们当中,有的学生也在观察"比赛",但是小组大多数成员都并未像其他学生那样有兴致。笔者困惑:他们不参与这个游戏,能够写出什么样的作文呢? 待第二节课他们写出作文后,笔者特意翻看了他们小组的作文,大多数是一些平淡无奇的话,还有一些明明没有参与游戏,却编造写出了参与游戏时候的场景。而其中一个学生的作文并没有写这次游戏活动,而是在作文中表达了对吴老师的控诉与不满:吴老师,我们本来很喜欢你的,觉得你平易近人……但是这次游戏活动你却不让我们小组参加,我们对你很失望。在其他课上,都是老师点名指出谁上台。你直接点名让我们参加游戏不行吗? 别的小组都开开心心的,我们却好像被遗忘了……

笔者当时将这篇作文的内容告诉吴老师,吴老师说她也看到了,并且痛心疾首地说:他们怎么不能理解老师的良苦用心呢? 这个社会竞争多么激烈,机会多么难得,他们这么被动,以后怎么生活呢? 等到像我们这么大年纪的时候,他们后悔就来不及了。因为自己性格内敛,比较被动,而错失了很多好的机会……笔者说:是的,学生如此被动也是超出了我的想象。但是你是不是也有点着急了? 虽然你给予他们自主性,但是在其他学科的课堂中以及家长、同伴的影响中,他们已经习惯了被动地等待,单靠你的语文课甚至这两节课是很难改变的。吴老师说:可能是我心急了。因为从小没人教我主动,导致自己成人后也胆小被动,丧失很多机会。我看到他们那种被动的样子,就好像看到了以前的自己……

在这个案例中,吴老师通过一定的游戏设置,使得学生在游戏过程中获得了直观的感受与丰富的体验。因此,吴老师给予了学生充分的自主性,从而让学生对自我的身体活动进行指导和调节(让小组学生自己决定谁上台表演,也让学生根据自己对游戏比赛的理解通过身体来表达)。但是,一组学生受到传统教育的影响太深,而丧失了自主性。甚至在后来的作文写作中认为,吴老师给予他们权力的举动是"多此一举",他们更喜欢"被点名"。面对这种情况,吴老师有些"恨铁不成钢",又联想到"自身的切身经历",因此对他们采取了一个比较严重的惩罚措施,即"不主动就不能参加游戏"。这一惩罚措施,瞬间断送了他们本来可以靠点名而参与游戏的机会,也切断了他们与其他学生之间的互动交流,这使得他们这一小组有了一种"游离在群体之外""被遗忘了"的感觉。而且,他们写出的作文确实没有参与游戏的学生生动和出彩。

其实,研究表明,绝大多数中小学生的自主性还没完全成熟。[①] 对于这种缺少自主性、无法或者不愿意进行自我指导与调节的学生来说,教师应该循序渐进地引导他们。例如,有研究者在一项研究中就发现一位教师善于给予学生自主性。"Ella 老师给学生很大的自主性和权力去管理教室内的自身生活,让学生创造教室内生活游戏的规则,对于游戏来说非常重要。Ella 老师让学生制定规则,如相信自己、善待他人;不欺凌弱小,努力去做自己的事;对所有老师和同学诚信。学生将自己制定的规则海报贴在班级墙后面,并在海报下面签上所有人的名字。"[②]这一举动,使得学生意识到自己的声音、行动在教室生活、游戏生活中很重要,他们的观点受到教师以及其他同伴的尊重和倾听。同样,在作文教学这一案例中,教师也应该是让这组不愿意参与的学生,意识到他们的参与很重要,教师以及其他学生希望他们的参与;缺少了他们的参与,这将不会是一个完整的集体活动。而不是让这组学生产生一种"因为我们表现特别不好,所以我们才被老师禁止参加比赛"的直观感受,教师更不应该将自己视为教室里的权威或主人,因为学生的主动性缺乏,就依靠自己的话语霸权给予他们不能体验、不能参与的惩罚。

(3)想象性创造。游戏作为寓身学习的实现路径,需要教师大量的想象性创造。想象性创造首先要求教师放弃原有的思维定式。正如"数学知识,包括数学定理、数学公式等都是死知识,最简便的方法是让学生记住"等思维,都属于教师的定式思维。教师发挥想象性创造,意味着在破除原有思维定式的基础之上,通过回到身体的思维方式来建构教学,就像建筑师需要建造与人身体经验相一致的建筑一样。通过这种回到身体的思维方式,才能够设计出寓身性的游戏。下面是两个数学游戏教学案例,证明了教师通过想象性创造游戏,可以实现数学这一学科的寓身学习。

一位小学老师注意到,学生总是在数字感方面有些困难,他们不理解数字是怎样通过加法和减法而变化的,尤其是无法形成负数的概念。因此,这位数学教师就让学生在操场上进行"跳格子"游戏。具体做法是在学校操场的空地

---

① 熊川武,江玲. 论学生自主性[J]. 教育研究,2013(12).

② Conklin H G. Toward More Joyful Learning：Integrating Play Into Frameworks of Middle Grades Teaching[J]. American Educational Research Journal,2014,51(6)：1227-1255.

上,用粉笔画长长的数轴,然后让学生身体在数轴上移动、跳动,去体验数字的加法与减法,让他们体会:当数字变化越大的时候,他们就需要移动得越多。[①]模拟如图 16 所示。

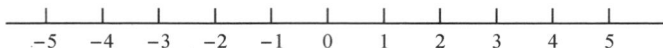

$$
\begin{array}{c|c|c|c|c|c|c|c|c|c|c}
 & & & & & & & & & & \\
\hline
-5 & -4 & -3 & -2 & -1 & 0 & 1 & 2 & 3 & 4 & 5
\end{array}
$$

图 16　教师在操场上画的模拟数轴

还有教师利用日常生活中的台阶来让学生体会负数的概念以及负数的加减法(如图 17 所示)。[②] 在台阶的顶端,教师为台阶铺上了数字 0,然后依次往下的台阶分别为-1,-2,-3,…,-7。当学生站在台阶的顶部 0 处时,往下走两个台阶,即是 0-2=-2。同样,如果学生站在-7 的位置上,往上走 3 个台阶,那么,即-7+3=-4。因此,学生是在用身体来感知负数的连续性,而且是用身体的跳动或者移动,来体验数字的加减法,身体成了数学运算的一部分。他们在不经意间的课间游戏中,就已经将书本上的数学概念与身体的感知联系了起来(见图 17)。

图 17　台阶上的数字

---

① Henriksen D, Good J, Mishra P. Embodied Thinking as a Trans-disciplinary Habit of Mind[J]. TechTrends, 2015, 59(1):6-11.

② Henriksen D, Good J, Mishra P. Embodied Thinking as a Trans-disciplinary Habit of Mind[J]. TechTrends, 2015, 59(1):6-11.

　　在传统的观点中,数学是一门极具抽象性的学科,因此,传统的观点认为数学学习就是记忆相关的规则。例如,在正数与负数加减中,学生通常通过记忆得知"正负数加减法的法则"——"同号两数相加,取相同的符号,把两数的绝对值相加"等法则。但是学生并不理解为什么会得出这个正负数加减法则。在这两个案例中,教师并没有将数学这一学科视为抽象性、纯粹思维的学科,而是将其视为来源于身体、基于身体的寓身性学科。因此,她通过想象性创造,在操场上为学生画数轴、在台阶上贴数字,使得抽象的数字具体化到立体空间中的数轴、台阶上,让学生动用身体去感知数字通过加减所产生的距离变化,以及正负数加减所产生的高度变化。在此基础上,学生理解了正负数的加减法则。因此,教师通过利用生活中的物体而形成的创造性想象游戏,使得抽象的数学法变成了学生可用身体感知和体验的现象,也使得学生对于法则的理解更加深刻。

第六章　总结与展望

　　本书采用实践案例说明了学生身体遭遇排斥和压抑的现实,并分析了学生身体受到排斥和压抑的认识论根源和社会根源;指出要解决学生身体受压抑和排斥的问题,必须重视身体在学习中的地位,实现寓身学习。为此,本书对寓身学习思想与实践进行了历史回溯,运用来自哲学、心理学以及社会学领域的研究成果建构了寓身学习的理念,并结合教育实践、运用案例法来说明寓身学习实现的路径。研究至此,我们仍需要思考以下几个方面的问题:①如何评价寓身学习? 具体包括三个方面的思考——寓身学习对于学校教育、学生学习有哪些贡献? 寓身学习还存在哪些不足? 我们应该对寓身学习持有一种什么样的态度? ②研究本身的成果与不足。即本研究所获得的成果以及进一步思考的空间又在哪里? 因此本章着力于对本研究进行一个系统的总结与反思。

第一节　对寓身学习的评价

一、寓身学习的贡献

　　寓身认知在心理学以及其他的认知科学中受到了广泛的关注,并且占据了重要地位。从最开始哲学领域对身心关系的思考,到心理学领域、认知科学领域对于寓身认知的实证研究,都表明了寓身认知蓬勃发展的趋势。而寓身学习在哲学、心理学、认知科学等的带动之下,也逐渐发展起来,为学习理论的发展以及学校教育实践的改进做出了重要贡献。具体来说,寓身学习的贡献主要体现在以下几个方面。

（一）寓身学习冲击了学校教育中的身心二分以及扬心抑身的传统

身心一体本是人人都应该具有的常识，个人的发展、知识的形成、人与外界的互动等，都是身心一体参与的。没有身体，心灵也就不存在。但是在教育研究与实践中，人们却对这一事实置若罔闻，并且以身心二元论和扬心抑身为前提和基础，创造出了信息加工学习理论以及各种排斥和压制学生身体活动的现实。在此背景之下，寓身学习的提出或者学习寓身性恢复的提出，就是对身心二分以及扬心抑身传统的批判与反思。寓身学习将身与心视为一体，将学习与身体视为一体，认为身体是心智的身体，心智是身体的心智；认为学习和认知对于身体结构以及身体活动具有很大的依赖性。因此，寓身学习对于身心之间关系的新认识，对于学校教育中的身心二分来说是一个巨大的冲击，并且从身体角度出发为教育者理解身心关系提供了一个新视角。

（二）寓身学习使身体在学习中有了更重要的地位

在传统的学习中，身体是学习的干扰因素，或者说仅仅是承载心智的工具或容器。但是寓身学习却反对传统学习对于身体的这种认识。寓身学习借鉴了梅洛-庞蒂对于身体的认识，即身体不只是生物学意义上的身体，而是一个混合了感性与理性、身与心的现象身体。人就是通过这样一个现象的身体去建构知识、探索世界，与环境交互作用的，因此，身心、环境都是相互交织的一体。在建构知识、探索世界的过程中，人不是心智性的主体，而是寓身性的主体。通过借鉴梅洛-庞蒂的身体内涵，寓身学习使得身体在学习过程中不仅仅是发挥生物学意义上的作用，更是发挥了身体体验、生活体验的主体作用。因此，总结看，寓身学习首先将原先被轻视甚至敌视的身体重新拉回到学校教育的视野之中；其次将身体的作用扩大了，至此，身体在学习中的作用不再仅仅局限于生物学意义上的作用，而是学习的主体。语言、推理、概念、认知的建构都是建立在身体这个主体基础上的。

（三）寓身学习促进了民主教育和民主社会的形成

如前所述，脑力劳动和体力劳动的分工由来已久，人们将从事脑力劳动的人视为较高等级的人，而将从事体力劳动的人视为较低等级的人，从而形成了"劳心者治人，劳力者治于人"的现实。而脑力劳动和体力劳动的分工反映到教育中,就形成了"自由的、理智的教育"与"机械的、卑下的教育",这种教育又源源不断地为社会输出"高低贵贱各不同"的学生。因此,教育以及社会中一直存在着等级化的现象。

而寓身学习强调身心原本即为一体,因此,不存在"心贵身贱",也不存在"扬心抑身"。在寓身学习理念之下,学生学习的最终目的是成长为完人——每一个学生都有文化修养,也有劳动技艺与能力。这样,教育中就不存在心智发展水平高的学生去控制身体活动较多的学生,社会中就不存在从事脑力劳动的人去控制从事体力劳动的人。简而言之,寓身学习为等级化教育和等级化社会的消失,以及民主教育和民主社会的形成做出了可贵的努力。

二、寓身学习的不足

寓身学习不仅重新审视了学习中的身心关系,而且重新认识了身体在学习中的作用。它为学习理论的发展以及学校教育实践贡献出了自己的力量。但是寓身学习还很年轻,它仍然是一个处于成长、发展与完善过程中的事物。因此,寓身学习还有一定的不足和瑕疵。具体来说,表现在以下几个方面:

首先,寓身学习在反对身心二元论时,采用的方式仍然带有一定的二元论色彩。身心二元论对社会生活各个方面都产生了非常广泛和深刻的影响,甚至影响了我们的语言表达,以至于寓身学习现在仍用身和心两个词汇来描述身心之间的关系,以及两者之间的相互作用。笛卡尔式的二元论,使那些反对二元论的人没有更好的方法去批判二元论,而只能采用一种带有二元论色彩的方式去批判二元论。这不仅仅是寓身学习所面临的困境,也是所有批判二元论的理论或观点所面临的困境。

其次,寓身学习在解释心智对于身体的作用和影响上显得有些消极。寓身学习不得不采用二元论方式来论述身心之间的一体关系,在这个过程中,寓身学习更多地解释了身体对心智、认知或学习的作用,包括心理学、认知科学、神经科学等研究都提供了身体影响心智的诸多实证性的证据。而在心智、认知或学习对身体的影响和作用上,寓身学习所提供的证据相对来说比较少。或许是传统的学习理论或者学习实践过度强调心智对于身体的作用,以至于寓身学习出于补偿心态,而将关注重点更多地放在身体对心智、认知或学习的作用上。

但是,寓身学习在未来也不能忽略心智、认知的主动性以及心智和认知对身体的作用,否则就有陷入新行为主义的危险。

三、寓身学习作为一种选择

学习一直是教育研究与教育实践领域的一个重要话题,人们赋予学习极其重要的地位,可以说"对于学习的理解是教育变革的根本出发点"。[①] 因此,围绕着学生的学习是什么、如何促进学生学习等重要话题,产生了众多的、有价值的学习理论。这些学习理论代表着不同的价值观,吸收着不同的理论资源,有着各自不同的理论主张。因此,学习理论的研究呈现出一种百花齐放的景象。教育研究者在面对这些学习理论时,有着自身独特的教育价值观以及教育经历,因此,他们可能会尊重彼此不同的学习理论,但是有时却并不同意彼此所持有的理论。

一些教育理论研究者或者教育实践者可能不理解寓身学习,甚至会质疑寓身学习。例如,许多人会问我:"你说,哪一种学习不是用眼睛看、用耳朵听的?"话虽如此,但在教育、教学、学习过程中,人们对于各种身体感官的重视程度是不等的,甚至把身体感觉器官划分了严格的等级。人们更注重的是与心智思维发展相关的视觉与听觉。康德曾经对感觉器官的地位进行等级定位:"不能说视觉器官就比听觉器官更不可缺少,但是视觉器官确实比听觉器官更为高尚。在所有的器官中,它离触觉最远,而触觉是感觉的最小的限定条件;视觉不仅覆盖了感觉的最大领域,而且视觉器官是最少受影响的;它比其他器官更接近纯粹的直觉。"[②]因此,在康德看来,视觉最高尚,听觉可容忍,触觉最低级。在《反对身体和灵魂、肉体和精神的二元论》中,费尔巴哈曾经描述过感官的这种等级秩序:眼睛是最高贵的感官[③],"触觉、嗅觉、味觉是唯物主义的,是肉体的;视觉和听觉是唯心主义的,是精神。但是眼睛和耳朵代表头部,其他感官则代表腹

---

① Marshall H H. Redefining Student Learning : Roots of Educational Change[M]. Norwood,NJ: Ablex Publishing Corporation,1992:xii.

② 昂弗莱.享乐的艺术—论享乐唯物主义[M].刘汉全,译.北京:生活·读书·新知三联书店,2003:123.

③ 费尔巴哈.费尔巴哈哲学著作选集(上卷)[M].荣震华,王太庆,刘磊,译.北京:商务印书馆,1984:206.

部"①。因此,虽说学习时时刻刻地用到耳朵、眼睛等感觉器官,但是我们所说的寓身学习绝不仅仅局限于传统哲学或学习理论上所强调的与心智发展相关的听觉与视觉器官,它同时也强调被传统哲学以及学习理论所忽视的触觉、嗅觉、味觉等。

寓身学习可能会引起教育理论研究者或者教育实践者的质疑。但是笔者认为,学习理论的研究最重要的是考虑到学生的需求。学生的需求多样且复杂,而尝试、体验、实践、探索的欲望与需求无疑是学生乃至人的一种最原始、最本能的需求。而寓身学习恰恰对这种最原始、最本能需求给予了最高程度的重视。因此,寓身学习是符合学生需求的一种学习理论。作为一种符合学生需求的学习理论,它有着自身独特的历史渊源,汲取着富有价值的思想资源。本书对于寓身学习的探讨并非指明未来学习理论的发展方向,也非否定其他学习理论的价值,而是选取了一种视角去探讨学习的寓身方式,或者说从身体角度入手去寻找一种解决当今学生学习问题的可能方式。能够通过这些努力,让身体在学生的学习中重新获得一点存在感和尊重,笔者即已满足。

第二节 研究成果与展望

一、研究成果

综合回顾本研究,主要的研究成果可以概括如下:

第一,结合教育实践,本研究明确了在当今学生学习过程中存在的主要问题,即学生身体在学习过程中受到排斥和压制的现实问题以及由此带来的后果。与此同时,分析了学生身体受排斥和压制的根源,即认识论根源——身心二元论,以及社会根源——脑力劳动和体力劳动的分工。

第二,本研究梳理了寓身学习思想、寓身学习实践的历史发展脉络。要解决学生身体受排斥和压制的现实问题,势必要恢复身体在学习中的地位,进行

---

① 费尔巴哈.费尔巴哈哲学著作选集(上卷)[M].北京:商务印书馆,1984:212.

寓身学习。而寓身学习并不是一时兴起的,它存在于人类学习思想和学习实践的悠久历史当中。本研究认为,寓身学习思想可以从中国的儒家传统文化中找到渊源,也可以从西方文化境脉中的卢梭思想中发现萌芽。而寓身学习实践却呈现出中西方大体一致的发展脉络:在非制度化教育阶段,寓身学习占据着主导地位;而在制度化教育阶段,寓身学习逐渐走向衰落。

第三,本研究结合哲学、社会学、心理学等多学科思想领域的成果,尝试建构寓身学习的核心理念,主要从寓身学习的本质观、目的观、内容观、方式观、评价观等角度着手,进行了寓身学习理念的建构。

第四,本研究用教育实践案例来说明寓身学习在实践中如何扎根与落实。主要从寓身学习环境的建构、寓身课程的建构、教师寓身于教的素养与能力进行了说明。

本研究的主要成果总结,包含了三个创新点:

第一,从中国儒家传统文化智慧中去挖掘寓身学习思想。这是教育研究本土化的文化自觉。

第二,通过引入哲学、心理学、社会学等多学科,以及跨学科的成果,建构起寓身学习的核心理念,弥补教育学领域身体研究过于局限于某一学科的缺陷。

第三,通过案例研究描述当今学生身体遭遇排斥和压制的现实,也通过案例描述说明寓身学习如何落实到教育实践之中,从而使人们对寓身学习的理解更加清楚和透彻。

二、研究展望

寓身学习是对学习过程中忽视和压制身体的一种反抗和批判,是从身体视角出发探讨学习理念和学习方式转变的一种尝试。本研究梳理了寓身学习的历史发展脉络,依据多学科研究成果尝试建构了寓身学习的理念框架,并且尝试用案例描述来说明寓身学习的实践路径。但是,本研究在深度、广度等方面还存在着一定的不足。今后,研究的方向可能包括以下几个方面:

第一,在理论方面,本研究在建构寓身学习的理念框架时选取了梅洛-庞蒂身体现象学、波兰尼默会认识论、皮亚杰和维果茨基的思想、福柯权力理论、女性主义思想,以及寓身认知科学等方面的研究成果。选取这些理论,主要是基于笔者对身体研究的了解。在本研究所选取的理论之外,其他与身体相关的理论,也有可能会为寓身学习的理念建构提供更多的支持,并有可能为寓身学习的实现提供更多的可能。因此,寓身学习的理论基础和理论资源有待于持续的探索和拓展。

第二,在研究方法上,本研究为了避免单纯的理论思辨研究或者单纯的经验研究,尝试在理论思考与实践经验的互动交流中去推进本研究,试图建立理论思辨与实践研究的融合贯通。但是笔者选取的案例,都是在许多不同的学校进行实地调研时发现的;还有一些优秀的或者成功的案例也是在阅读文献的过程中发现的。受条件的限制,本研究并没有选取一所学校或者一个班级来做一个更加长期的、更加系统的行动研究。因此,本研究未来的方向是拓展研究的案例,或者聚焦于一所学校,尝试运用行动研究的方式来改变学生身体在学习过程中被排斥和压制的现实,实现寓身学习。

参考文献

一、中文部分

[1]爱德华兹.杜威学校[M].王承绪,赵祥麟,顾岳中,等译.上海:华东师范大学出版社,1991.

[2]安桂清.整体课程论[M].上海:华东师范大学出版社,2007.

[3]安乐哲.古典中国哲学中身体的意义[J].陈霞,等译,彭高翔,校.世界哲学,2006(5).

[4]昂弗莱.享乐的艺术——论享乐唯物主义[M].刘汉全,译.北京:生活·读书·新知三联书店,2003.

[5]奥古斯丁.忏悔录[M].周士良,译.北京:商务印书馆,1996.

[6]奥克斯,利普顿.教学与社会变革[M].程亮,丰继平,等译,上海:华东师范大学出版社,2011.

[7]巴特勒.性别麻烦:女性主义与身份的颠覆[M].宋素凤,译.上海:上海三联书店,2009.

[8]柏拉图.斐多[M].杨绛,译.沈阳:辽宁人民出版社,2000.

[9]柏拉图.理想国[M].郭斌和,张竹明,译.北京:商务印书馆,1986.

[10]北京大学哲学系外国哲学史教研室.古希腊罗马哲学[M].北京:生活·读书·新知三联书店,1957.

[11]波兰尼.社会、经济和哲学——波兰尼文选[M].彭锋,等译.北京:商务印书馆,2006.

[12]布迪厄.实践与反思[M].李猛,译.北京:中央编译出版社,1998.

[13]蔡春,易凌云.审视教育中的"身体"——兼论教育中的"身体惩罚"[J].湖

南师范大学教育科学学报,2006(3).

[14]蔡伟.论教学形式系统[J].课程·教材·教法,2005(5).

[15]陈桂生."制度化教育"评议[J].上海教育科研,2000(2).

[16]陈桂生.方寸之间的文章——"课程表"解读[J].全球教育展望,2007(5).

[17]陈来.宋明理学[M].台北:允晨文化实业股份有限公司,2010.

[18]陈立胜.王阳明"万物一体"论——从"身一体"的立场看[M].上海:华东师范大学出版社,2007.

[19]陈田启.学习的目的——"为己"还是"为人"?[J].博览群书,2008(5).

[20]陈向明.质的研究方法与社会科学研究[M].北京:教育科学出版社,2000.

[21]陈友松.当代西方教育哲学[M].北京:教育科学出版社,1982.

[22]达克沃斯.精彩观念的诞生——达克沃斯教学论文集[M].张华,等译.北京:高等教育出版社,2005.

[23]笛卡尔.第一哲学沉思集[M].庞景仁,译.北京:商务印书馆,1986.

[24]丁峻,陈巍.具身认知之根:从镜像神经元到具身模仿论[J].华中师范大学学报(人文社会科学版),2009(1).

[25]杜威.经验与自然[M].傅统先,译.北京:中国人民大学出版社,2012.

[26]杜威.民主主义与教育[M].王承绪,译,北京:人民教育出版社,1990.

[27]杜威.确定性的寻求——关于知行关系的研究[M].傅统先,译.上海:上海世纪出版集团,2005.

[28]杜威.我们怎样思维·经验与教育[M].姜文闵,译.北京:人民教育出版社,2005.

[29]杜威.学校与社会[M].赵祥麟,等译.北京:人民教育出版社,2001.

[30]杜威.学校与社会·明日之教育[M].赵祥麟,任钟印,吴志宏,译.北京:人民教育出版社,2004.

[31]杜威.哲学的改造[M].许崇清,译.北京:商务印书馆,2009.

[32]杜威.杜威全集(第二卷)[M].张留华,等译.上海:华东师范大学出版社,2010.

[33]杜维明.体知儒学——儒家当代价值的九次对话[M].杭州:浙江大学出版社,2012.

[34]杜维明.东亚价值与多元现代性[M].北京:中国社会科学出版社,2001.

[35]范梅南.教学机智:教育智慧的意蕴[M].李树英,译.北京:教育科学出版社,2001.

[36]范梅南.生活体验研究[M].宋广文,等译.北京:教育科学出版社,2003.

[37]方英敏.王阳明的身体哲学思想[J].江西社会科学,2015(3).

[38]费多益.寓身认知心理学[M].上海:上海教育出版社,2010.

[39]费尔巴哈.费尔巴哈哲学著作选集(上卷)[M].荣震华,王太庆,刘磊,译.北京:商务印书馆,1984.

[40]冯建军.规训与纪律[J].教育科学研究,2003(12).

[41]福柯.规训与惩罚——监狱的诞生[M].刘北成,杨远婴,译.北京:生活·读书·新知三联书店,1999.

[42]高觉敷.西方心理学的新发展[M].北京:人民教育出版社,1986.

[43]高文.学习科学的关键词[M].上海:华东师范大学出版社,2008.

[44]古廷.20世纪法国哲学[M].辛岩,译.南京:江苏人民出版社,2004.

[45]郭沫若.卜辞通纂·畋游[M].台北:大通书局,1976.

[46]郝德永.快乐学习:愿景与路径[J].全球教育展望,2006(7).

[47]郝东方.教室摄像头的注视现象研究——以萨特的他者理论为视角[J].电化教育研究,2015(12).

[48]何静.身体意象与身体图式——具身认知研究[D].杭州:浙江大学,2009.

[49]华黎.城市记忆重塑——四川德阳孝泉镇民族小学"5·12"地震灾后重建[J].广西城镇建设,2013(5).

[50]华黎.微缩城市—四川德阳孝泉民族小学灾后重建设计[J].建筑学报,2011(7).

[51]黄俊杰.东亚儒学史的新视野[M].上海:华东师范大学出版社,2008.

[52]黄玉顺.爱与思:生活儒学的观念[M].成都:四川大学出版社,2006.

[53]季晓峰.论梅洛-庞蒂的身体现象学对身心二元论的突破[J].东南学术,2010(2).

[54]《教师教育课程标准》专家组.关于我国教师教育课程现状的研究[J].全球教育展望,2008(9).

[55]鹫田清一.梅洛-庞蒂:认识论的割断[M].刘绩生,译.石家庄:河北教育出版社,2001.

［56］卡西尔.人论——人类文化哲学导引［M］.甘阳,译.上海:上海译文出版社,2013.

［57］卡西勒.启蒙哲学［M］.顾伟铭,等译.济南:山东人民出版社,1988.

［58］夸美纽斯.大教学论·教学法解析［M］.任钟印,译.北京:人民教育出版社,2006.

［59］赖欣巴哈.科学哲学的兴起［M］.伯尼,译.北京:商务印书馆,2007.

［60］李冲锋.学校里的身体——学生的身体遭遇［J］.教育理论与实践,2006（12）.

［61］李恒威,盛晓明.认知的具身化［J］.科学学研究,2006,24（2）.

［62］李恒威,肖家燕.认知的具身观［J］.自然辩证法通讯,2006（1）.

［63］李柯柯,扈中平.教育中"身体"的解放与自由［J］.教育研究与实验,2015（1）.

［64］李其维."认知革命"与"第二代认知科学"刍议［J］.心理学报,2008,40（12）.

［65］李若星.试论具身设计［D］.北京:清华大学,2014.

［66］李雁冰.课程评价论［M］.上海:上海教育出版社,2002.

［67］李政涛.教育生活中的表演——人类行为表演性的教育学考察［D］.上海:华东师范大学,2003.

［68］李政涛.身体的"教育学意味"——兼论教育学研究的身体转向［J］.教育理论与实践,2006（11）.

［69］联合国教科文组织国际教育发展委员会.学会生存——教育世界的今天和明天［M］.华东师范大学比较教育研究所,译.北京:教育科学出版社,1996:27.

［70］梁启超.梁启超论儒家哲学［M］.北京:商务印书馆,2012.

［71］刘丽红.皮亚杰发生认识论中的具身认知思想［J］.科学技术哲学研究,2014（2）.

［72］刘良华."身体教育学"的沦陷与复兴［J］.西北师大学报（社会科学版）,2006（3）.

［73］刘良华.人的素质与身体教育学［J］.教育发展研究,2007（9A）:41-45.

［74］卢梭.爱弥儿:论教育（上卷）［M］.李平沤,译.北京:人民教育出版社,2001.

[75]陆九渊.陆九渊集[M].北京:中华书局,1980.

[76]马斯洛.人的潜能和价值[M].林方,译.北京:华夏出版社,1987.

[77]麦克莱伦.教育哲学[M].宋少云,译.北京:生活·读书·新知三联书店,1988.

[78]毛梦钗,黄宇霞.情绪与学习——来自认知神经科学的证据[J].教育发展研究,2013(Z3).

[79]梅洛-庞蒂.行为的结构[M].杨大春,张尧均,译.北京:商务印书馆,2005.

[80]梅洛-庞蒂.知觉现象学[M].姜志辉,译.北京:商务印书馆,2012.

[81]蒙台梭利.童年的秘密[M].马荣根,译,北京:人民教育出版社,2004.

[82]孟宪承.中国古代教育文选[M].北京:人民教育出版社,1979.

[83]牟宗三.中国哲学的特质[M].上海:上海古籍出版社,1997.

[84]派纳.理解课程[M].张华,等译.北京:教育科学出版社,2003.

[85]钱旭鸯.电子人教育的挑战[D].上海:华东师范大学,2012.

[86]秦光涛.意义世界[M].长春:吉林教育出版社,1998.

[87]桑新民.学习究竟是什么?——多学科视野中的学习研究论纲[J].开放教育研究,2005(2).

[88]桑志坚.作为一种规训策略的学校时间[J].湖南师范大学教育科学学报,2014(9).

[89]沈学珺.上海学生的课外学习时间[J].上海教育,2013(35).

[90]施良方.学习论[M].北京:人民教育出版社,1994.

[91]石文山,叶浩生.具身认知——佛学的视角[J].心理学探析,2010(5).

[92]石艳.我们的"异托邦"——作为社会空间的学校[D].南京:南京师范大学,2008.

[93]石艳.现代性与学校空间的生产[J].教育研究,2010(2).

[94]石中英.知识转型与教育改革[M].北京:教育科学出版社,2001.

[95]舒斯特曼.实用主义美学[M].彭锋,译.北京:商务印书馆,2002.

[96]苏鸿.课程探究的人学之维[J].湖南师范大学教育科学学报,2007(2).

[97]孙俊才,卢家楣.国外教师情绪研究的视角转换与启示[J].外国教育研究,2007(7).

[98]汤浅泰雄.灵肉探微:神秘的东方身心观[M].马超,译.北京:中国友谊出版公司,1990.

[99]瓦雷拉,汤普森,罗施.具身心智:认知科学和人类经验[M].李恒威,李恒熙,王球,等译,杭州:浙江大学出版社,2010.

[100]汪民安,陈永国.身体转向[J].外国文学,2004(1).

[101]汪民安,陈永国.后身体:文化、权力和生命政治学[M].长春:吉林人民出版社,2010.

[102]王炳照,阎国华.中国教育思想通史(第三卷)[M].长沙:湖南教育出版社,1994.

[103]王光荣.维果茨基的认知发展理论及其对教育的影响[J].西北师大学报(社会科学版),2004(6).

[104]王珉.从注视到倾听——关于西方哲学演变的一个思考[J].学术月刊,1998(3).

[105]王守仁.王阳明全集[M].上海:上海古籍出版社,2012.

[106]维果茨基.思维与语言[M].李维,译.北京:北京大学出版社,2010.

[107]吴明峰.张载《正蒙》天道论及其辟佛之理论效力[D].台北:台湾政治大学,2004.

[108]吴文新.基因科技与身心二元论的消解——对人性技术化的沉思[J].自然辩证法研究,2001(10).

[109]吴玉琦.试论我国学校的产生[J].东北师大学报(教育版),1986(1).

[110]夏岩.美国家庭生活教育导论[M]//史秋琴.城市变迁与家庭教育.上海:上海文化出版社,2006.

[111]夏铸九.空间的文化形式与社会理论读本[M].台北:明文书局,1988.

[112]肖尔茨.波伏娃[M].龚晓京,译.北京:中华书局,2002.

[113]肖巍.身体及其体验——女性主义哲学的探讨[J].山西师大学报(社会科学版),2010(6).

[114]熊川武,江玲.论学生自主性[J].教育研究,2013(12).

[115]徐献军.具身认知论——现象学在认知科学研究范式转型中的作用[D].杭州:浙江大学,2007.

[116]许慎.说文解字[M].北京:中华书局,1998.

[117]许慎.说文解字[M].段玉裁,注.上海:上海古籍出版社,1988

[118]雅斯贝尔斯.什么是教育[M].邹进,译.北京:生活·读书·新知三联书

店,1991.

[119]闫旭蕾.教育中的"肉"与"灵"——身体社会学视角[D].南京:南京师范大学,2006.

[120]杨进中.虚实融合的研究性学习环境设计[J].电化教育研究,2014(12).

[121]杨儒宾.儒家身体观[M].台北:中国文史哲研究所,1999.

[122]杨儒宾.中国古代思想中的气论及身体观[M].台北:巨流图书公司,1993.

[123]杨小微.课程:学生个体精神生命成长的资源[J].华中师范大学学报(人文社会科学版),2006(3).

[124]杨小微.课堂变革中教师智慧的成长[J].中国教育学刊,2006(6).

[125]叶浩生.镜像神经元:认知具身性的神经生物学证据[J].心理学探新,2012,32(1).

[126]叶浩生.具身认知、镜像神经元与身心关系[J].广州大学学报,2012(3).

[127]叶浩生.认知与身体:理论心理学的视角[J].心理学报,2013,45(4).

[128]叶浩生.身体与学习:具身认知及其对传统教育观的挑战[J].教育研究,2015(4).

[129]叶浩生.身心二元论的困境与具身认知研究的兴起[J].心理科学,2011,34(4).

[130]叶浩生.西方心理学中的具身认知研究思潮[J].华中师范大学学报(人文社会科学版),2011(4).

[131]叶浩生.心智具身性:来自不同学科的证据[J].社会科学,2013(5).

[132]俞国良,董妍.情绪对学习不良青少年选择性注意和持续性注意的影响[J].心理学报,2007(04).

[133]郁振华.对西方传统主流知识观的挑战——从默会知识论看 phronesis[J].学术月刊,2003(12).

[134]郁振华.人类知识的默会维度[M].北京:北京大学出版社,2012.

[135]郁振华.身体的认识论地位——论波兰尼默会认识论的身体性维度[J].复旦学报(社会科学版),2007(6).

[136]张华.经验课程论[M].上海:上海教育出版社,2000.

[137]张华.体验课程论——一种整体主义的课程观(下)[J].教育理论与实践,

1999(12).

[138]张华.学习哲学论[J].全球教育展望,2010(6).

[139]张华.综合实践活动课程研究[M].上海:上海科技教育出版社,2009.

[140]张静静.学前教育男女教师比例失衡的根源及对策分析——基于对身心二元论的批判与反思[J].全球教育展望,2015(8).

[141]张晓蕾.课堂教学生活中学生身体问题考察[D].上海:华东师范大学,2010.

[142]张再林,冯合国.从梅洛-庞蒂的身体现象学探现代教育理念的转变[J].教育理论与实践,2015(4).

[143]钟启泉,崔允漷,张华.为了中华民族的复兴,为了每位学生的发展——《基础教育课程改革纲要(试行)》解读[M].上海:华东师范大学出版社,2001.

[144]钟启泉.知识建构与教学创新——社会建构主义知识论及其启示[J].全球教育展望,2006(8).

[145]周与沉.身体:思想与修行——以中国经典为中心的跨文化观照[M].北京:中国社会科学出版社,2005.

[146]朱小蔓.教育的问题与挑战——思想的回应[M].南京:南京师范大学出版社,2000.

[147]朱晓鹏.论王阳明的"身心之学"[J].哲学研究,2013(1).

[148]佐藤学.学校的挑战:创建学习共同体[M].钟启泉,译.上海:华东师范大学出版社,2010.

[149]佐藤正夫.教学论原理[M].钟启泉,译.北京:人民教育出版社,1996.

二、英文部分

[1]Adams F. Embodied Cognition[J]. Phenomenology and the Cognitive Science, 2010,9(4).

[2]Alibali M W, Heath D C, Myers H J. Effects of Visibility between Speaker and Listener on Gesture Production: Some Gestures Are Meant to Be Seen[J]. Journal of Memory & Language, 2001(44).

［3］Anderson M L. Embodied Cognition: A Field Guide［J］. Artificial Intelligence,2003(149).

［4］Barsalou L W. Grounded Cognition:Past, Present, and Future［J］. Topics in Cognitive Science,2010,2(4).

［5］Beltzig G. Learn to Play, Play to Learn［J］. Nature, 2015, 523(16).

［6］Bernstein R J. Beyond Objectivism and Relativism ［M］. Philadelphia: University of Pennsylvania Press,1983.

［7］Boydston J A. John Dewey's Middle Works(Vol. 7)［M］. Carbondale, IL: The Southern Illionois Press,1979.

［8］Bresler L. Knowing Bodies, Moving Minds-Towards embodied teaching and learning ［M］. Dordrecht/ Boston/ London: Kluwer Academic Publishers, 2004.

［9］Broaders S, Cook S W, Mitchell Z,Goldin-Meadow S. Making Children Gesture Brings Out Implicit Knowledge and Leads to Learning［J］. Journal of Experimental Psychology: General, 2007,136(4).

［10］Brown S. The National Institute for Play［EB/OL］. http://www.nifplay. org,2009.

［11］Calhoun C, Solomon R C. What is an Emotion? Classic Readings in Philosophical Psychology ［M］. New York: Oxford University Press,1984.

［12］Chang CW, Lee J H, Wang CY, et al. Improving the Authentic Learning Experience by Integrating Robots into the Mixed-Reality Environment ［J］. Computers and Education, 2010,55(4).

［13］Christodoulou N. Embodied Curriculum ［M］// Encyclopedia of Curriculum Studies. London:SAGE Publications,2010.

［14］Clark A. An Embodied Cognitive Science? ［J］. Trends in Cognitive Science, 1999,9(3):345-351.

［15］Cohen R L. On the Generality of Some Memory Laws ［J］. Scandinavian Journal of Psychology,1981,22.

［16］Colella V. Participatory Simulations: Building Collaborative Understanding through Immersive Dynamic Modeling ［J］. Journal of the Learning

Sciences, 2000, 9(4).

[17] Conklin H G. Toward More Joyful Learning: Integrating Play Into Frameworks of Middle Grades Teaching [J]. American Educational Research Journal December 2014, 51(6).

[18] Cook S W, Mitchell Z, Goldin-Meadow S. Gesturing Makes Learning Last [J]. Cognition, 2008(106).

[19] Csikszentmihalyi M. Beyond Boredom and Anxiety: Experiencing Flow in Work and Play [M]. San Francisco:Jossey-Bass, 2000.

[20] Dael N, Mortillaro M, Scherer K R. Emotion Expression in Body Action and Posture [J]. Emotion, 2012, 12(5).

[21] Dahl-Michelsen T, Solbrække K N. When Bodies Matter: Significance of the Body in Gender Constructions in Physiotherapy Education [J], Gender and Education. 2014, 26(6).

[22] David B, Colleen M R. Earth Science Learning in SMALLab: A Design for Mixed Reality [J]. Computer- Supported Collaborative Learning, 2009,4.

[23] Dewey J. Preoccupation with the Disconnected[M] // A Reprint from a Talk Given to New York Academy of Medicine. Champaign IL:NASTAT, 1928/2002.

[24] Dewey J. The Quest for Certainty-A Study of the Relationship of Knowledge and Action[M]. New York:Minton,Balch&Company,1929.

[25] Dixon M, Senior K. Appearing Pedagogy: from Embodied Learning and Teaching to Embodied Pedagogy [J]. Pedagogy, Culture & Society, 2011, 19(3).

[26] Dunleavy M, Dede C, Mitchelle R. Affordances and Limitations of Immersive Participatory Augmented Reality Simulations for Teaching and Learning [J]. Journal of Science Education and Technology, 2009(18).

[27] Eberle S G. The Elements of Play: Toward a Philosophy and a Definition of Play[J]. American Journal of Play, 2014, 6(2).

[28] Effron D A, Niedenthal P M, Gil S, et al. Embodied Temporal Percep-

tion of Emotion [J]. Emotion, 2006, 6(1).

[29] Fein G G. Mind, Meaning, and Affect: Proposals for a Theory of Pretense[J]. Developmental Review, 1989, 9(4).

[30] Fjørtoft I. Landscape and Playscape. Learning Effects from Playing in a Natural Environment on Motor Development in children [D]. Norway Oslo: Norwegian School of Sport Science, 2000.

[31] Foucault M. The Order of Things: An Archaeology of the Human Sciences[M]. New York : Vintage Books, 1970.

[32] Gelder B D. Emotions and the Body [M]. New York: Oxford University Press, 2016.

[33] Gibbs R. Embodiment and Cognitive Science [M]. Cambridge: Cambridge University Press. 2006:9.

[34] Goldin-Meadow S. How Gesture Promotes Learning Throughout Childhood[J]. Child Development Perspectives, 2009, 3(2): 106-111.

[35] Gove P B. Webster's Third New International Dictionary of the English Language [M]. Springfield Mass: G&C. Merriam Co. , 1976.

[36] Gray P. Free to Learn: Why Unleashing the Instinct to Play Will Make Our Children Happier, More Self-Reliant, and Better Students for Life [M]. New York: Basic Books, 2013.

[37] Grumet M R. Bitter Milk: Women and Teaching [M]. Amherst: the University of Massachusetts Press. 1988.

[38] Hallowell A I. Temporal Orientation in Western Civilization and in a Preliterate Society [J]. American Anthropologist, 1937(39).

[39] Hendrick J, Weissman P. The Whole Child: Developmental Education for the Early Years[M]. Upper Saddle River, N J :Merrill, 2010:223.

[40] Henricks T S. Play as Experience [J]. American Journal of Play, 2015,8 (1).

[41] Henriksen D, Good J, Mishra P, et al. Embodied Thinking as a Transdisciplinary Habit of Mind [J]. TechTrends, 2015, 59(1).

[42] Jeremiah W B. Sensing the Moment: Acting with the Mind, Body and

Emotion[D]. Ann Arbor，Michigan：ProQuest LLC，2013.．

[43]Johnson M. The Meaning of the Body：Aesthetics of Human Understanding[M]. Chicago & London：The University of Chicago Press，2007.

[44]Johnson-Glenberg M C，Birchfield D，Megowan-Romanowicz C，et al. If the GearFits，Spin It！：Embodied Education and in-Game Assessments[J]. International Journal of Gaming and Computer-Mediated Simulations，2015(7)：40-65.

[45]Johnson-Glenberg M C，Birchfield D，Usyal S. SMALLab：Virtual Geology Studies Using Embodied Learning with Motion，Sound，and Graphics[J]. Educational Media International，2009，46(4).

[46]Jostmann N B，Lakens D，Schubert T W. Weight as an Embodiment of Importance[J]. Psychological Science，2009，20(9).

[47]Katrien V L，Vandenbroeck M，Roets G，et al. Challenging the Feminisation of the Workforce：Rethinking the Mind-body Dualism in Early Childhood Education and Care [J]，Gender and Education，2014，26(3).

[48]Kellert S. Build Nature into Education [J]. Nature，2015(523).

[49]Kinsella E A. Embodied Reflection and the Epistemology of Reflective Practice[J]. Journal of Philosophy of Education，2007，41(3).

[50]Kliebard H M. Forging the American Curriculum：Essays in Curriculum History and Theory [M]. Boston：Rutledge and Kegan Paul，1992：3.

[51]Koch S，Holland R W，Hengstler M，Knippenberg A. Body Locomotion as Regulatory Process：Stepping Backward Enhance Cognitive Control[J]. Psychological Science，2009，20(5).

[52]Lakoff G，Johnson M. Philosophy in the Flesh——the Embodied Mind and Its Challenge to Western Thought [M]. New York：Basic Books，1999.

[53]Lakoff G，Núñez R. Where Mathematics Comes from：How the Embodied Mind Brings Mathematics into Being [M]. New York：Basic Books，2001.

[54]Langer M M. Merleau-Ponty's Phenomenology of Perception ：A Guide and Commentary[M]. Basingstoke ：Macmillan，1989.

[55]Langeveld M J. The Scientific Nature of Pedagogy[M]∥Max van Manen, Langeveld M J. Beknopte Theoretische Pedagogiek. Groningen: Wolter-Noordhoff,1988.

[56]Light R L, Kentel J A. Mushin: Learning in Technique Intensive Sports as a Process of Uniting Mind and Body through Complex Learning Theory [J]. Physical Education and Sport Pedagogy,2015,20(4).

[57]Lillemyr O F,Søbstad F, Marder K, et al. A Multicultural Perspective on Play and Learning in Primary School [J]. International Journal of Early Childhood, 2011, 43(1).

[58]Lindgren R, Johnson-Glenberg M. Emboldened by Embodiment: Six Precepts for Research on Embodied Learning and mixed Reality [J]. Educational Researcher, 2013,42(8).

[59]Liu T Y, Tan T H, Chu Y L. Outdoor Natural Science Learning with an RFID-supported Immersive Ubiquitous Learning Environment [J]. Educational Technology and Society, 2009, 12(4).

[60]Maiese M. Embodiment, Emotion, and Cognition [M]. New York : Palgrave Macmillan, 2011.

[61]Marjorie O' Laughlin. Paying Attention to Bodies in Education: Theoretical Resources and Practical Suggestions [J]. Educational Philosophy and Theory, 1998,30(3).

[62] Marshall H H. Redefining Student Learning : Roots of Educational Change[M]. Norwood, NJ: Ablex Publishing Corporation,1992.

[63]Martha W. Alibali & Mitchell J. Nathan. Embodiment in Mathematics Teaching and Learning: Evidence From Learners' and Teachers' Gestures [J]. Journal of the Learning Sciences, 2012,21(2).

[64]Martiny K M. Book Review of Lawrence Shapiro's Embodied Cognition [J]. Phenomenology and the Cognitive Sciences,2011(10).

[65]McNeill D H. Mind: What Gestures Reveal about Thought [M]. Chicago, IL: University of Chicago Press,1992.

[66]Meares R. The Metaphor of Play: Origin and Breakdown of Personal Be-

ing [M]. London，NewYork：Routledge，2005.

[67]Meijer M D. The Contribution of General Features of Body Movement to the Attribution of Emotions [J]. Journal of Nonverbal Behavior，1989 (13).

[68]Merleau-Ponty M. The Primacy of Perception，and other Essays on Phenomenological Psychology，The philosophy of Art，History and Politics [M]. Evanston ILL：Northweatern University Press，1964.

[69]Milgram P，Kishino A F. Taxonomy of Mixed Reality Visual Displays [J]. IEICE Transactions on Information and Systems，1994，E77-D(12).

[70]Miller R. Make Connections to the World：Some Thoughts on Holistic Curriculum[J]. Encounter：Education for Meaning and Social Justice，Winter 2001，14(4).

[71]Miller R. New Directions in Education[M]. Brandon：Holistic Education Press，1991.

[72] Moher T. Embedded Phenomena：Supporting Science Learning with Classroom-sized Distributed Simulations[C]. New York：ACM In Proceedings of the SIGCHI Conference on Human Factors in Computing Systems，2006.

[73]Moon H Y，Becke A，Berron D，et al. Running-Induced Systemic Cathepsin B Secretion Is Associated with Memory Function [J]. Cell Metabolism，2016，24(2).

[74]Nathan M J. An Embodied Cognition Perspective on Symbols，Grounding，and Instructional Gesture[C]// DeVega M，Glenberg A M，Graesser A C. Symbols and Embodiment：Debates on Meaning and Cognition. Oxford：Oxford University Press，2008.

[75] National Health Education Standards PreK-12 [R]. Second Edition. American Caner Society，2007.

[76]Panksepp J. Cross-Species Affective Neuroscience Decoding of the Primal Affective Experiences of Humans and Related Animals[J]. PLoS ONE，2011(6).

[77]Piaget J. The Principles of Genetic Epistemology [M]. Translated from the French by Wolfe Mays. London, Routledge and K. Paul, 1972.

[78]Pinar W F. Intellectual Advancement Through Disciplinarily: Verticality and Horizontality in Curriculum Stud-ies[M]. Rotterdam: Sense Publishers, 2007.

[79]Prilleltensky I. On the Social and Political Implications of Cognitive Psychology[J]. The Journal of Mind and Behavior, 1990, 11(2).

[80]Pullman A. Racialized Bodies, Pliable Minds: Ethnography on the Fringe of Transnational Education [J]. Asia Pacific Journal of Education, 2015, 35(1).

[81]Rose D H, Meyer A. Teaching Every Student in the Digital Age: Universal Design for Learning [M]. Alexandria, VA: Association for Supervision and Curriculum Development, 2002.

[82]Schachter J. The Body of Thought: Psychoanalytic Considerations on the Mind-body Relationship[J]. Psychoanalytic Psychotherapy, 1997, 11(3).

[83]Semetsky I. Taking the Edusemiotic Turn: A Body～mind Approach to Education [J]. Journal of Philosophy of Education, 2014, 48(3).

[84]Sharom T. Between Body and Spirit: The Liminality of Pedagogical Relationships [J]. Journal of Philosophy of Education, 2014, 48(2).

[85]Shilling C. The body and Social Theory [M]. London: Sage, 1993.

[86]Sorace D. National Sexuality Education Standards[R]. Encyclopedia of School Health, 2012.

[87]Spariosu M I. Dionysus Reborn: Play and the Aesthetic Dimension in Modern Philosophical and Scientific Discourse [M]. Ithaca, NY: Cornell University Press, 1989.

[88]Stepper S, Strack F. Proprioceptive Determinants of Emotional and Nonemotional Feelings [J]. Journal of Personality and Social Psychology 1993, 64(2).

[89]Stolz S A. Embodied Learning [J]. Educational Philosophy and Theory, 2015(47).

[90]Sutton-Smith B. Play theory: A Personal Journey and New Oughts[J]. American Journal of Play. 2008, 1(1).

[91]Thompson E, Varela F J. Radical Embodiment: Neural Dynamics and Consciousness [J]. Trends in Cognitive Sciences, 2001,5(10).

[92]Vlieghe J. Judith Butler and the Public Dimension of the Body: Education, Critique and Corporeal Vulnerability [J]. Journal of Philosophy of Education, 2010,44(1).

[93]Wagner A E, Riyad A. Shahjahan R A. Centering Embodied Learning in Anti-oppressive Pedagogy [J]. Teaching in Higher Education, 2015,20 (3).

[94]Williams LE, Bargh J. Experiencing Physical Warmth Promotes Interpersonal Warmth[J]. Science,2008,322(5901).

[95]Wilson M. Six Views of Embodied Cognition [J]. Psychonomic Bulletin & Review, 2002,9(4).

图书在版编目(CIP)数据

寓身学习研究 / 张静静著. —杭州：浙江大学出版社，2022.4

ISBN 978-7-308-22502-1

Ⅰ.①寓… Ⅱ.①张… Ⅲ.①学习理论(心理学)—研究 Ⅳ.①G442

中国版本图书馆 CIP 数据核字(2022)第 057891 号

寓身学习研究

张静静　著

责任编辑	石国华
责任校对	杜希武
封面设计	周　灵
出版发行	浙江大学出版社
	(杭州市天目山路 148 号　邮政编码 310007)
	(网址：http://www.zjupress.com)
排　　版	杭州星云光电图文制作有限公司
印　　刷	杭州杭新印务有限公司
开　　本	710mm×1000mm　1/16
印　　张	13.75
字　　数	220 千
版 印 次	2021 年 4 月第 1 版　2021 年 4 月第 1 次印刷
书　　号	ISBN 978-7-308-22502-1
定　　价	58.00 元